JINGWEI DIANSHU
经纬滇书

经纬滇书

JINGWEI DIANSHU

曾 哲◎著

云南出版集团
云南人民出版社

图书在版编目（CIP）数据

经纬滇书 / 曾哲著. — 昆明：云南人民出版社，2019. 4

ISBN 978-7-222-18337-7

Ⅰ. ①经…　Ⅱ. ①曾…　Ⅲ. ①少数民族 - 民族地区 - 扶贫 - 概况 - 云南　Ⅳ. ①F127.74

中国版本图书馆CIP数据核字（2019）第061459号

云南省文艺精品创作扶持资金资助项目
出 品 人：李　维　赵石定
责任编辑：唐贵明
责任校对：董郎文清　周　彦
装帧设计：马　滨
责任印制：李寒东

经纬滇书
曾　哲　著

出　版　云南出版集团　云南人民出版社
发　行　云南人民出版社
社　址　昆明市环城西路609号
邮　编　650034
网　址　www.ynpph.com.cn
E-mail　ynrms@sina.com
开　本　720mm×1010mm　1/16
印　张　20.25
字　数　260千
版　次　2019年4月第1版第1次印刷
印　刷　云南新华印刷二厂有限责任公司
书　号　ISBN 978-7-222-18337-7
定　价　92.00元

如需购买图书、反馈意见，请与我社联系
总编室：0871-64109126　发行部：0871-64108507
审校部：0871-64164626　印制部：0871-64191534

云南人民出版社公众微信号

内容简介

经纬是秩序，是条理，也是线索。

作者在云南，从五月至八月的奔波采访，线索变成了经纬，经纬交织。编织成一个个脱贫攻坚的故事，精准地注册了坐标。

习近平指出，打赢脱贫攻坚战，对全面建成小康社会、实现“两个一百年”奋斗目标具有十分重要的意义。“我说小康不小康，关键看老乡，关键看贫困老乡能不能脱贫。全面建成小康社会，是我们对全国人民的庄严承诺，必须实现，而且必须全面实现，没有任何讨价还价的余地。”

书中的十几个“老乡”，是作者从滇西北跑到滇东北，从文山壮族苗族自治州的西畴县跑到大理白族自治州的洱源县和临沧的沧源佤族自治县。采访了五十一个人物，精选出来的。

老乡的故事里有人类与自然的纷争与纠葛；山民的故事里有人类与自然的讨教、歉疚与平衡；奉献了昨天、今天和明天，牺牲了过去向往和梦想。

故事的延续和发展，故事的经纬和坐标，无不指向2020年。那是一个贫困的老乡全面脱贫奔小康的时代，那是一个人与自然，社会与自然协调祥和，万象更新的时代。

作者简介

曾哲，男，1956年4月生于北京。一级作家，中国作家协会全国委员会委员。主要作品有长篇小说《呼吸明天》《身体里的西部》《峡谷囚徒》；中短篇小说集《一年级二年级》《藏北草原，我的羊皮袄》《一米二米三》；散文集《西路无碑》《离别北京的天》《转场·帕米尔高原的消息》；纪实文学《徒步·加德满都到拉萨》《党建筑》；诗集《远去的天》等20余部。

曾获第二届、第三届老舍文学中篇小说奖；第三届、第五届、第六届北京市政府文学艺术奖；首届北京文学新世纪中篇小说奖；首届红岩文学奖；首届长江文艺奖；十月文学奖等20余种奖励。

曾哲的脚印遍及高山、峡谷、戈壁、荒原。曾跋山涉水，走遍整个独龙江峡谷，还在独龙江源头的村庄，用自己的稿费帮助当地修建了一所小学校，并义务代课半年。

目录

聿　三

聿　四

聿　五

聿 一

坐标Ⅰ

北纬28° 06′ 36.20″

东经98° 19′ 21.96″

云南省怒江傈僳族自治州贡山独龙族怒族自治县独龙江乡迪政当村雄当村

独龙峡谷，我们村儿

一

2018年6月1日，我到达了独龙江。

2000年6月1日，我到达了独龙江。

是的，没错。

2018年我到达独龙江，是为了脱贫攻坚的百姓写作。

2000年我到达独龙江，是为了给孩子们建所希望小学。

按照写作计划，进到独龙江之前，先去采访一下脱贫致富的带头人。

在贡山县丙中洛，我见到甲生村的郑顺英。她今年43岁，藏族。以前当过乡村医生，初中毕业后就读卫校医生班专科。现在在读昆明医科大怒江班（函授）的本科。

元付生，纳西族。郑顺英的丈夫。在丙中洛中学，就是原来的贡山二中，当数学老师。蒙古族，后改成纳西族，信藏传佛教。

甲生，是全国文明村。

丙中洛被称为“人神共居”的地方，是因为有怒族、傈僳族、藏族、独龙族等10多个民族在这里生活。人们信仰基督教、藏传佛教、原始宗教。宗教文化和民族文化，和谐包容。

从丙中洛翻越高黎贡山，就是与缅甸接壤的独龙江乡。那里的独龙江源头的雄当自然村，就是我下一步要回去的地方。

高黎贡山主峰嘎娃嘎普神山下的普化寺，是藏传佛教寺庙。

丙中洛四面群山，其中有名有姓的神山有10座。嘎哇嘎普雪山是丙中洛十大神山之首，海拔5128米，也是整个怒江傈僳族自治州的最高峰。

重丁天主教堂是丙中洛地区最吸引人的宗教建筑，原来是座法式教堂，建于1935年，采用厚重的墙壁和拱形门窗，制成尖细高耸的整体轮廓，教堂的创建者是法国神父任安守。

怒江从北部的秋那桶深谷进入丙中洛，从丙中洛南边一直到大拉，形成弯弯曲曲几道弯，当地的傈僳族人叫它“火夹”，也就是“怒江第一湾”。

二

丙中洛的郑顺英开了一个酒店——江畔人家，还风风火火创办了一个公司——贡山县顺源农产品开发有限责任公司。

我问，谁是酒店和公司的老大？二人谁也不言声，只是默默微笑。

沉静了好一会儿。随我一起来的同道几位，在棚廊四周墙壁寻找公司的执照。

这是一个占地面积三十多亩的幽静山庄酒店。从公路下缓坡，经过一小片林区，进入一个曲径通幽、似院非院似园非园的安谧之地，若叫它园院也可。园院花草繁茂，流水潺潺。水池，山石，虫鸣，花草。

南面棚廊宽大，棚廊紧连着后面的二层小楼。北面几十米，林木一直栽到江边。水流沿岸东西，树苗低矮却郁郁葱葱。酒店东有重丁教堂、桃花岛、怒江第一湾、观景台；西有怒江石门、中国最美乡村雾里、原始茶马古道；南面是普化寺、东风村基督教堂，放眼可见，神秘莫测终年不化的嘎哇嘎普雪山；北面是日夜奔流不息的怒江，岸上瀑布飞流。钟灵毓秀，山川美艳，天地造化，心旷神怡。空气馨香，云雾缭绕。江流夕阳，涛声渐隐。

由此可见，江畔人家酒店，恰恰位于丙中洛景点的中心位置。

看到几个人东进西出的踅摸，郑顺英笑出声音，笑声不断，笑而不答，笑得还略有掩饰。结果，露出端倪，漏出破绽。

元老师赶紧开腔：自从，顺英说出，办这个公司的内涵，办这个绿色酒店的想法。我就觉得好，坚决支持。

大家听了，东一句西一句打趣。

何必谦虚此言。

支持也是老大。

没有支持，老大也是不行。

那就看你能支持多久了。

众人笑。

笑声里，精明的郑顺英转了话题。但她冲我讲的这句话，让我打愣了打愣，不知所云。

早就知道您啦曾老师早就听说过您啦。在丙中洛的街子上还碰见过您啦曾老师。

这女人不说话还好，一说话语速飞快。

我赶紧接茬：见过我？一个人，背着个双肩挎大包？

不是。您和陆老师一起。

我速度加快地问她：你认识陆老师？

丙中洛没人不认识他。

我更快：那应该是18年前了，你那时也就十几岁。

15岁了。那时我还在上中学，上了中学我才有了鞋子穿。新鞋子穿上衣服也整齐，下了课才去逛街。

我被她，带的喘不上气来。我举起双手，示意停下。然后，喝了一口怒江茶。

郑顺英个头不高，皮肤微黑华亮。两只大眼睛，配上匀称的面颊，似乎一直在笑。

我又喝了一口，才开始问：怎么有了鞋子就敢逛街了，啥情况？

我小的时候家里很穷很穷。兄弟姐妹七个我是老三还有一个弟弟两个妹妹。村里的老人逗我管我叫郑“中间”。“中间”一般是最不招父母待见的，他们都喜欢两头的。但我父母特别喜欢我，因为我学习好啊我听话啊。我是藏族，但以前手写登记身份证录入电脑时录成怒族了。1981年我上的小学在普化寺寺庙的厨房斋堂里。那时的僧人都走了，寺庙的主要功能是仓库，没有僧侣，后来包干提留后才有的。虽然1981年普化寺还没有僧人但信教群众家里面还是烧香的。寺庙也不清净还有我们这群孩子啊。我特别喜欢读书上学从来没请过假成绩一直在班级里名列前茅。第一名的时候多。寺庙离我家不远走路半个多小时。光脚板蹦蹦跳跳一会儿就到了。后来寺庙的和尚回来了我们就到村委会去读书。那是三四年级之后的事。再后来在丙中洛中学就住校了。小时候除了学习我还爱玩。放学的路上绕着圈子去捡板栗找鸟蛋采蜂蜜——野的。一般都是我爬上石崖——我们叫“岩头”，往下递蜂蜜递蛹子给小伙伴，末了不仅要带上这些收获回家还要带上脸上脖子上胳膊上被蜂子蜇的几个大包。山里的孩子很少没被蜂子蜇过的。进了村老人又都笑我郑“中间”哪是小女子活脱脱就是一个大男娃。回到家还要帮忙做饭。最有意思的是冲脚碓。我个子小体重轻冲碓时必须要背着块大石头。我还会好多种语言都可以讲藏语傈僳话怒话汉话。最快活的是在怒江卫校的三年。老师带我们上高黎贡山碧罗雪山采中草药。行李背起粮食背起休息时野餐。我们学校那时有规定我们是一个大集体不许单独搞对象。现在想起来真逗。搞对象不单独搞还三五成群地搞啊？我没谈恋爱我非常保守。那几年的我见识了很多中药。至今都念念不忘它们的样子它们的性能它们的科属。我真的喜欢。我们贡山的在校生比较穷汇给我的生活费只有5元。人家兰坪县泸水县的同学一取就是有50元。羡慕啊怎么能不羡慕。当时我们学校只有一两对谈恋爱的都是有钱的学生但最后都没有成功。这也说明钱不是万能的。您这次走了三个月之内一定会听到我的喜讯。我要参加全国统一考试报考乡村助理医师资格。有了助理医师资格以后我还能干什么？积极参与健康扶贫工程。积极参与健康促进行动计划为贫困群众提供基本健康服务。我那年怒江卫校毕业后就在第一湾双拉村工作了两年。就是在那认识了我丈夫。1997、1998年他在秋那桶村小教书。所以我向乡政府提出申请希望能安排我到秋那桶。心想事成之后就在秋那桶当卫生员啦。在秋那桶听说您的事最多。我那时是35元工资。

三

她说的话没逗号，不喘气似的。我抢着打断：说说，说说。我很想听听老百姓是怎么讲我的。

她根本没理我。两只带笑的眼睛，盯着我的脑门儿——或许在盯着我的一头白发。

我现在在村里主要是做公共卫生这一块。我以前工资的大部分替老百姓交了药费。老百姓也善良知情都一一给我记在本子上了。说总有那么一天我们要补给郑大夫。后来工资长到75元结果还是一样。那光景老百姓从兜里掏出一块钱都很难。不能打猎不能开荒不能这不能那。真没地方找钱啊老百姓的日子苦啊。1999年我调到丙中洛村卫生室当乡村医生工资长到每月400元。还是一样药费赊欠款都到了2.4万元。而我丈夫是代课老师只有180元一个月。所以我29岁才要娃娃。老百姓太不容易可能是忘了我也不要了。刚才我说错了那时候元老师还是元老师我们还没结婚，他还不是我丈夫。

讲吧！虽然没逗号。我打着手势鼓励她继续。

2000年我们俩工资低元老师还要出去读书。我就向乡卫生院赊药拿到西藏察隅县察瓦龙乡去卖。交通不便路上还要住一夜。我一个大姑娘家家的一家一户地去卖多不容易啊。不容易能吃苦才能赚到钱。那一下就赚到几十块我兴奋极啦。大概去了15次这样慢慢有了积蓄。越弄越多做到第十五次存了很多钱我就赶紧罢了手。2001年11月16日我们办了一个像模像样的婚礼。日子是喇嘛为我们选的我们民族是信喇嘛教的。喇嘛说结婚以后的日子会好过起来的。后来用卖药赚回来的钱来扩大我的诊所。但还是欠账的太多了亏空太大了后来就不开了。

政府开始支持开农家乐我也看中了这块地。我用了4年的时间准备材料2008年开始建设2010年4月份开业。花了500多万东借西借再加上贷款。目前还有280万的欠账。现在每年倒是有40万收入但还要好几年才可以平账我着急。鸡蛋不能全放在一个篮子里。创业不能怕艰险就又办了这个收售农产品的公司。

郑顺英讲话的确快，但时不时没忘记看看自己的丈夫。

这次两人的目光碰上，郑顺英停下嘴巴。

元老师明显慢节奏：我这媳妇，了不起。弄出个想法，我就得劲。收购农产品，不仅我们有收益，同时，也方便了老百姓。山上的，各种菌子，多得很，还有一些中草药——药材这方面，我媳妇，是内行。老百姓手里，有了零花钱。茶、米、油、盐，不发愁。我们再努力，再努力，带动他们，走致富路。这叫，双赢。我这是，大话，不谦虚。说大话，没好下场。谁带动，谁啊。我们今天，还不是赶上，好政策啦。我上学，住校那阵子。一个月，饭菜里，才能见到，一次腊肉。舍不得，挑出来，集中在一块，装回家。炼出油，做菜，和家人，一起吃。穷日子，都过过。1983年以后，分了地，粮食才够吃。反正，能帮，必须得帮，力所能及。像乘飞机须知，自己带上氧气罩，才能帮助其他人。

郑顺英的笑脸，油光泛亮，神态很满意。看看丈夫似乎不想再说了，继续她的思路：2005年至2007年到丙中洛旅游的人多生意很好。但2008年我开始做生意时就不好了。主要是六丙公路的开工原因。2015年到2018年我们的收益都不好暂时无法为老百姓做更多。但我相信我们这个农家乐酒店2019年之后一定会越办越好。甲生村也一定会在2019年底彻底脱贫。我感谢政府，做这个酒店县旅游局还上来丙中洛进行了山庄酒店经营方面的培训大到整体形象小到客房的被子怎么摆帮了大忙了。我们哪懂这些见都没见过。原来这个小院也是桃树多后来结果后卖不掉所以不种桃子了。全面改造如今这环境还行吧。我还想在另外的空地上种红豆杉秃杉杨梅。林子下面散养鸡猪等。我去年还申请了小型农贷但还没有消息。去年江水涨得厉害冲走了下面的江堤。所以我今年想办法建一个更高更好更结实的江堤。

四

我摇摇头。却知道她的思路上了弦，或者她知道我来，早早做好了功课。

她继续，但话题内容有了回转：中学有鞋子穿了也是在学校穿。放学了过了公路到了山路上马上就得脱掉夹在胳肢窝里。到了家第一件事就是把鞋子洗得干干净净晾干。等到第二天快走到学校门口时再把鞋子穿上。

郑顺英终于停了下来。

我笑了：说说我吧！你们都是怎么议论我的？

不好意思不好意思。

元老师笑着劝媳妇：说曾老师，你就慢点，竭尽全力，竭尽记忆，好吗媳妇？

郑顺英嘎嘎笑了一阵，再张嘴，果然改变了风格：说您那时候，长发脏脏兮兮，胡子拉碴。破鞋、破裤子、破背包。破衣邋遢地去了碧汪小学，还买了几十斤大米和篮球给学生。就是陆老师陪您去的那次，他背着个大背筐，里面还有给学生买的书本铅笔一大堆。过悬崖，吓得您腿直打哆嗦。说您一直在发抖，是过石门时，从塌方里跑出来后落下的毛病。在碧汪您代课带学生打篮球。球筐是用石头堆起来的哪有那样的篮球筐。打着打着球就掉到山下。学生去捡球要来回走三天。打球哪有平地啊充其量也就十几个火塘大小。说您拉屎坡坡上要钉个木桩子双手把着。这倒好臭不到您自己啦可臭了一条山沟啦。说您还在村里住到鲜花节还到山上祭拜了树神。有个人从山上掉下去摔死了。

虽然郑顺英的语言又快起来了，可我听得懂。但这时候我不得不说话了：没死！

摔下一百多米，没死？

是摔下去三百多米。那人叫罗金松。他是从外乡，倒插门来的碧汪。他老婆是碧汪村的女强人娜比，也是家中的独生女。那天娜比在家带娃娃，没人控制罗金松，他酒就高了。回来的路上，他就在我身后，还唱着歌子，有时哼着小调。我一边小心走着，一边仔细地听着。听着听着突然没声了，我转回头的时候，他后边的李社长，“啊”地大叫了一声。再看罗金松，已经摔下崖去。人在陡坡上翻滚着，一个坡又一个坡，像是一个死人，一点不见他挣扎或抓挠一下什么的，就这么往下摔滚。崖头一溜大人小孩，跟我一样，大声不敢出。只有李社长，“啊啊”地大叫。

您记得这么清楚？

那几天，我浑身疼。好像摔下的不是他。记忆犹新，虽然过了十八年了。

郑顺英说：碧汪，就是秋那桶的一个自然村。当年碧汪小学的民办教师，是个残疾人，叫李汉有，月薪只有180元。我在秋那桶乡卫生院那会儿，他在碧江教书。

我接上话：是的是的。李汉有老师是怒族，今年应该整整50岁。当年从贡山二中毕业，学习优秀。就是因为残疾，他考上的中专和一些单位，没人录取他。他只好在村里当了几年会计，后来做代课老师。我见到他时，代课已经九年，工资才到了180元。他家住在五里社，就是五里河与怒江汇合的滩坡坡上。李老师中学毕业那年，妈妈突然去世了。上初一的妹妹只好放弃读书，回家和爸爸一起种地。

郑顺英问：摔的那个人呢？

答：我离开碧江时，他的病情居然有了好转。

又问：再后来呢？

答：再后来我就进了独龙江。

郑顺英说：你进了独龙江，你的那些“糗事”一直在流传。对我们这一代人影响很大。一个北京人大老远地来到我们怒江。我们凭什么不能走出崇山峻岭到大城市去？！虽然我和我的几个朋友没走出去，但最起码我们的思想被触动了开始活跃起来了。穷则思变啊，是毛主席说的吧！

我答：糗事就糗事。老百姓怎么说都行。

她说：我说的这个糗事，是带引号的。您在独龙江盖了一所希望小学自己花的钱。这能算糗事吗？政府要用您的名字命名这所学校被您拒绝了。最后是用了您父母的名字。您做的这种糗事我们老百姓特别高兴特别喜欢特别认可。但也伤害到一些人您知道吗？这您没想到吧？当然有这种可能，最起码伤害到我了。我是贡山人，独龙江是我们贡山县的一个乡。建设家乡，是我们义不容辞的责任。当然说伤害不准确，刺激触动更巴适一些。四川人的话，我们必须雄起。您在中央电视台做的那档节目，我没看到。但后来我看到了您写的一篇文章，叫《独龙江雄当我们村儿》。

我问：还有什么糗事？

她答：没啦！

我说好了好了，就此休息。今天我们的聊天就此结束，太晚了。我们还要赶回县城，明天我们进驻独龙江。

五

告别了郑顺英两口子，在回程的车子上，我在手机上寻找《独龙江雄当我们村儿》。但我没找到。

我是写过，我是把独龙江雄当叫作我们村儿。可我们村儿还有这个独龙江峡谷，给予了我太多太多了。快乐欢喜成就感，包括艰难的痛苦，也包括遗憾的痛苦。

我的那篇文章虽没能找到，但独龙江的记忆，太深刻了。

独龙江河谷被挟持，西是担当力卡，东是高黎贡山。皑皑雪峰，湿润雨林，独龙江把她们的影子，滚淌在V形的谷底。南来北去，滔滔白浪，飞溅而下。有独龙江就有了独龙族，十有八九的独龙人，生活在这江的两岸。

贡山县在滇西北的崇山峻岭中，从县城到独龙江，进出靠两条腿。翻雪山，过独木桥、爬天梯、涉激流、攀悬崖，时晴时雨。晚上睡在山崖下，湿衣湿鞋烤在篝火四周，崖口外漆夜如墨，只有阴森哗哗的雨。天没亮，每人分一块压缩饼干，打着手电，上路。到巴坡——当时乡政府所在地，发现我的三个脚指甲盖走掉了。不疼，是慢慢脱落的。

去干吗，扶贫教育啊。其实这是大话，只是掏点儿钱，帮助当地修建一所小学校，再住上半年。也别闲待着，代代课，种种菜。

独龙江水急无船。从江上往来，下游有吊桥，上游有独木桥，当然上游更多的是溜索。溜索有钢、篾之分。钢缆的少，竹篾的多。但都是比拇指粗些的独溜，不像怒江上是两根，来去全能往下滑。严格意义上说，独龙江上的溜索，该叫爬溜。溜过去，高往低，顺当。回来就得爬，去时容易回来难。

从贡山县城出发，翻越高黎贡山到独龙江畔的巴坡，是乡府所在地。七十余公里的山路，一般走三天，我走了一天半，几近垮掉。与乡领导共议半日定下，学校建在独龙江上游的雄当村。

独龙江在县城西北，担当力卡山处于中缅分界线上，雄当就在担当力卡山的东坡。去雄当之前，我先去了独龙江最下游的马库村，住在了边防检查站。再往下游不远，独龙江便出了国境到了缅甸，叫恩梅开江。从这里再沿着陡峭的江岸，溯江而上。沿途考察了独龙江的学校，共17所小学，只有两个完小，没中学。

我们村儿叫雄当，有19户人家89口人。雄当小学学生有17名，一年级9个，三年级8个。挤在一间黑黢破烂的木屋，没电，用松明子照亮。一阴天，外边大雨，里边也是大雨。这就叫一师一校。老师是怒族，30来岁，家在贡山县的山里，姓怒。在我们村逆着克劳洛河往上不久，就进入了西藏的察隅县，独龙江即源自那里。打听明白人知道这江名气很大，虽全长只有170公里，两端落差竟有1200多米。六月，江岸小路被绿荫掩盖。茂密的荆棘下，草莓熟了，一片彤红。阳光的空气，香甜甜的，能当饮料。

在我们村儿学校代课到7月11日，与怒老师一起，领学生翻山一个多小时，到下游的迪政当小学参加全乡统考，之后放暑假。新校舍的工程，就开始了。

从独龙江的出境口马库，一路上来的时候，远望江水腾空而降，白练飞腾于两岸翠绿间，浪涛拍岸，水花迸溅。岸坡上原始林葱郁，生物群落多样，不同凡响。其独特性，被称为国内最重要的“自然博物馆”。影响这里气候的是，孟加拉暖湿气流，雨量极充沛。

我们村儿在江西岸，过江上行不到一公里，斜刺一条碧流，不亚于独龙江。这就是独龙江上最大的支流，麻比洛河。

克劳洛河自西北而下；麻比洛河自东北奔来，青水碧流相汇的夹角间，巍峰独矗。矗立的峭壁下，两河汇成一江。独龙江，由此成名。

去麻比洛要过江。崖头，一根溜索垂吊，此高彼低，低至东岸水边。

进独龙江的一路上，逢人劝我：莫去麻比洛，莫去。都顾忌的是这独龙江上的独溜索。但麻比洛上游，还有独龙江乡的一所小学。要去看，啥也挡不住。

去麻比洛的路是我进独龙江最难走的一段，两次从滑溜溜的悬崖峭壁上掉下，若不是有安全大绳，早已成了水鬼。给我带路的独龙汉子叫毕夏，总在前边二三米处。一手用竹竿赶着蛇，一手挥舞着砍刀开着路。过独木桥时——一棵长满苔藓湿滑的圆木，他先过去，然后双手捧着沙子回来撒在圆木上，再让我过。这样的桥，我们遇到三四座。麻比洛河最上游的村子叫木当，那里的学校，如同雄当小学一般无二：也是破木屋，也是一个老师，也是17个学生。木当再往上走一天，就进了西藏察隅县的察瓦龙。1994年我在察隅时，没敢走到察瓦龙，见到的人都说那路艰险。

过溜索，一根绳子在屁股、腰间，兜住，系在钢缆上的溜把儿。溜把儿，二十厘米长，腕粗一截圆木，有槽。一松手，滑向江心。距岸数米处没了惯性，仰面倒爬几下便可。而回来就不同了。曾有一个外乡人，爬至江心力竭，吊挂数小时。恰是十月江水浅窄，村民赶来，投掷大绳才把他救下。现在季节没法儿，谁也帮不上，只得自己爬，可我城市生活40载，何时用过这等倒爬之力？从没用过的那几块肌肉，一定是松松垮垮不给力。无奈寻尽体能，怕是连吃奶气力一起寻到，浑然上阵。缆索软弱，越爬却越紧实，愈爬愈陡。几近昏眩，方才爬到尽头。跳到地下，如泥一摊。这是独龙江上最长的溜索。在我们村儿附近，江上还有许多篾溜索。篾溜索是用竹片编制的，我第一次爬时，手中就扎进两根大刺。篾溜索，不很结实，常常在人们爬到中央时断裂。而篾绳上的人，没有任何生还的可能，江水太急，水中又礁石密布。

六

在建小学校的过程中，有乡里领导及人大代表来看新校工程。我就请他们递个呈子，建议在独龙江上游修几座吊桥。百姓过往溜索虽轻松自如，但加上货物，就艰难万分。哪怕改为独木桥都可。江上独木桥是一尺宽单板，块块连接，飞架两岸。桥下白浪，头顶蓝天，悠悠荡荡。有惊，小心却是无险。虽然如此，独溜索也要保全，尤其篾溜索，别毁了，那是咱独龙族历史、文化的记载。

独龙族同胞的房屋是全木的，连屋顶都是木片做瓦。有点像泸沽湖摩梭人的木楞房。只不过木楞是圆木，我们村儿大部分是板材。普通情况下一户一间，宽敞阔豁，中央是火塘。火塘上支着铁制的三脚，可以在上边炒菜做饭烘烤东西什么的。这种三脚，和藏族、彝族、羌族、怒族、傈僳族等许多民族所使用的都一样。标准的独龙木屋，开间较大，一家人的待客、吃饭、睡觉全围着火塘。火塘是独龙族，或说是我国众多少数民族同胞，不可替代的生活交往的中心。

我住在一个崭新小木屋，只有六七平方米。出门走一百多米就可以到学校。蜗居没有问题，虱子跳蚤也不在话下。最让我挠头的是潮湿。独龙江峡谷的我们雄当村，24小时之内，必要下一场雨。潮湿让我地地道道的北方皮肤，举手投降。浑身起疙瘩，几乎没有地方不起的。再加上蚊虫叮咬，我每天躺上床，要用半宿的时间抓挠。一直到挠烂为止，一直到挠得只有疼痛为止。

选了几篇2000年6月以后的日记，看看我在干吗呢？

6月1日　周四　阴雨　巴坡

巴荒和陆小娅要来，写了信劝她们别来了。即便贡山到孔目的毛路通车了。从孔目到雄当，还要走两天。蛇、蚂蟥，这些个软体动物，对女人极不适。

孩子们在小雨中布置广场，红纸条，彩气球。

雨天走路蚂蟥多，晴天蚂蟥少了，蛇却多。一亏一盈，一扬一抑，许多事情都是这个道理。颠扑不破。

自己的行程计划，安排得有点儿不对劲儿。为什么要6月2日走——离开巴坡（当时独龙江乡政府所在地）？只是为了讲课？可以提前。为了参加“六一”节活动？可以到上边去参加嘛。昨天高老师已经上去，一起走多好。

早晨吃的是百合（属于点心，正餐十点才吃）。那是昨天高家人去山上采来的，个个像葱头，比茶缸口还大。经过洗、碎、压，最后上油锅炒，面面的有点儿像熟土豆。

昨天把手指甲剪了，是怕晚上身上起的包会痒痒，一挠就烂。果然奇痒难眠，挠热后将就睡去。尽是对称的包，连屁股上也是，有几百上千了吧！息斯敏已经吃了两天了，不管事？

昨天正午，在竹筒引下的泉水里洗了个痛快。从头到脚，一次性搞好个人卫生。到雄当，可以坚持到十月出去。

庆祝活动开始，我这个嘉宾与乡党委书记坐在主席台正中。对我来说，这是有生以来头一遭。

第一个节目，少先队员给嘉宾戴红领巾。我得深深把头低下，脸一定憋红。几项下来，又给三好生颁奖。最后是孩子们自由自在地去游戏。

雨还是下个不停。

闲下时和教导主任聊天，向他介绍了北京有一本《东方少年》杂志。我已和杂志社社长说好，每期给学校寄。

教导主任很高兴，就以学生的名义，给《东方少年》杂志写了一封信。通过该刊，热情邀请全国的小朋友，到独龙江来游玩。人为，有点儿假。

6月2日　周五　阴转晴　巴坡小学—孔目小学

天气对于走路的人来说忒重要。

晴天还是好，自然也有点憷蛇。但蛇最多的季节，还没到来。李副乡长说，七八月份。

江边的路愈发的难走，多泥泞与石块，平路几乎没有。往西过了江桥不远，在斯拉洛小学休息。昨晚中心小学在广场上的雨中演出，其中还有斯拉洛的学生。有几个孩子还光着脚板。

又两个小时，在学校的牛场小木屋煮茶，吃洋芋，喝水酒。这小木屋在一道小山梁上的草丛中。进屋前，脚上发现了蚂蟥，好在还没有进入身体。李副乡长从门框缝里掏出钥匙，就看出非同一般。下层是火塘，二层是人行木地板，三层是竹篾子睡觉的地方，像个猎人小木屋。暗藏的机关，李副乡长极清楚。犄角旮旯里，一会儿就掏出一堆东西：茶叶、盐巴、炸药……

喝着水酒，靠在被子上，火塘烤着湿鞋，像神仙，舒服。

李副乡长说，牛场是他和高老师一起搞起来的。是一泰商投资，有十几头独龙牛，成牛肉一头可卖一千五百元。学校准备用这钱资助上高校的学生，一头牛钱不够用两头。

这是以钱生钱，资助教育的好办法。

翻山越岭，几近疲惫不堪时，一个大坡，下到了一段公路上。路面极破，是和贡山来的公路相连。

过一座大桥，下边水蓝且清。是担当洛河，冲进独龙江，便有浊清之分。再走就是大面积塌方，塌进江中，路就悬。

在腊配小学有开水喝，还吃上烙饼。麦子刚收，据说是头一年种小麦。麦穗剪下，背篓背回。

可以看见孔目（孔当）小学的红旗。独龙江的小学新旧破烂不一，但每所学校必有五星红旗高高飘扬。看见就亲。可以休息了。

孔目，不是我想的那么宽敞、平坦、热闹。坝子上在似街非街的街边盖了十几间木房子。商店、药店、村公所，买东西的只我们一拨人。

孔目学校比较整齐，有水泥篮球场，两层楼，以前是一所中学。高老师在等我们，坐下不一会儿，就商量起我明天上去带什么东西。

大米（珍珠米），100斤，2元／斤；被子两床，一铺一盖；盐巴、腊肉（12斤，6元／斤）、香油——其实是菜籽油（10斤，6元／斤）以及牙膏、卫生纸等，蛇药和灭虫灵没有。李副乡长还让买上钓鱼线，闲时可以到江边去钓鱼。再备一些铅笔和作业本送给学生。

李副乡长让我去住招待所，我懒得去，就在学校住下。所有采购的东西，由晏师傅和民工背回来装好。高老师和孔目小学的张校长，去村庄里找马帮。

7月9日　周日　晴　雄当

闲来无事，开始设计校牌，要独特，有意思。叫钥匙形校牌吧！

图：独龙江雄当俊玉小学。

含义：一、“俊玉”。俗话说，天地为大，父母为次。其实不然，无父母为我们扒开双眼，谁知地大天宽？隧用吾父母大人名中一字，合二为名。父母是不识几字的粗人，却喜欢学习好的孩子。二老悉知，定会愉悦。祝他们福如独龙江水，寿比高黎贡山。

二、独龙江水碧水清流，如翡如翠，非“俊玉”二字可比。

三、学校出人才，皆为美玉可琢为镶。是材，是器。

四、“雄当”之地，恰为独龙江始源。正是两两相交，一江一河交汇处。

五、唯教育这把金钥匙，方可打开兴国致富的大门。

我在村里，也有一个百姓们天天叫的独龙名字：“北京崩”——意思是第一个到来的北京人。“崩”就是第一的意思。在学校落成仪式上，我向乡亲们解释校名：大家管我叫“崩”，我不是；有人说天、地是“崩”，也不是；那什么是呢？只有父母才是“崩”。大家想，没有父母生育我们，为我们扒开双眼，我们怎么能知道世界？看到天地？所以用我父母的名字“俊玉”，命名了这所学校。全名叫：独龙江雄当俊玉小学。

七

九月二日开学的第一课，我告诉孩子们（许多乡亲也来听），这节课不仅是我们小学生、中学生、也是大学生的第一课，课文叫《爱》。爱父母、爱我们村儿、爱祖国、爱人民。爱父母是我们中华民族最高尚的美德，要孝顺父母尊重长辈。不爱父母就谈不上爱家乡，不爱家乡就不会爱国。不好好劳动勤劳致富，就是不爱家乡。打小我就固执地认为，凡不孝顺父母的人，思想品质肯定有问题，不会出息，也不是好人；爱我们村儿就是要好好学习，保护好环境自然，不允许任何人以任何的方式任何的借口破坏。科学地管理好我们村儿的山水，让我们独龙江更美；爱祖国，表现在学好能耐，为祖国出力，维护国家，当祖国需要时挺身而出，敢于拿出鲜血拿出生命；爱人民就是爱世界上一切热爱和平的人们，携手共同努力。让我们的地球村，和平、安宁、美满、幸福，充满爱。爱是什么？爱是关怀，爱是帮助，爱是宽容，爱是豁达，爱是给予。爱是珍视身边的每一个生命，珍视一草一木，与大自然为友。爱是碧蓝的，是独龙江奔腾不息的流淌。

我心里非常清楚，这节课不仅仅是给孩子们上的，也是给我自己上的。这是我在讲台上、在孩子们面前、在自己的心里，再一次重复做人的信条。

新的雄当小学校舍，全木结构，连体四间。教室俩，一伙房，还有一个是卧室兼老师办公室。屋顶的石棉瓦，是乡亲们去下游孔当，往返于山路五六天，一人两张背上来的。村长说一张十五公斤，共186张。

从我住的小屋北墙圆木缝中，可见新校舍的全景：背衬青山，云带飘逸，蓝空深邃，水泥白瓦，四间共128平方米，通体漆成金黄——金阳色。自我进来没一天不下雨。有人说，独龙江是被太阳遗忘的角落。其实不然，很多雨天，阳光会从云缝里钻出，闪亮的雨珠直接扎进土壤。我跟孩子们说，这叫太阳雨。

在这里，吃得最多的是苦荞粑粑。

> 青山绿竹苦荞苦，苦荞荞苦丫丫哭，丫丫哭成泥糊糊，泥糊糊长得荞麦熟。阿嘞——山谷，阿嘞——山谷。

得让食物习惯，变一变。

开荒地，想搞个菜园子。我从北京背来十几样菜种，试播一下。适合独龙江的，就推广开。这里的学校，每周两节劳动课。学生们干活都是好手，不到半天就整治出模样。乡亲们也来帮忙，四周还围上了木栅栏。大家还从各户羊圈背来粪肥，十几个学生几十筐，菜地下铺了一层。黄瓜、扁豆、西红柿、油菜、菠菜、红萝卜，总共种了六畦。秧苗破土后绿油油一片，看着就喜人。隔三差五，我还去拔拔草，学生们也去拔，他们就教会我怎么间苗。长得最好的是扁豆、西红柿，黄瓜也收了几茬。扁豆长的有一尺，十来根就能炒一大盘。黄瓜，孩子们从没见过。分给他们尝鲜的时候，教室里脆香。

学生们上课很认真，读书嘹亮得让我兴奋。只是无法解决一些学生怀里抱着的娃娃。当地的习惯，在小孩不会走路前，全都由姐姐抱，这样父母可以腾出手去地里做活路。学生裹抱着娃娃坐在教室上课，是我们独龙江上游一师一校独有的景致。娃娃不哭还好，一哭就连锁反应，挺热闹。久了，都习惯。

我的学生里，有俩江东村的孩子，他们每天要走40多分钟的路，然后爬溜索过江来读书。周末，我躲了溜索，绕道下游过独木桥，去了只有六户人家的江东村（属于雄当管辖）。路烂又悬，走了几个小时。两天后回学校，全村人一直把我送到渡口，好多人怀里还揣着鸡。别小看这鸡，因为这里粮食不够吃，家家户户鸡养得很少。

到了渡口，却不让我上溜，村长和两三个孩子先爬来爬去试。他们说我太肥胖，怕溜索禁不住，会断到江里去。这么一折腾，江对岸雄当的乡亲们也全来了。我站在一块岩石上，看着江两岸渡口上忙忙碌碌加固溜索的人们。看着看着，浪花溅湿了我的脸。

八

学校完工了，贡山县的领导到村子来接我，同来的还有一队地方官。乡亲们从没见过县级干部，风风火火，从上游从下游，从山上从对岸，汇集到我们这个小自然村。村长讲，他爷爷都没见过这等热闹。

我在代课期间，根据自己的体会。写了一篇万字的，有关独龙江乡小学教育改革的意见书，留给当地政府。大意是扶贫的同时，要扶教育，重要的是小学教育。县长没有见到，但他大概知道，像我们雄当村这样的一师一校，在贡山县，有53所。

县领导说，第一次来，第一次，这么偏僻，这么艰苦，我这个父母官不称职。

我说，别白来一趟，扶贫才有脱贫，给我们村做点什么？他说你说？我说我们村没电，但水有的是，装个小型发电机几千块钱。他说行。我蹬鼻子上脸，又要了一台电视和一个卫星接收器，县领导都同意了。年初我给他电话，他说你们雄当村现在家家户户一个灯泡，都已经通上电，光亮了。从此乡亲们结束了用松燃子木柴照明的时代。好家伙，几千块钱，就能改变一个生活习惯。改变一个民族的历史。我咯噔噔心里乱跳，真诚地向他、向县政府表示感谢。他还说，电视和接收器背到了乡政府，也会尽快运到我们村儿。

从乡政府到我们村儿要走四五天的路，而且海拔越来越高。因此再没有峡谷里的消息，也不知我们村儿咋样了。今年的苞谷收成可好？苦荞麦是不是丰收了？还像去年冬天那样，大雪在崖口落了两三米厚吗？四年级的孩子们去下游读书，怎么爬过那里？其实到了这份儿上，书就不要再读了，好好地把柴火烧旺，鞧熬过年根儿，等着明年春天吧。等着吧，等一等没啥关系。我在北京城好像成天价忙忙碌碌，其实也在等什么。等到那么一天，我去看你们。我知道你们还记得我，我是咱村的终身村民。是你们给我颁发的证书，还盖了村公所的红印戳子。你们可别把我忘了，我怕你们把我忘了。

那次欢送会，乡亲们的表情都很平静。我心里宽慰，我怕那种离别的难舍难分。可在我打好绑腿，背上独龙挎包，到了村口时，我听到了哭声。孩子们哭，我能忍；姑娘媳妇哭，我也能忍。嘿！那些独龙汉子们也哭，哭得眼睛红红的。我就像傻子一样，跟了。闹不清谁送谁走，谁去谁留？

喝过同心酒，乡亲们默默地跟在我身后。山路上，队伍长长，直把我送到一公里外的崖顶。我坚决地让他们留步。再一次地喝过同心酒，独自飞跑而下。每一个转弯处，我都看见他们拥挤在崖头上招手的身影，听得见他们的一声声嘱托。我身上心里沉甸甸的，像挂着什么，揣着什么，跟个金秋收获丰足的老农一样。可我给他们做过啥，却一件也想不起。即便建学校，也是在当地政府和老百姓的帮助下完成的。独龙江水淌着他们的呼唤，载着他们的影子，陪伴着我一路。

回到北京，我谨慎地接受了一些媒体采访，我要告诉大家在中国、在云南，有一个独龙江峡谷；告诉人们那里居住生活着一个叫独龙人的民族；告诉朋友我们村儿的孩子受教育的情况；告诉北京人，那里的百姓需要帮助脱贫。但我失败了，电视台大部分是把我裁剪成一个献爱心的人物。慌慌的心态，有点像进大峡谷时那样，开初走着走着，拐个弯就像进了道门，门道多了去啦，风景都是新鲜。可后来来来回回走熟，就搞不懂为什么一道门都没啦，门都哪去了？等我好像明白了什么，却又不明白了自己。

我知道乡亲们最需要什么。归根结底，是想要来一次彻头彻尾的脱贫。这是我在离开村庄前，挨家挨户寻访得来的。当然这之后断断续续，我的朋友甚至一些未曾谋面的朋友，给予我们村儿以最大的帮助。仅仅我能统计的新衣服，村里的男女老少，一人至少能穿上10件。

我知道，不会太久，我要回到独龙江，回到大峡谷。回到我们村儿，实实在在做一点儿什么。

九

2005年10月，我再次走进独龙江。果然如我所愿，麻比洛河上游和克劳洛河上游的一师一校，全部搬迁到“独龙江雄当俊玉小学”集中办学。教学质量，突飞猛进。老百姓的生活也大有改观。

在那些日子的走访中，在跋山涉水的过程中，看到和听到的让我知道，独龙江在大大地改变。但我不知道，也没有丝毫预兆，我也一点都没有感知。那趟独龙江之行，会让我留下了无法弥补的遗憾。终身的遗憾。

那几日，独龙江的天空晴朗无比。但父亲病重的消息，被大山阻截。真的，我一点都没觉得峡谷两面的山有多高。那里的每一座山，我上来下去多少次了，熟的像哥们儿一样。怎么能如此不仗义，怎么就能够把这么巨大，这么尖利无比的消息挡住？那是我爸爸，是我家里的老大啊。当然也全赖我，本来我已经往外走了。就老老实实赶紧出来吧，我竟然还在孔当学校停留了一晚，和师生们聊天聊到天明。甚至为一个学生的妈妈没有眼药水，四处奔跑寻找到下午。办妥了，才继续赶路。我居然还在县城，红地毯，宴会厅，为我的众学生考上了县一中庆贺。啊，可就在北京，就在人群如麻的那个城市。就在此时此刻，我的老父亲，我89岁的老父亲啊，他的遗体正推进北京平房火葬场的炼尸炉里。对我，那不是熊熊燃烧震耳欲聋的炸雷，不是熠熠闪光长久不逝的霹雳，也不是痛苦生命粉身碎骨的坍塌陷落；是身边的一切，烟消云散空空洞洞，似是而非。仅此仅此。我仅有的躯体，狂奔到碧罗雪山之上，一头扎进雪地里。雷翻震吼地把一生的泪水，冻结在白雪皑皑烟云缭绕的雪峰之巅。冰的泪，冻的脸，有一天将会融化进涛涛的怒江之水。

在傈僳文的《赞美诗》中，我得到一丝安慰：并非耶稣独负“十”架，世人自由闲暇，各人原来都有“十”架，我亦当负“十”

架。他的怒气，不过是转眼之间，他的恩典，乃是一生之久。一宿虽然有哭泣，早晨心欢呼。

2018年6月1日，一水儿的柏油公路，42公里，到达了独龙江迪政当村。因为去迪政当所管辖的雄当自然村的一段路，昨天有一块山体塌方。要是绕路步行，陪同的诸位小朋友，怕我这副老身板儿吃不消。只好踏踏实实住下，等两天。

这两天也没白等，认识了村党总支书记斯小东和扶贫工作队的李铖与和云韬。这三个都是二三十岁的小伙子，年轻有为。总支书记是独龙族，李铖是傈僳族，和云韬是白族。

我们现在所在的迪政当村委会，是独龙江的北部。再往上是它所辖的几个自然村：雄当、木当、普尔、向红、冷木当。向红最早叫克劳洛，因为村庄下的一条河而得名。克劳洛河与另一条麻比洛河汇合于雄当，始称独龙江。两条江的源河，2018年前我也是逆流而上，考察了那里的一师一校。后来这两所小学依我所愿，都搬到了雄当俊玉小学。向红北去不远，就是西藏的察隅县察瓦龙乡。现在这几个自然村，都归置到雄当，成了一个71户的安置点。

我住在村委会往南一两百米，路边的辛梦缘农家乐。辛梦缘，是以老板夫妇俩的小名命名的。男人叫白忠平，28岁，献九当人，媳妇叫陈学兰，是冷木当人。二人都是独龙族。他俩是同学，小学五年级就认识了。青梅竹马，两小无猜。

小名叫阿辛的白忠平，是在献九当白利小组吃百家饭长大的。后来在亲戚的帮助下，他上了学。高中毕业后，他一直在琢磨怎么致富发家。2014年开始修建农家乐，2016年开业。从县里贷款十万元，从乡里贷款五万元。一边经营，一边完善。眼下有五间客房，可同时接待十三个人。有私家面包车一辆，外出代步或搞点运输。他以后非常想把农家乐做大做强一些，尤其是要做得有特点。他说，特别希望乡亲们多多参与。宣传独龙江，保留好独龙文化。在这一点上，阿辛已经收集了部分被拆下来的独龙房屋。他说，要不然几十年后，孩子们都不知道我们以前住的房子是什么样子了。

据说是独龙江最年轻的党总支书记斯小东介绍：这里老百姓在种植方面，主要是土豆、玉米等传统作物。在上级有关部门的扶持下，现在全村已经种植了95.2亩重楼和310亩黄精。在养殖方面，群众以散养方式养殖了独龙牛、犏牛、牦牛、黄牛等。群众家里养了一些，猪、羊、鸡和中华蜂。

2018年，已经开始试种反季节的羊肚菌8亩。还向村民发放了茄子、四季豆、西瓜、南瓜等瓜果蔬菜的种子。

今后发展，一是加大独龙牛集中养殖规模。二是加大中华蜂养殖数量。探索“公司+农户”或“合作社+农户”的发展模式。在产业发展的同时，让建档立卡户和村民切实享受产业发展的“红利”。三是积极争取扶贫资金，大力推广种植滇重楼。重楼的药用价值较高，价格逐年上涨。假如今年反季节的羊肚菌和金耳试种成功，将进一步扩大种植面积。

与此同时，加强技能和管理服务等培训，增强农民劳动技能，拓宽收入来源。

最后，还要提升百姓的居住环境。2018年在迪政当和雄当两个安置点的道路沿线，栽种了樱花、香樟树和辛夷花等植物，进行绿化。

两天后，告别了村委会各位朋友，我们进驻了雄当。从迪政当到雄当的路况，就不太好了。勉勉强强过去，还要走一段路。路上的塌方处，推土机正在忙碌。

我一进雄当，一下傻眼了，一下蒙圈了，一下找不到北了。

不认识了，全都不认识了。整齐的房子，干净的水泥街道。其中还修建了卫生间和洗澡间。

老村长把原来的雄当人召集来了二十几个，在“独龙江雄当俊玉小学”的旧址前，照了一张合影。现在的背景是，三四间普通矮小的

“党群活动室”。那栋独一无二，橘黄色醒目高大敞亮的学校建筑，没有了一点踪影。可惜，太可惜了。哪怕留下当仓库，当党群活动室，或者当一个人文景观也好啊。

原本要在雄当多住几天，但当晚大家被跳蚤咬得不亦乐乎，一直在抱怨。我身上也留下十几个大包，奇痒无比。

抓紧时间，我们驱车一直到了向红。路况虽然差点儿，但是还可以过去。回返的路上，才注意江上比上次来，多架了一座吊桥。大家叫它彩虹桥，那另一座就是斯任老吊桥了。

独龙江，是云南六大水系之一，是缅甸伊洛瓦底江上游的干流。发源于西藏察隅县伯舒拉岭南部。由北向南，从独龙江乡中部穿境而过。在独龙江乡南部向西流入缅甸，就叫恩梅开江了。独龙江全长250公里，河床落差大。它的支流飞瀑有人统计过，多到100余条。独龙江乡的流域面积，947平方公里。

我们离开雄当，一路南下。龙元、献九当、孔当、巴坡、马库。经过了气势磅礴飞珠溅玉的月亮大瀑布，一直到了中缅边界的41号界碑。

一路看下来，变化很大，变化巨大。

马库，2000年，我和独龙江乡李副乡长住了一晚后，徒步逆江而上的起点。最后走到雄当，才选定了修建希望小学的地点。

那晚，住在独龙江乡政府的哈滂宾馆。滔滔汩汩的江水，一直在我的脑海翻滚。

坐标Ⅱ

北纬27° 37′ 52.41″

东经103° 35′ 24.17″

昭通市永善县茂林镇

决战时刻，全力以赴

顶着严寒来，
今已百花开，
柳絮将随彩云飘，
冰雪化溪青山外。
归心似清风，
一去千里为谁迈，
深知乡亲含泪留，
不驱穷魔怎离开。
——刘丞云

一

初见刘丞云的时候，是在茂林镇政府的一间办公室里。他是一个安静的中年人，安静地讲述着；安静地喝水，安静地抽烟；安静地和进进出出的人，打着招呼。一待摘下帽子，几乎光头的刘丞云，让我模糊了他的年龄。

刘丞云1962年出生在山清水秀的永善县茂林镇。茂林，是因为以前四周森林茂密而得名。

说起他的老家，刘丞云兴奋起来。

我老家就在镇子上，我是农民嘛，娃儿读书出去的。我老父亲当时就是在这里工作。我在这里出生，在这里读书出去的。我是老三，兄弟姐妹四个，一个姐姐一个哥哥还有一个妹妹。哥哥最后是从事畜牧的，干了几十年现在在昆明。妹妹在县城里，身体不太好。

小的时候家里还是种地呀。那时候生活水平太差了。当时我们茂林的这个地方不通电，没有自来水，都是沟里面挑来的，我们洗菜洗衣服全在里面。找柴的地方，就是我现在扶贫的新林。我小的时候三年级就去打柴了。翻过一座山，上去几百米就到了。新林七十二点五平方公里，当年有八万多亩森林，现在只有一万亩。那么大的森林，最后成了贫困村。当年新林村是比较富裕的地方，砍一棵树挣二十多块钱。就相当于我们地里刨食，干半年。那是八十年代初的时候。后来树被砍光，老百姓真的贫穷了。当年是我们这个地方没有电，吃的用的，都要到山上去找。甚至全县三分之一的财政，靠我们这里来支撑。当时建了一个木材站，就是保护我们这个森林。砍出来卖出去的这部分利润，是全县三分之一的财政收入。

是松木，只能盖房子。那里山清水秀，很漂亮的一个地方。我们小时候，幸福指数是很高的。那河两岸的大树，多大的树呀，现在看不到了。河沟里面还有鱼，还有石蚌，我们这里叫石蚌。它是和青蛙一样的，但是颜色不一样。应该是石蛙。我们这里鸟也很多，有大的，有小的，有红的，有绿的。我们小时候打鸟的那个橡皮枪很准，就是弹弓呀。经常可以改善下生活的。曾经看过一本书叫《森林的儿童时光》，就应该是写我们这的。所以，我小时候的幸福指数是很高的。小学校就在我家后面，初中离这里有四公里。当时永善县农中的那些老教师，都是七十年代的本科生。很厉害的。我小时候，森林里鸟语花香。一听说让我给家里找一些柴火，很愿意去的。一放学就背柴去了，然后带着橡皮枪。

春天来的时候，就在河沟里面抓点石蚌。那个时候又不考试，我们背点毛主席语录，小学就过去了。到初中呀，就是写一些文章就过去了。高中呢一百分考个中间分，就过去了。数理化基本上是零分嘛。中专是兽医这个专业，是四年嘛。我读了一年半就毕业了。怎么读的呢？是这样：当时农校刚成立，不叫兽医学校，叫普通农校。然后我们去了一年，改为昭通农校。一年半也发毕业证的。为啥子呢？是前半个学期房子没有建好，没有教室。随便日子就过去了，我们是第三届。我们是高中毕业的。最终还是分析化学、深入化学考毕业的。我是九月份毕业的。

考起农校以后，家里就没有什么负担了。把粮食卖了交到粮管所，然后又转出去，生活就有保障了。

春风欢送亲人来，
满山花儿笑颜开，
群英齐聚新林村，
敢将贫穷逐天外，
阳光雨露润大地，
喜得民心放异彩，
他日山花硕果时，
盼望亲人共采摘。
——刘丞云

二

全国一盘棋，2015年精准脱贫成为重中之重。刘丞云听到单位要抽调人员，到自己老家茂林镇摸底调研，心情特别激动。他主动申请被批准后，回到阔别已久的家乡走访。用他自己的话说，这次走访，成就了他的一个心愿，也成就了他撰写的一篇扶贫调研报告。（至于心愿，十几页之后必有分解。）在报告中，他为茂林镇新林村出谋划策。并提出了“打基础、育产业、强素质”三步走的扶贫攻坚思路，不仅很快得到上级领导的认可，还被编入茂林镇新林村脱贫规划。

2016年1月，刘丞云所在的昭通纪委监察局，正式挂钩帮扶茂林镇的新林村和松林村及永安村。

刘丞云认为自己的专业，是自然科学。

自然科学与社会科学、思维科学，并称为科学三大领域。它是以定量作为手段，研究无机自然界和包括人的生物属性在内的，有机自然界的各门科学的总称。自然科学是研究大自然中有机或无机的事物和现象的科学，包括天文学、物理学、化学、地球科学、生物学等。

刘丞云所说的这个自然科学，似乎牵强，但也沾边。

刘丞云是1992年通过考试，到市纪委工作的。一干，就是二十多年。而此时此刻的工作任务时限，屈指可数。必须要在2019年前，让茂林的三个村落全部脱贫。这是一场攻坚决战，决战时刻，全力以赴。将军的决战是在战场，我的决战是在故乡。

攻坚就是集中力量，重拳出击。2016年初，刚到茂林的刘丞云，把工作队全部九个队员，都安排在新林村。

先调研，再找相关合适的方法。主要是解决贫困的根源——基础设施落后，特别是道路、房屋、教育、卫生、通信、通电和广播全部都重新搞。路不通，就先修路。当时刘丞云的工作队，搞了一个规划。就是两推进，三步走。两推进是村里组织和党的组织，村组干部和党员带头。先把人们的脱贫意愿激发出来，在他们的头脑里面生根开花。然后再带动广大的群众，来搞这个精准扶贫。三步就是精准扶贫的三步：第一步就是打基础，第二步就是培育产业，第三步就是把人的素质搞上去。

在打基础的阶段，他们发挥部门的优势。特别是在市纪委书记的带领下，深入村里的各个地方调研。充分利用挂钩单位的优势。他们白天黑夜地干，加班加点地干，老乡们戏称他们是“五加二，白加黑”。

挂钩单位的优势就是能够检查、组织、调动资金。能把资金和项目，搞得来。

曾经沉寂贫瘠的新林村，是一个典型的“三无”村庄。无优势资源，无产业基础，无集体经济。加上基础设施建设相对滞后，人口素质相对较低。全村1360多户里，有737个建档立卡户，贫困人口2515人。根据永善县委、县政府规划要求，新林村必须在2016年实现全面脱贫。

经过大家和乡亲们的努力，新林村脱贫啦。这是整个永善县，最先出列的一个村。

2016年是新林，2017年是松林。今年2018年，刘丞云他们要再接再厉，让永安村也脱贫。从眼下的8月看，绝对没有问题。刘丞云他们要提前打赢这场脱贫攻坚战。

刘丞云他们坚持不懈筹资金、跑项目。在他们修路的关键时刻，省财政厅拨款两百万元，解决了他们的燃眉之急。

先把路修通，两百万只能是土路。然后就建房子，市里面给了三千万资金。之后，又追加了几千万。今年呢？今年让新林村三十二个组，全部通上柏油路。

虽然茂林离昭通只有十多公里，但2015年以前，老百姓出门只能靠两条腿走，运货靠人背马驮。大多数村寨，都是不通路的。

通过2016年、2017年两年的建设，新林村只剩下五十多户建档立卡户了。之后又将三十七户搬到靖安区，最后的二十来户，就在本地建了房。七百三十七户的房子，就这样全部的建成。

在这个过程中，当时高县长给解决了两百多万的资金。市纪委支持了一百五十万。又在永安搞了四百万的公共设施建设。

西子何时临故园，
蓝天白云驻心间，
日月星辰常伴梦，
美哉丽哉怎敢言。
——刘丞云

三

云南省各个州市，都有很多脱贫致富的高招儿，昭通茂林也不例外。那就是发展集体经济，养羊、养牛。用集体经济的收入，直接补助给建档立卡户。或者帮助他们，自主发展。七百三十七户，都要被产业覆盖。还要采取生产合作社的方式，把自己的优势组合起来。他们先后引进了外地的企业，与广东中山的一家公司联合搞了台鳅来养殖。台鳅就是泥鳅，但是它不钻泥。是台湾的泥鳅。它长得比较快，四五个月，就可以长到二两多。当地泥鳅，要几年才能长到这么大。还养了鱼，三个村都搞。定了一个二十亩的地，是块废弃的地。鱼塘不太深，台湾泥鳅养殖是八十厘米到一米。现在的鱼，通过一年的养殖已经有两斤多了。泥鳅是自己在网上找的，在江苏的连云港。人家已经有几千亩的台鳅养殖，是中国绿色环保台鳅养殖第一村，面向东南亚出口。

泥鳅被誉为淡水人参。刘丞云他们已经有了二十万的滚动资金，用来推广绿色环保养殖。

刘丞云还是那么安安静静地说，但从他的目光中，足以看出这家伙的坚毅果决：要把贫困的根源，从根本上切断。

文化教育上，刘丞云一点没放松。通过他们长期不懈的努力工作，新林村的上学率，是百分之百。学生享受义务教育，在校生很是幸福。新林村现在的自然环境，也比较好，已经有六万亩的森林了。学习环境大大改善，茂林的孩子也很聪明。有一年，有十几个考上了大学。曾经还有个考上北京大学的，现在成都市法院工作。

刘丞云的孩子也在上学。十九岁的刘丞云，一个健康阳光帅气的小伙儿。只是他心气高，早早就有了标准，要有工作的、要漂亮的。当时他在距离茂林三十公里的盐丰镇畜牧兽医站工作，也算是干部了。

有人问刘丞云，为什么没在读书时搞一个？他嬉笑着说，全班有八个女同学，没一个看得上我的。

在刘丞云看来，上学还是很好玩的。但在高中住校时，出了一档事。全班男女生，百分之八九十都得皮肤病。稍一经意，能看到他手上的疤痢。刘丞云说，是一种皮肤寄生虫，其实是很好治的。上农校的就知道了，太简单了。用硫磺凡士林敷起来，它就死了。那时候，就是没有现在这样的条件。学校不管，因为学校也没人懂。吃中药，能把这个虫杀死？谁也不敢试。

刘丞云大有神农尝百草的气魄，不管三七二十一喝了一碗。由于他是饥肠辘辘空腹喝的，立马昏了过去。送到县医院，打了一针葡萄糖就回过来了。那时他们初中高中是十来个班，五六百口子人，百分之八十都染上了。一个地方一个地方的化脓，只能用烧过的香灰敷上。前后七八个月，才好彻底。刘丞云的解释是，最后他们产生了抗体。就这么两年的时间，有一年的时间在和疥疮抗争。刘丞云平心静气地说，可惜啦，要不然干个大学生是可以的。

后来刘丞云考起了农业学校。

当时的那个环境呀，刘丞云现在想起来都有点后怕。童年的条件是差了一点，但是幸福。这次的病魔缠身，甚至影响一个人的前途，也给他留下了深刻的记忆。

只惜春花放瞬间，
哪知人生也短暂，
昨日少小戏溪水，
今朝时光把鬓染。
——刘丞云

四

刘丞云真正搞对象，已经二十八啦。他说，是初恋。就是参加纪委的考试那次，通过了。考察也过关了，就调上去了。紧接着就马上搞对象，就成功了。

我也蔫蔫地问，就成啦？

他说，是啊，一见面就很满意呀，缘分到了。

再说点与她有关的。

刘丞云笑了，笑了也还是蔫不拉几的语气。原来呀，有些大领导的娃儿追求她，她不干。我说你等我等什么的，我一个穷孩子。她说还有人在等她，就在昭通呀。现在小儿都读研究生了，在北京交大，研究生二年级了。

很完美啊。令人羡慕。

羡慕啥啊，我们离婚了。

这个可不能隐瞒组织呀。

2012年离的，我就下到彝良去扶贫。彝良搞了一年，当时地震嘛。之后我又到镇雄。2013年被单位派出去学习了一年。2014年至2015年我就主动到这里来了。我老家在这里嘛，这里有住的地方。这样可以回避一些矛盾。然后一个月我在这里，一个月待上二十七八天。单位上没有事情我就不回去，这几年都是这样的。这个矛盾源于哪里呢？城乡差别和家庭的意识各方面，因为我毕竟是农村的，她是城市的。我的习惯粗俗一点，习惯不细腻，然后亲戚朋友当中毕竟是农村的。去了以后毛手毛脚的。我老岳父又是一个文化人，他家几代人都在城里面，这个习惯不一样。当时，从表面上看我还帅气长得也不错，但是时间一长磨合不了。当时我们的关系一直很好，从来没有说过一句红脸的话，这一点我还是做得到的。她人很不错，心眼儿很好。虽然我们不在一起了，好说好散。我把她的朋友圈弄来，还干了两台酒，写了两首诗，我说她随时可以把我召回去。

离了婚，有人说你对了，有人说你错了。你痛苦的同时会有内疚。后来你内疚痛苦也悔恨，还夹杂一种远离尘世的失落与迷惘。最让人不能接受的是，心里居然会出现莫名其妙的嫉妒。假如是你无意中伤到了亲人，离婚以后做事情会瞻前顾后犹豫不决。不管是《礼记》还是《白虎通》，七情六欲呈现出混搭的状态。希望和破灭，时有时无。这一刻，大脑的主持层，浑浑噩噩。心理，极其复杂。只用痛苦来形容，那就太单一且片面了。情绪，是一个人的外向表现。很多时候，基本情绪与原始情绪和自然而然的情绪有序为伍。但情绪的一锅粥化，更是一部分人的常态。比如，离婚者。那就成了复合情绪，也就是基本情绪的不同组合。复合情绪，是令人反感又恐怖的情绪。唯可救治的不二法门，除了爱还有别的吗？

所以，很多很多人给我介绍对象，我都拒绝了。那是因为心里还有她。

所以，人这一辈子要是没离过一次婚。在情感面前，就不要说三道四。

我认为这种东西要找出因果关系，要在这个当中有一定的悟性。孩子很成器呀，很好呀。我们彼此的关系也不错的，这么多年生活在一起不可能没一点小磕碰。但绝没有消极出轨的东西，复婚应该是可能的。六年的苦痛，六年的辗转反侧。原来是想把茂林当成我离婚之后的避难所，精神和精力寄托的地方。

随着2018年茂林老百姓的全面脱贫，我的任务结束，就可以回昭通了。预祝我们有一个好的结局，也预祝我们有一个好的开始。我们刘家人是可以的，是地道的，有担当的，不会计较那些小事情。

刘丞云一如既往地平和语言以及极富理性光芒的表述加之他的阅历，让我没弄清楚为什么，竟然想起了莎士比亚。其实莎士比亚的戏剧对白，也没有如此的横溢才华。

刘丞云说，生存还是毁灭，这是个老大难的诘问。

刘丞云说，你究竟认为哪样更高贵？去忍受那伤心的命运和无情的摧残。

刘丞云说，挺身去反抗那无边的烦恼吧，把它打扫得干干净净。

刘丞云说，不能放弃，睡着了就结束了一切。

刘丞云说，如果睡眠能结束你心灵的创伤和肉体所承受的千百种痛苦，那也是求之不得的天大的好事。

刘丞云说，睡觉也许会做噩梦或美梦，而梦都是虚化和荒诞。

刘丞云说，其实这也不错，荒诞会让这个尘世蒙羞。睡眠里你不会知道梦是什么，梦的美好在想象中打鼾。

刘丞云说，我真得好好想一想，矛盾和顾虑，使我辗转反侧。

刘丞云说，谁甘心忍受那思来想去的鞭打，谁愿意受到白眼和嘲弄。可就是有一种东西在压迫着，有一种嘈杂一种轻视之声，在我耳边猗猗。失恋那是言过其实，我一直是苦恼和不解的演算者。

刘丞云说，默默无闻的劳碌，在床笫夜不能寐。也许这可以换来一个黎明的曙光，一个人踮起脚尖儿悄悄地私语。但那顶多是在早饭里加上一点咸菜，或者是时钟的秒针追逐脚步匆匆。

刘丞云说，谁也不甘心，劳动流汗是为了残生。但时光毫不吝啬，流水绝不留情。假如有个人从危难贫穷的土地，播种悔恨的种子。收获的一定是，肥硕无比的金黄色怨言。我宁愿忍受目前的苦难和无奈，也不愿向低俗贫窭和窘迫投降。

刘丞云说，是的，不知所措让我们曾经像个懦夫，像个无所适从的低能儿。但我天生的血液里流淌着果断，流淌着鲜红的不屈不挠。即便被蒙上过一层焦虑的惨白，即便没有伟大和超凡。灰飞烟灭又能如何，化为泡影又能如何。只要一天没有丧失行动的能力，我的影子一准儿在路上奔波。

刘丞云有文学天赋，爱写诗。刘承云爱把心声，写成诗歌。

青梅花骨坚，
迎春展奇艳，
曹刘偏爱之，
豪气千古传。
——刘丞云

五

刘丞云不是哈姆雷特，刘丞云也没有丧失行动的能力。刘丞云的工作既细小，又具体。

那天的路，他们已经修得差不多了。但路中间矗立的几根电线杆，挡住了去路。改变路线？这不仅丑陋而且要花费大量的人工和金钱。经过多方努力也不见效果，根本没有办法让公路正常延伸。路通意味着老百姓的生活方便，也能让老百姓心情舒畅。可以运输，可以修房。是方便出行的，是发家致富的路。路修不下去了咋办？在这种无可奈何的情况下，刘丞云给他的一个老朋友打了个电话。他的朋友第二天，就把情况告诉了茂林镇供电所，在供电所的协助下，事情解决了。

有的时候就是这样，农村工作是没有固定的模式。修路就是修麻烦修问题，道路要从一户人家的地里通过，但是这家男人就是不让。

刘丞云就去给他做工作，问他，你知道种地的目的是什么？那人回答：不就是吃饭吗？那我们修路，你就能更好地种地。占了你的地，会减了你许多的运费。你现在靠人背马驮，到时候路通了，你可以用三轮摩托，一车就拉下去。从大的趋势来讲，修路是必然的，你是挡不住的。这就是刘丞云多年来的农村工作经验，这样一讲就讲通了。

他们去片访的时候，有个老人已经是八十岁了，叫金玉秀。两个儿子，小的那个不管她，大的那个已经是五十六七岁了，还没有结婚。进去她家都是一堆堆的脏衣服，起码十几年没有洗了。一身疙瘩衣服，都穿烂了还在穿。虱子太多了。和她一起生活的儿子，又得了一种皮肤病，坐卧不宁。第二早，刘丞云约上村支书一起，把他几姊妹买给母亲的衣服、裤子，全部给她换了。刘丞云的衣服，也给了老太太的儿子。他直接给支书讲，这个没办法，这家就是建档立卡户了。

还有一个孤寡老太太中年丧子，无生活来源，这个也必须是五保。都被纳入了重点保护，重点扶持对象。他们是逐步走访调查，每一户都要去访到。他负责新营盘村，和支书一起。像上述两位老人的这种状况，目前全部都搞清了。最后都成了重点的保护对象，没办法。

有个女娃娃，很不容易考起了大学，是寨子上的。刘丞云去片访的时候，她母亲说：我的姑娘没有办法了，读不起书了，钱没得了。不知道怎么整啦刘队长。他借给姑娘五百块钱，又把电话号码留下。

姑娘到了学校，就给刘丞云打电话说，怎么办呀，一分钱都没有啦。路费用了两百多块，又还给同学一百多，再买了一点洗漱用具。吃了两三天下来，全花光了，咋整啊？

刘丞云一边安慰她，一边把自己的工资，整了两千多块钱，打到她的卡上。姑娘在昆明理工大学，学汽修专业。

她曾经给刘丞云写过一封热情洋溢的感谢信，信里竟然还夹着，一颗子弹的弹头。

她是咋想的？兴许是精准扶贫的意思？后来她家成为建档立卡户，把房子也给修好了。每个学期，都给她补助千把块钱吧。她毕业后，在昆明搞汽车修理工作。

这个姑娘写给刘丞云的感谢信：

尊敬的刘叔叔，您好！我是您之前资助过的学生苏生凤。转眼间已经过去大半年时间了，一直都未来得及向您表达我和我全家的谢意。今天借此机会，向您汇报我这半年来的生活学习情况。同时也转达我们全家人，对您的不尽感激之情。情深纸薄，无以言表。今年春节刚过，我父母就一直为我的学费、生活费发愁。马上要开学了，我的心也像热锅上的蚂蚁，怕因为经济困难而上不了学。但我还是做了最坏的打算，如果父母实在供不起，我就退学算了。不曾想在这个时候，您得知了我们家的情况，就及时地伸出了援助之手，资助了我2000元的学费。为我和我们的家，解决了后顾之忧。当我取到那笔钱的时候，心情是如此激动。我在想，我终于可以继续回学校了。这半年的时间里，我比任何时候都珍惜读书的机会。我知道这个机会来之不易，如果没有您的帮助，我可能现在家种地或者在外打工。

以前我对学习积极性不太高，现在不一样了。我觉得只有好好读书，以后有文凭了找工作了才能过上好的生活。千言万语汇成一句感谢，因为有你们的关心和爱护，我们才会茁壮地成长！

刘叔叔，谢谢您！我一定会好好读书，努力成才，不让父母操心，不让您费心。这次放假回家，我去村公所看看您。上次我妈说给您带几斤刚挖好的洋芋，又一直没给您，只能下次了。

滴水之恩，涌泉相报，我会以优异的成绩回报您的。最后，祝愿您身体健康，工作愉快！谢谢！

苏生凤

这些事情你做多了做好了，最后你会有成就感的。你这一生做了多少好事，就有多少美好回忆的资本。

刘丞云说，我觉得这几年我真的没有白干。从我们开始买碗筷，自己煮饭吃，到现在买冰箱了什么的，以致我们自己在村上种菜。房子一个寨子一个寨子，都给盖成新的了。再进一步，我们该种什么？该养什么了？的确，一个个老百姓，从穷得叮当响，到现在都钱包鼓鼓的。

育产业才能断穷根，新林村没有主导产业。但6万亩森林就是资源，适合发展林下养殖。刘丞云就动员大学生普标，返乡回到冒子山创业当村官。引导村民入股草山1000余亩，建起了3个农业合作社。鼓励发展农户养鸡200余户，培育育种鸡苗专业合作社1个，发动群众养鱼140亩。

茂林镇党委副书记叶远烛说："现在乡亲们都晓得刘丞云公平，不讲私情。"

扶贫先扶志，扶志从娃娃开始。刘丞云把关心孩子读书，作为新林村的希望。先后劝返学生30名。协调资金170万，建设石垭口小学教学楼和学生宿舍。有了宿舍孩子们冬天就住在学校，不用冒雪回家。他还个人拿出2500元，资助大学生完成学业。组织社会捐资捐物捐书，帮困难学生……刘丞云在驻村路上，留下了深深的足迹。

推窗见岭岭抱村，

万道霞光照山林，
晓风拂来春意浓，
鸟鸣花放草青青。
——刘丞云

六

茂林镇的冬天，冰雪凌大。必须加足码力、铆足干劲。抢时间修通路，建房才能完成。立说立行，在短短的三个月时间里，9公里的轱辘河公路通了。随后建立溪、白草坪30多公里路基挖通，改造养护和铺砂面石20余公里。提前修通了松林磨子山、小坪等，5个村组的公路。基本实现，户户通公路。2016年底，639户搬进了新居。

要斩断穷根，必须培育产业。新林6万亩森林，适合发展林下养殖。村里没有主导产业，刘丞云挖空心思寻找出路。一方面，带领有威望和见识的几户群众去外地考察，引进杜洛克种猪给老百姓喂养，培育育种鸡苗专业合作社1个，出售鸡苗7万余只。鼓励发展200余户农户养鸡。动员在外有一定基础大学生的普标返乡，回到老家帽子山创业当村官。带领老百姓致富，引导村民入股草山1000余亩，建起了3个农业合作社。另一方面，积极协调石漠化治理资金980万元，进行河道治理、种草等。发动群众打鱼塘，养鱼140亩。

孩子是明天的希望。每到一户，刘丞云总关心孩子是否读书，学习怎么样，先后劝返学生30名。通过协调，协调督促，投入170万石垭口小学和学生宿舍建了起来。“既然下定决心来扶贫，必须做到不脱贫不出村！”这是刘丞云经常挂在嘴边的一句话。

刘丞云在回乡驻村的两年时间里，将家乡驻在心底。帮助贫困群众一件一件实事地接着做，让乡亲们尽早脱贫摘帽，过上幸福的日子。

在永善县茂林镇新林村，有一条轱辘河，河道狭窄，两岸高山林立，绝壁丛生。轱辘河沿岸散落着石垭口、马路、毛坡营等村社。上千人，祖祖辈辈都生活在这里。

据新林村轱辘河沿岸村民介绍，因公路不通，从新林村石垭口至新林完小，要过三四十趟水。村民出行极其困难，曾经有人过河时付出了生命代价。修通这条路，是当地群众的最大愿望。

老党员任富章说：穷山恶水，大河水一涨，这面过不去，那面过不来。赶个场都费力，喂个猪牲口要水小了才邀得到茂林。

群众浦发民讲：以前我们学生读书，从这个地方上去，到那个石垭口，就是新林完小那点了嘛，要走一个半小时。要过三四十趟水，是过去又过来的必经之路，太危险啦。

2015年12月底，石垭口至毛坡营公路竣工通车，小汽车第一次开进了新林村。听着汽车马达的轰鸣声，村民李文异常兴奋：“新林村特别适合搞养殖，但以前牛、羊、猪都运不出去。没人敢养，只能受穷。现在通车了，工作队和村里又带着大家谋划发展，准备搞养殖合作社。要是干成了，家家户户都能增加不少收入。”一想到离过上好日子不远了，李文全高兴得合不拢嘴。

2015年以前，新林村的民房几乎都是土坯房，而且危房占了很高的比例。这样的住房在洪灾和地震面前几乎没有抵抗力。

当时的新林村别说像样点的民房了，就是连个隐蔽点的厕所都没有。好多人家的厕所，其实就是一个露天土坑。条件好一点的人家会弄几根木头，在土坑上面搭个茅草棚。里面横枕着几根朽得似乎要断掉的木棒，让人担心掉到粪坑里而不敢蹲上去。

如今的新林村几乎看不到土坯房了，取而代之的是一栋栋白墙青瓦的“乡村别墅”。

半边街村民小组村民蒲发明说：“住了半辈子的土坯房，没想到一两年的功夫就换成了楼房，真是太感谢党和政府了。”

在市纪委动员帮助下，在刘丞云工作队全体队员的努力下，创业出来的例子一个接一个。有新林村的蒲孝文、蒲弟军等成立的文军养殖专业合作社；有温飞、李林虎成立的绿乡缘养殖专业合作社，主攻活水鱼养殖；有松林村的普标成立的永善鑫牛养殖专业合作社和有张广彦成立的永善广瑞农民专业合作社，主攻牛羊养殖。

谈到今昔生活的改变，张广彦动情地说："以前，咱们松林村穷啊，很多老百姓能解决温饱就算不错了，挣钱的事更是想都不敢想。如今，市纪委工作队带着咱们搞产业，奔小康，好日子还在后头呢！"

经过两年多的努力，新林村离今年脱贫出列的目标已经越来越近。而市纪委扶贫工作队的工作重心，也逐步向松林村和永安村转移。张广彦说："有了新林村的示范带动，松林村和永安村的贫困群众也摩拳擦掌，准备甩开膀子大干一场。"

寒云争春弄雪花，
风情万种漫天下。
一夜东风化溪水，
姹紫嫣红进万家。
——刘丞云

七

辘轳河一带，一条静静的溪流汩汩流淌，新林村世世代代的人，陪伴这里的山、这里的水生生不息，但贫穷的面貌始终没有改变。有一天，村民国芝贵从山沟里捡来几只石蚌，叫扶贫队员到他家品尝山旮旯里出产的石蚌。

路途中，大家看着清澈的溪流讨论到："这条闲置多年的河，是否可以养上冷水鱼？"想法一出，马上有人说："大家观察一下地点，过几天我去请市农业局渔业站的龚廷登站长来指导，看看是否适合养鱼。"刘丞云敏感到，这是个好主意。刻不容缓，他带领技术人员对鱼塘建设进行了考察和指导。

什么事情都可以拖，但老百姓的发展脱贫致富，对驻村工作队而言，是耽搁不起的事。不干几桩事，在刘丞云的心中怎么放得下。加之渔业站专家亲临现场指导考察过了，没有什么不放心的。于是，刘丞云和驻村队员，开始动员建档立卡贫困户发展鱼产业。

习近平总书记强调，脱贫攻坚，“关键是要找准路子、构建好的体制机制，在精准施策上出实招、在精准推进上下实功、在精准落地上见实效”。只要我们瞄准群众的需求，一个一个问题解决，不断创新扶贫方式，就能让全面小康的阳光照进每一个贫困家庭。

“市纪委的同志来挂钩扶贫我们新林村，刚来一次、两次的时候，我们都觉得只是一个形式，基本上都是空的。后来他们来了三次、四次、五次、六次……我们就改变了对他们的看法。他们为了每家每户的事情忙前跑后，为新林村修通了几辈人都不敢想的轱辘河公路。让我们看到了，脱贫的希望。”新林村河边村民小组长任天才，说了一句实实在在的话。

没修通轱辘河公路之前，很多贫困户零散地居住在新林村各个角落，入户的路崎岖难行。较远的人家，要走上三四个小时的路程。为精确掌握每家每户的情况，摸清他们存在的困难，了解他们急需解决的事项，科学制定发展思路和脱贫计划。工作队队员们经常深夜十一二点还走在荒山野岭，走在扶贫的路上。一年不到的时间，他们几乎走遍了新林的山山水水。和新林村群众，建立起了深厚的感情。截至目前，工作队已对全村32个社的社长全部进行了遍访。组织召开村社干部群众座谈会70多次，并立足新林实际制定出了科学合理的脱贫方案。

“要长期驻扎下来，起到示范带头作用，把一家一户的工作做实，把一件一件的事情做好，坚持大面的推进和局部的扶贫相结合，务必在2016年完成新林的脱贫任务。”对于驻村工作队员的管理和新林村的脱贫要求，队长刘丞云思路非常清晰。

“顶着严寒来，今已百花开，柳絮将随彩云飘，冰雪化溪青山外。归心似清风，一去千里为谁迈，深知乡亲含泪留，不驱穷魔怎离开。”这是市纪委驻村工作队长刘丞云，在他的驻村日记里随手写下的一首小诗。这首诗，写出了驻村工作队员们的心声，同时也是他们用心、用情、用力驻村扶贫的真实写照和决心。

在跋山涉水的走访过程中，工作队特别注重对弱势群体的关心帮助，经常到一些五保户、孤寡老人等困难群众家里关心慰问。新林村共有五保户、孤寡老人44户46人，不管是逢年过节还是沿途经过，工作队队员们总会去他们家里坐坐看看、嘘寒问暖。

面对这令人窘迫的贫中之贫、困中之困，驻村工作队员们心中只有一个共同的信念：不驱穷魔怎离开！一定要打赢这场扶贫攻坚的硬仗。

绿叶飘飞枝擎天，
迎冰怒放映江山，
引领百花争春艳，
一页青史驻心田。
唤起东方卷残雪，
全身戎装更新颜，
历经枯荣骨坚硬，
含笑清风满人间。
——刘丞云

八

刘丞云慢慢悠悠回忆着前年修路，像回忆着十几年前的事：要脱贫首先修路，修通路什么事情都好办。这条路在修之前，要过多少道湾，过多少道水，老百姓苦不堪言。我们把这条路作为脱贫攻坚的首战来打，争取了资金立了项，资金很快协调到位，然后就采取一事一议的办法，让老百姓参与监督，最后仅用了三个月时间，就把这条路修通了。

地上的路通了，心里的路也通了。走进如今的新林村，干部和群众都充满希望，脱贫攻坚的信心和决心越发强烈，在各级各部门的关心支持下，在市纪委精准扶贫驻村工作队的努力帮扶下，相信明年杜鹃花再开之时，定是新林村脱贫之日。

永善县茂林镇新林村弯弯曲曲的峡谷中镶嵌着一条玉洁冰清的玉带——轱辘河。轱辘河河道狭窄，两岸高山林立，绝壁丛生，河水不得不沿着崇山峻岭蜿蜒前行。因其要拐二十八道弯，形态似轱辘滚动，故而被当地人称为“轱辘河”。

轱辘河沿岸散落着石垭口、马路、毛坡营等村社，上千人祖祖辈辈都生活在这里。多年来，一条沿河土路是这里与外界相连的唯一通道，那是村民们一步一个脚印踩出来的。由于崎岖不平，再加上河水的切割，使得这条小路残缺不全，异常难走。最远村社的村民们到镇上赶一次集往往要四渡轱辘河才能穿越轱辘河上的二十八道拐，耗时近六个小时。如果突遇山洪，赶路的人还会有生命危险。所以，村民的生活基本靠自给自足，很少走出大山，而轱辘河沿岸的村庄也因此成了被现代文明遗忘的角落。

一直以来，这里的人们日夜聆听着轱辘河清脆悦耳的歌唱，过着与世无争的生活。然而，随着全面建设小康社会的春风涌进峡谷。轱辘河的歌声变得不再悦耳，那奔流不息的小河再也带不走人们与日俱增的忧伤。因为，闭塞的交通，使得对小康生活的向往和期盼，化为新林人心中挥之不去的乡愁。

在轱辘河峡谷深处，矗立着一座高约20米的石峰，外形酷似猴子。“石猴”蹲在奔腾的轱辘河边张望着远方，仿佛在守望着什么。

“谁也说不清这只石猴存在多少年了。我听老人们说，也许是因为乡亲们想修公路的愿望太过强烈，时间长了，便化为了这只石猴。”

刘丞云虽然在城市生活多年，可他的心从未远离过故乡。他说，以前没有公路，大家出不了远门，还以为外面和山里一个样，也就没什么想法；后来，通过外出求学和务工，才知道新林村与外面的差距有多大，于是想修公路的愿望就在大家心里扎了根。

“村里的一些老人，甚至都没见过汽车。我们真想走出大山，可大家都穷得叮当响，凭我们自己，一点办法都没有！”作为全村百姓的领头人，毛德学最第一要务就是修路。可由于资金、技术等因素的制约，一直没有进展。直到去年初，新林村成了市纪委的挂钩扶贫点，毛德学紧锁的眉头才舒展开来。

在昭通市纪委领导的全力支持下，刘丞云第一时间就组织人员开展选线工作。石垭口至毛坡营公路的线路，很快就定下来了。由于地理条件的限制，该公路仍然要沿河道修建，村民们便把这条公路称作“轱辘河公路”。

据测算，轱辘河公路里程约9公里，即便只修通毛路也要耗资四百余万。市纪委经过多方协调争取，从市交通局协调到两百万资金，再加上通过一事一议筹集到的两百万元资金，轱辘河公路很快就动工了。

驻村解困已四载，
为去穷魔回乡来。
干群奋起杀穷魔，
村村小康笑颜开。
——刘丞云

这首小诗，是刘丞云托茂林工作队队员李安转发给我的。写作时间，2018年9月20日9时，写作地点于新村。

九

那天，刘丞云、毛德学等人正带着施工单位在河边村民小组勘测路线，一个老汉，背着箩筐、杵着拐棍，从河对岸颤颤巍巍地向他们走来。刘丞云一眼就认出来人，是78岁的老党员任富章。他听说工作队在附近勘测路线，一定要亲自给大家送点吃的。刘丞云赶紧上前搀扶老人，接过老人背上的背篓才发现，高高的背篓里竟然装满了煮熟的洋芋和鸡蛋。

任富章曾随部队出境剿匪，是个从枪林弹雨里闯过来的老兵。由于伤病，任富章早已无法正常行走。刘丞云是本地人，清楚任富章家到他们的勘测地点的距离不过百米。但其中70来米都是很陡的下坡路，对常人来说不算什么，可对任富章来说却是一段异常艰难的路。捧着热腾腾的洋芋和鸡蛋，所有人的眼眶都湿润了。刘丞云在心里暗暗发誓：一定要尽快把路修通，绝不辜负父老乡亲的殷切期望！

听说老家要修公路了，有一个人激动得好几天都没睡好觉，因为这一刻他等得实在是太久了，这个人就是在昭通做餐饮生意的李廷才。

李廷才是新林村老房子村民小组人士。1998年，李廷才走出了大山，来到昆明学厨。经过一年的努力，李廷才考取了国家特二级厨师证，成了一个名副其实的大厨。2000年，李廷才怀揣着梦想回到了昭通创业，开了自己的第一家火锅店。经过十几年的摸爬滚打，如今的李廷才已成长为一个成功的企业家。李廷才决定把这个工程包下来。他找到市纪委相关领导，吐露了心头的想法，得到了领导的大力支持。

“最近这些年，村里有不少人在外打工挣了钱，有些人还买了车。可没有公路，每次回来只能把车停在镇上，然后走几个钟头才能回家。那时候，我就想：等挣了钱，我一定要亲手修通这条路。”李廷才说。

轱辘河公路的建设正式拉开了序幕。市纪委监察局局长田荣屏对李廷才说：“老李，这条路的难度不小，除了技术上的问题，资金也很紧张；你能把毛路挖通，就是件功德无量的大事。”

“请田局长放心，我保证把每一分钱都花在刀刃上！”李廷才回答得很坚定。

工程动工没多久，李廷才就遇到了一个大难题。因为，有两个路段必须架桥，而对主营餐饮业的李廷才来说，桥梁的设计和施工是个不小的挑战。为此，李廷才找到县交通局的专家，请他们帮助设计，同时自己也一边搜集资料，一边学习。

“轱辘河公路”设计路基宽度为4.5米，可李廷才认为，公路修通后，新林村的发展将会大大提速，4.5米的公路太窄，会很快过时。于是，一心想为家乡做点贡献的李廷才做了一个大胆的决定：把路基加宽一米，不够的钱，用他自己的钱补上。就这样，李廷才自掏腰包50万元，不但把路基加宽到了5.5米，还给路面垫上了砂石，给路基增加了挡墙。

说起李廷才，刘丞云称赞不已。

轱辘河流经的每一个地方都不再被忧愁占据，取而代之的是无尽的欢声和笑语，还有那已经越烧越旺的希望之火。

和刘丞云告别的时候他说：有一个问题，我没法解决。就是我们村里有一百零五个单身汉，四十岁以上的，都还没有结婚。咋办？

脱贫攻坚，最后会遗留一些问题。大龄单身汉的配偶，何时能解决？老大难，老大难。

那颗子弹也是一个谜？

是的，那颗子弹也是一个谜。

刘丞云哈哈大笑起来。

坐标Ⅲ

北纬23° 19′ 37.39″

东经99° 27′ 4.65″

临沧市沧源佤族自治县勐省镇和平村

砸碎空壳　致富百姓

引　子

双江，因为澜沧江和小黑江交汇于县境东南而得名。双江到沧源，只有七八十公里。然而就是在这样的一截路段里，有一个人，曾经三次介入车祸。

第一次是1991年，他从昆明拉肥料回勐省。刚过双江县城，有一辆班车超过他，在前面突然停车。只隔着一百多米，他当时按着喇叭开过去，一个当兵的下了车。下车人就从车前面，横穿公路。部队的岔路口是在左边，班车停在右边。拉肥料的车从左边超车，当兵的横穿过来就撞飞了。他马上拉到双江县医院去抢救，翌日凌晨六点死亡。这次交通事故他赔偿的金额，在当时临沧地区是最高的。

第二次是2006年底，去双江办事。他开着一辆摩托车，雨天路滑翻了车，把自己的腿摔断了。

第三次是2009年，他在大理买的新车，请人来开运砖。车子快到双江时，有辆摩托车在汇车拐弯速度太快，就侧翻飞过来撞到大车上。摩托车上的俩人当场死亡。

这个倒霉蛋叫李永军。现任和平村委会党总支书记。

李永军是个黑脸汉子，40多岁，小平头。不胖不瘦，不高不矮。说话的声音低低的，不慌不忙。不知触及了哪根儿神经，他让我想起《敌后武工队》里的王强。但这主儿有一个惊人的习惯，80厘米长的水烟竹筒子不离手。除了开车，那烟我就没见熄灭过。烟是缅甸的“卡喘”，一天平平常常要抽三四包五六包。这是他的话，咱也闹不准。听说“卡喘”是缅甸的一个特区，有自己的军队，有自己的法律，有自己的管理。他的那个烟筒一样的水烟袋，佤语叫“老苏慕容”。

李永军扛着我的大挎包，领着我到了他二层小楼的家。他问，是采访吗？我回答，是聊天，聊聊工作生活和经历。他哦了一声说，这还是第一次。

从李永军家出门，几百米就到了和平村委会。在村委会门口的池塘浮桥的晾台上，我们开始了正儿八经的聊天。参与的还有，和平村驻村扶贫工作队队长李政府。名字没错，不用怀疑。他的佤族名字叫美改，也是个黑脸汉子。

李永军差不多呼噜噜，抽了一支烟才开始讲话。他的佤族名字叫改倒。

一

十四五岁想走入社会，想自己挣钱。哪那么容易啊，只好回家务农。

李永军出生在1968年1月24号。他家原来不在勐省，是从岩帅镇，1958年搬迁过来的。那时沧源县还没成立，估计和平村也是后来的名字。老人说，搬迁来没几天就赶上了清明节。到今年，已经过了60年。李永军的爹是这里的第一任乡长，后来当了支部书记。现在想来，他家的搬迁也是组织上计划好的。

整个和平村都是佤族，没有其他民族。

李永军六岁开始读和平完小，1980年考起勐省中学。读了一年半，因为吃不饱饭，家庭困难辍学。李永军发育好有点早熟，他不想上学想挣钱。十四五岁的娃娃就想走入社会，就想自己挣钱。哪那么容易啊，只好回家务农。务农的门道也多呢，几年之后，真的让他苦（挣）到点钱。

1988年11月6号，沧源发生了7级以上的大地震。

恰好在这一年，李永军结婚了。也应了那句老话，先成家后立业。

这里的佤族人的语言简练，创业挣家产叫苦钱。一个“苦”字，省下了一大堆累赘的叙述。地震之后帮人家重建，拉沙石，拉砖瓦。反正和苦钱有关的，运输啊服务啊都做。那两年，还放过录像。他的话：那个时候，苦得很啊。种地，放录像，又跑运输。

1990年，聪慧的李永军去学开车，小车不行要学大车。是6月份，200来公里，他客（去）临沧交警大队学开车。

拿下驾驶执照，马上买了个大车。继续苦钱搞运输，一开就是18年。

为什么他敢借钱买车？因为和平村所在的勐省镇，建了一个糖厂。糖厂需要大量的甘蔗，大量的原材料甘蔗要运进来。之后产生的产品及废料，也要运出去。我说，李永军啊，你苦钱的脑瓜真灵。他回答，也就是拉点白糖，拉点甘蔗。

李永军抽的大竹筒子烟，是一根儿接一根儿。

他说，以前我很不抽烟很不喝酒，来当这个村支书以后就开始了。又抽点烟，又喝点酒了。操心，操不赢。

2000年的时候开始搞村改，寨子的老人找李永军做工作。写个申请，入党吧。能当上党员，多光荣啊！（说到这，他吐出一口烟，摸摸胸前的党徽。）

2002年他交了申请书，2003年就成为预备党员，2004年转为正式党员。

2003年的时候，老百姓就选他当村主任，他不想当。不想管村里面的事情，就客（去）外面跑车。

因为什么啊？

他坦言，我有点私心，开大车，收入相当好，一年可以苦得毛收入十多万嘛。我就想把我自己的事业搞大一点，这个是老天爷的安排吧，说不清楚啊。

2003年，他们选我当村主任的时候，那时候我还是预备党员。村主任可以不是党员，我也不想当嘛，就去跑车苦钱。日子很快，一晃就过去。到了2007年换届了嘛，5月10号，正式发给我证书，选举证书。

选举前，李永军大概估计出结果，但还是不愿意当。镇长和市上的财政局的领导，来村上做工作。他们也清楚，他是不二人选。他们到他家里谈心，做思想工作。前两天，李永军就是不答应。他心里有小算盘，想把自己的事业做强做大。这也是无可厚非的，个人的意愿嘛。

到第三天，他媳妇田叶岛看不下去了。她在倒茶时说："如果群众选李永军，他一定会回来做这个工作。因为他是一名党员，李永军必须要有党性。”她好严肃，声音好大。铿锵有力，李永军服气。是的，必须要干。媳妇说了这句话，就一锤定音了。

媳妇支持丈夫的工作，是男人的福气。他去开会，办什么事情，抬屁股就走。家里家外，全留给媳妇。有时候需要用到家里的钱，她什么都不会说的。

通过老百姓选举，李永军高票通过。书记，主任，一肩挑。一直到如今。从2007年到现在，他一直接手这个村所有的工作。他自己说，他的文化确实有限，书也读的不多，有点思想压力。

李永军就这么接手了和平村的工作。接受工作之前，他有点担心，有点压力。有点新鲜，有点兴奋。他还不清楚，也完全没有意识到，进门的第一步，就是个下马威。

首先,他发现，村集体还差外债11.6万多元。差着这么多钱，他晓不得要咋过。其次，村会计的账上，只有81.02元，他更晓不得，咋做这以后的工作。连村上的生活费都没有，做什么都做不来。

看着村干部一个个的愁眉苦脸，他也发愁了几天。左思右想，没得办法。就像开公司一样，总得有点开业费嘛。可和平村不仅没得一分钱，还差着外债。没得办法，真的没得办法了。

李永军的家，是一个非常和睦的家庭。虽然媳妇打点开支，但人民币的存放处，他是一清二楚的。

那天，他做了一个傻决定，偷偷拿走了一万块钱。交给村上，做生活开支费。

他想得挺好，偷偷拿，然后悄悄还上。但他忽略了老婆媳妇们，生来就有的一种天赋和嗅觉。别说一万了，就是一千也随时会被发现。李永军的媳妇真不错，不仅没和他怄气，还平心静气地说，以后有这事，提前跟我说一声。

二

也许天时地利人和，在正确的时间正确的地点，做了正确的事情。

好事不出门，坏事行千里。说和平村是个“空壳村”，内债外债都欠着。这个状况，一传扬出去了，李永军就被叫作“空壳”书记啦。

在空壳子里待着很难受的，那个壳子也不保护他。上任还没满四个月，这个老板那个老板，一天到晚来找他要债。搞得他时时刻刻得赔笑脸，每天晚上做噩梦。那个心虚的滋味儿，是啥滋味儿？问他。他说，比种一天地要苦，比打十背柴要苦。真想把地砍一道缝儿，钻进去。

欠债还钱，这是天经地义的事情。男人要有担当。他给自己定了一个目标，若是能当村支书十年，就要让和平村81块钱，变成81万元。把空壳子打碎，致富百姓。

说出大话，就得努力。李永军就是李永军，他思路清晰，眼观六路，耳听八方。经过一段时间的思考，他确认，只有依托村委会，大搞集体经济。

这个村集体经济一定要有，可以说没有集体经济，村委会就是空壳子。这个大名在外，打拼多年的“能人”，很快想到了村里那些集体土地。为发展集体经济，他带领村“两委”成员，充分利用区域优势和环境资源优势，为村集体“造血”。

一方面做好以地生财的文章，开展土地整理、建设用地复垦、村庄整治等项目，规范原有的村集体土地，将2600亩集体地一一登记在册。

前边说的那个倒霉蛋，这时候成了幸运儿。也许天时地利人和，在正确的时间正确的地点，做了正确的事情。他自己也没想到，集体经济一开展，亨通就手，畅通无阻，越做越好。

群众现在也信任啦，也开始围着他们转啦。李永军恨不能天天提醒自己，做事一定要公平，不能自私自利。

和平村的集体经济，从2008年开始计划的，真正开始实施是2009年。把村上所有的集体土地保留起来，该是农户的就是农户的，该是集体的就是集体的。村上把所有的界线，分清丈量。让本村村民和外面的老板，来承包这些土地。从2009年，他们的村集体经济，就有了9万块钱的土地承包费。李永军这事做的超前了，县委政府某干部还来骂他。

当时进行林改，沧源这边要求要均山到户95%。而和平村最后整下来，才91%。不挨骂，等什么？嘿，他不管不顾胆大包天，还是坚持自己的那一套。他认为，必须先集体有钱，集体有钱才能够做事。

李永明搞集体经济，一发而不可收。他就是要把村集体的资源盘活，这样才能逐步逐步搞大做强。他们整沙场，土地发包给人家。

李永明说：现在我们村的那片山嘛，大大那个山，都是我们和平呢嘛。当时他们要求我分山到户嘛，我就不分。那个是国家公益林，不能分。我留了五千多亩，现在国家不是有个补助嘛。国家公益林补助，一亩十块。我们一年还有5万多块钱的补助，都是集体的。

和平村委会的收入，他们都是公开的；今年有多少收入，用在水、路、电有多少，关照困难的群众多少，十多年以来李永军都是这样做的。群众也服他，上级组织也肯定他。

十一年了，他一直在为村上的事情四处奔跑。今年收入是48万，存款到了280多万。年底，300多万没问题。

有了这笔钱，扶贫攻坚为老百姓贷款就好使了。今年李永军和农行合作，拿村集体存款200多万，来帮老百姓承担风险资金。一笔贷款，他们就押了200万。农行贷给和平村村民2000万，解决了乡亲们的建房问题。如果你不发展集体经济，农行和信用社也不会贷给你。去年的时候，群众就贷不到款。

李永军笑眯眯地说，这个可以说是双利嘛，我押了200万，农行200万的利息算给我二厘五（利率是2.5%）。一年下来，农行要付给我5万的利息嘛。老百姓贷出去的是收四厘七（利率是4.7%）。整个银行贷给我们村民的利息还是低的，村民也得到实惠。村集体也有利润，农行也有收入嘛。我们村的理事会，也有管理费了。

这个风险，在我们村两委这一级了嘛。我个人，没这个胆量。但是我也说了，群众信任我，我也信任群众。还是要方便群众嘛，给群众一个发展的机会。一户贷了5万，农行要求农户赔5年，连本带利赔5年。

还这个5万块没问题。因为我们做这个甘蔗产业嘛，甘蔗款还是不少，群众有能力偿还。能帮老百姓做事这是最好的嘛。脱贫攻坚，整个沧源对老百姓贷款付出的努力和代价，最大的就是我们村了。为了群众的建房贷款，我们都做了。我现在做的事情，基本上按照县委政府的基本要求。接下来就看我们的村民，也不能逼他盖房子。这十多年，我们用自己的心血为群众做事情。社会治安，相当稳定。2007年的时候，和平村相当乱嘛。把寨子稳定下来，所有的村规民约我们必须要立出来。治理好我们这个地方，稳定才是真正的发展。

土地租赁收入，出租给本村的，外面的都有。主要是发展甘蔗产业嘛。租给本村的是30块钱一亩，租给外面的老板是40。这两年我们在调整产业结构，引进森杰公司来做示范。租给他250亩种柠檬，两年就开始结果了。今年我儿子一回来，就种荔枝，还有果柑和坚果。

我们先做示范嘛，如果成功的话，可以调整我们的产业结构，给他们整。如果不成功，老板亏老百姓不能亏嘛。

养鸡养猪还没有大规模嘛，现在我儿子回来想搞林下养殖嘛。他承包了100亩，就准备搞这个了。租金一亩200元，主要是养鸡和牛。几年以来，你说累肯定累嘛。为群众嘛，个人的经济损失太大了。原来开大车，我一年可以苦得10万块嘛。现在来到村上，损失最少一年5万块钱。当了11年的村支书，已经损失了50多万，接近六七十万的损失了。

让我来做村支书，就是要我来带动老百姓嘛。老百姓种果树，你在下面养鸡，由老板来统一收购，这个是叫合作社嘛。企业老板和村委会签订协议，村又和农户签合同。这个叫合作社，一条线的。我们下一步的产业结构调整，就要走这步。这个是我的规划嘛，思路嘛。

因为现在甘蔗产业，目前为止是没有什么调整的了。当然甘蔗产业，还是我们的实体经济，支柱产业。

三

李支书2007年上任的时候，顶着很多压力。手中没米，叫鸡都不来。

李政府讲话：和平村的甘蔗地，有11000多亩，产值每年250多万元。这个是我们的甘蔗收入。我们除了土地承包租赁收入以外，我们还有一个产业，就是我们的沙场，沙场这个是每年13万元收入。把河里面冲下来的沙子，捞出来，洗它。

第三个是我们的人畜饮水工程，就是我们吃的这个水，这个也是集体的。现在一年有10多万元（收入），村民是一方水（一立方水）收5毛钱。其他地方的人用水就是8毛，这个是通过集体经济发展之后，又来建设这个项目。就是饮水，土地，沙场；现在还有合作经济，银行合作经济。基本上就是这几个方面，每年就是40多万元（收入）。

集体经济发展起来以后，又用之于群众。第一，是我们村组干部的待遇，我们村村组干部的待遇比其他村的要高，高2000元。国家补助组长的是2400元，副组长是1600元——这是国家财政补的。从2017年开始，我们的村集体又补上嘛：组长补2000元，就是4400元；副组长补2600元，也就合计4200元。一年的补贴，这是组干部的补贴，这是我们自己做的。

这个是第一个用处，然后最主要的是我们的基础设施建设。像我们这个路啊，硬化路。由于和平村他不属于贫困村，一般国家的项目比较少。我们的水、电、路这些基础设施，包括亮化工程，基本上都是通过集体经济发展了以后来投入进去。还有村里的学生如果考取大学要奖励多少钱。老人、老干部，平常的慰问开支。去年投入比较大的，是我们的人居环境。买了一辆垃圾车，还有50个垃圾箱。投资了将近40多万元。

李支书2007年上任的时候，顶着很多压力。第一个压力是集体经济，比较薄弱。才有81块钱嘛，还有外债。第二个压力，村上说什么，群众都不听。手中没米，叫鸡都不来。第三个压力是社会治安，过去这个村子是相当乱的，打架斗殴的现象频繁。又是个自然村，又在郊区。社会治安，比较混乱。这几年，治安比较好，基本上大事不出村，小事不出组。自己的事自己解决，社会比较稳定。我们村党总支的凝聚力和战斗力都十分强，一声令下，群众都来。全村有109个党员，9个村民小组——相当于过去的生产队，1个大队，9个小队。

现在集体经济发展了，班子的凝聚力和战斗力也强了。群众都信任我们的村组干部，我们说的话他们都听，治安也比较好。我们村是整个沧源县集体经济发展得比较好的一个村，也算是治安比较好的一个村。发展历程嘛，在整个临沧地区还是个成功的范例。靠什么发展，像刚才说的甘蔗，集体土地经营权的转让。现在我们的民族地区大量的集体土地，一是被私人占有，二是被闲置，荒废掉。变不成一分钱，就变成“空壳村”。所谓的“空壳村”，就是脱贫攻坚当中，要解决的一个问题。如果你集体经济达不到5万块钱，那永远脱不了贫。

和平村成功的地方，是把集体土地的经营权转让。这带来了几个方面的改变，一是引导企业。因为外面的企业有经验有技术有文化，它把种植经验传授到这个地方。以后我们这些地方，就按照这种种植方式管理模式发展。另外一个是我们本地的农民就地打工，就在自己的土地上打工，也有一份收入。

外面的老板要发展一个什么产业，就要请这里的小工。至少一天也是100块的收入，一个月就是3000块。这个产业发展的好处，就是老百姓每天都可以在这个地方打工。像和平村的情况，在临沧整个地区也算干得比较成功。

我们集体经济收入投资比较大的一个项目，是我们的饮水工程。当时投资了将尽130万元左右，十多公里。就是从岩帅镇的贺勐村，引了两个管子下来。李支书带领他的村民，苦干了3个月，就把这个饮水工程解决掉。这个是投资比较大的项目。

一根儿烟怼上烟屁，李永军的动作娴熟至极：为了解决这个人饮问题，我在山上睡了2个月。这个土地要不是这么搞，早就没有了。你挖一处我挖一处，你占一分，我占两分，没有了。这样搞了以后呢，就是集体的了。承包五年十年，而且随着时间的推移，那个租金还在不断地增加。像田地，水田，租出去一亩，至少是一年八九百块钱到一千块。

李政府不抽烟，偶尔喝口茶。在他厚壮微黑的皮肤下，似乎蕴藏着无尽的精力。说话有条不紊：这几年我们和平村，发生了一系列大的变化。

第一个变化就是老百姓盖的房子比较多，这里第一家盖楼房就是李支书家了。十几年前，1995年。现在已经盖了500多户，这十几年，老百姓的基础环境变化大了。

第二个变化是我们的群众收入，有了大的提升。过去啊我们和平村，2007年以前才是2000多元。现在我们的人均纯收入已经是到9900多元了。我们的主要产业是甘蔗，有11000多亩的甘蔗。像去年，我们获得了总产63000多万吨。每年的甘蔗收入，群众就是25000多万元。

第三个大的变化，就是群众的觉悟在不断提高，人的观念比过去发生很大的变化，这个观念很重要。

第四个大的变化，就是我们现在的社会问题，相当稳定。社会治安比较好，基本上做到大事不出村，小事不出组。自己的问题，自己解决。

还有最关键的一个变化，就是我们有了一个比较坚强的党支部，和过去的党支部不一样。过去是你说了没有人听，现在我们这个党支部凝聚了全村群众。这个变化是关键性的变化，是一个核心的变化。我们认为，如果你没有一个坚强有力的党支部带领着大家，其他变化是很难谈起。这个就是党支部，起的核心作用。

然后这几年，我们还有一个变化。就是我们的学生，读高中的，大专的，这几年比较多。过去是读书的人很少，出去工作的人也少。这些年，通过采取了一些措施，鼓励我们的学生读书。大学生也多了，外出工作的也多了。这些都是一个大的变化，看得见摸得着的。

再一个就是我们的基础设施建设，路也通了。今天我们的硬板路，从桥头到这里（村委会门口）也要干通了。我们的亮化工程基本上解决了，还差两个自然村。吃水没有问题，都是李支书一点一滴地带领群众自力更生。特别是搞这些工程，国家没有项目。我们不是贫困村，上面不支持，都要靠自己跑。搞个球场，搞个路，搞个灯，搞个水，这些都是自己自力更生。从硬件到软件，我们觉得我们生活发生了很大转变。但是和内地相比，我们还有很大的差距。

他笑着，露出一口白牙。

四

必须要放弃一边，才能够做得好。既然我已经来做了，就要做好。

李永军笑得比较少，平静脸上总挂着琢磨，眼睛总在搜索着什么。一旦笑起来，眼睛眯成一道缝儿。但一说话，面孔又恢复了原样：差距太大了，2013年我去那个四川宝山村挂职2个月。是中国的一个基金会组织的嘛。那个华西村，很是厉害。他们在天，我们在地，相差一百年。华西村那个集体经济嘛，它是讲天数的。一天它的收入有多少万到几千万。我挂职在宝山村两个月时间。它一天，光是电力收入，就有五六百万。

交叉交流学习嘛。当时贾老书记带他们搞集体经济。现在发展起集体经济了，他也退休了，由他儿子来干。成立了一个公司嘛，相当好呢。他们有18座电站，一天卖出去的电收入就是五百万。还有他那个宾馆了，基本上一天的收入就六七百万。他是带领群众自己做，逐步逐步地滚动了嘛。现在逐步发展起来了嘛，今年他应该有70多岁了。

李政府不想转话题，好像还有很多要补充的：市人行的行长今年要来我们和平村，要在这里搞一个示范点。沧源县93个村，有条件的就只有和平村。为什么他拿出2000万要贷给我们的群众，主要看到，一是我们有集体经济200万作为抵押担保，再一个是我们有一个强大的相对稳定的甘蔗产业。每家每户都有甘蔗，每年我们有2500多万的甘蔗收入，他不急。他也很信任我们的支书，但是村干部却面临很大的压力。每一个农户的贷款都要收上来，因为有些人是有钱但就是不还贷，这就是我们村干部面临的压力。但毕竟是少数。

我们这么做也是为了群众，900多万的贷款。如果没有这个贷款，老百姓怎么盖房子？怎么解决了老百姓经济困难的生活问题？十多年，已经盖了500多户了。

原来我就和我姑娘（李安是他的大女儿。研究生毕业后被分配到昭通纪委。现在在昭通茂林镇，做扶贫工作队队员）讲过，我读书的时候，我是走路啊。从我们老家岩帅镇，走路一天走到县城。公路是136公里，小路最少也是70公里。你必须要走，哪怕跑步，必须走到。因为到不了，路上也没有吃的喝的。那个时候读书是要靠走路，现在你叫人民解放军走70公里，搞不好他还走不了。过去我们是走过一天70公里呢，为了读书啊。

李永军吐出一口浓浓的烟：美改（李政府的佤族名字）说的对。读书的时候，买一支水笔嘛，5毛钱嘛都没有。我就为这个逃学嘛，人家偷走了我的那支笔。我回去和父母要5毛钱，都给不起。现在我姑娘在糖厂上班嘛，成家了。儿子大学毕业以后，在林业公安嘛。后来不想干工作了，自己回来创业。还没有结婚，今年24岁啦。娃娃的感情问题，由他选择。我以前书没有读好，因为穷。所以我们现在要让娃娃有文化，有文化才能够彻底解放嘛。你不为娃娃做事，不为娃娃考虑是不行的。我们属于村民自治，我们要有这笔开支。

我当了村支书以后，还买了两张大车，请人帮我开。开了一年半时出了车祸，压死两个人。赔钱了，风险也大一点，干脆就卖了不要了。如果不顾村上的事情，老是顾自己的利益也不活（不对）。顾得了小家，大家就顾不得了。必须要放弃一边，才能够做得好。既然我已经来做了，就要做好。

李永军在家排行老四，有两个姐姐、一个哥哥、一个弟弟、一个妹妹。小时候家里确实太穷了，他父亲不管家，都靠母亲的工分吃饭。那时候他父亲的补贴，一个月才五六块。母亲的工分虽然是满分全劳力，但独木难支。哥哥他们全去读书了，弟弟和妹妹都还小。父亲只顾忙着村上的事，回家的时候很少。

李永军的父亲是个老革命，1962年当乡长，1964年任党支部书记。叫李搞嘎，搞嘎是佤族名。

1982年包产到户，他家分到了两条牛，一公一母。地总共有十多亩吧，还有点自留地。

1983年全面实施两山一地，包括山林也分到农户。这样柴林也有，耕地也有，水田也有。他家光水田，就有四亩多。够吃了，种谷子自己干，当时就吃饱饭了。以前不够吃，每年他母亲要领他们几兄弟客外公家背谷子。他外公家的劳力强，日子过得相对富裕。

说起那段光景，李永军一肚子辛酸。按下头，只顾抽烟。

他们那时的主食是吃杂粮，小麦、苦荞。母亲到山上挖枇杷，芭蕉心，芭蕉根，还有野生的毛薯，配上谷子、苦荞吃，就这样都不够吃。小时候，李永军经常去到他大爹家混饭吃。大爹家劳力多劳力强，他还会做一些草药，治疗跌打方面的伤。治疗好的患者家人，会送来一些米啊、烟酒。

李永军的哥哥读高中时，他读初中。因为家里面困难，他跑回来。其中一个硬理由，就是为了弟弟妹妹能上学。包产到户后，他家的田地都是他去犁。他14岁，就开始犁地了。分的两头牛里，一头水牛可以犁地。他在家种田种地，他哥哥弟弟妹妹去读书。家里的山坡地有，旱地也有。旱地是种苞谷的，水田种谷子。母亲当时很厉害，教他打谷子。他18岁时候就找媳妇了，是本寨子的。她把初中读完了，比他小一届。以前经常在一起玩，后来互相喜欢。和老人说后，就把这个事订下来了。媳妇家还是比李永军家好一点。后来他们结婚了，父亲又恢复了职位，是国家正式干部。大家都叫他老乡干，是比较特殊的。

“文化大革命”时，像父亲这样的干部被批斗后，自杀的很多。但父亲没有，他还是很坚强的。兄弟姐妹们也长大了，该读书的读书，该劳动的劳动。他耕了三四年的土地，结婚以后就开始创业了。姐姐嫁出去了，弟弟妹妹都在读初中。父亲用他的一千块钱积蓄，给李永军买拖拉机。拖拉机六千块。姐夫当时在村上当主任，他帮忙去农行贷款，贷出来了三千块。还差两千块，就把牛给卖了。有一头卖六百块，另一头卖四百块。

李永军说，那时候我家已经有好几头牛了，两头卖了一千块钱。还差一千块，我就去找亲戚和小白（朋友）借，一家借五块。当时借的最多的是我堂姐夫，借了五十块，已经是最多了。有些十块、五块的，都记在笔记本里面。后来凑够了，就去买了一辆手扶拖拉机。买回来，就开始苦钱还债了。完后又买了一台录像机，还去到昆明买了两台二十二英寸的电视。在文化站租影碟，开始开着拖拉机，到每个寨子里放录像。寨子里没有电，又买了一台发电机。就做放录像的生意了。影碟都是租的，十块二十块的。1989年到1990年，收入还是可以的。这些设备，买回来用了一万二。把本钱苦回来后，我就把拖拉机和这些录像设备全都卖了。1990年底，我就去开车了。

一步赶一步。培训回来后，就去银行贷了三万块。用四万五买了一辆二手的东风车，也就开始苦钱。

五

心灰意冷，万念俱灰，百无聊赖。一个人在山上走一天，脑袋撞树。

李永军的故事，虽然不算惊天动地，也是一波三折：我很讲信用，没信用人活着有啥意思。该还的贷款利息都全部还了，我是靠贷款起身的。

1995年就把所有的债还清了，还盖了一栋房子。靠开大车，再种了两百亩的甘蔗。苦钱，苦钱。

我堂哥是老党员，思想相当正直的。他们给我做了思想工作，那时我不想回来做村里面的事，我想发展自己的事，把创业做大。后来他们对我说，你应该回来为群众做点事情。

2004年就正式入党了。介绍人是我堂哥，还有我侄儿子。入党后还不想回来，但经常帮助村里出一些主意。

说到这，有个不得不说的痛苦。

1991年，在双江县开车的时候，压死了一个当兵的。

我从昆明拉肥料回来，有一辆班车超过我后，在前面突然停车，给那个当兵的下车。只隔着一两百米就停车了，我当时按着喇叭开过去。那个人下了班车，从车前面横穿公路。部队的岔路口是在左边，班车停在右边。我是从左边超车，他横穿过来的时候就撞到了。当时撞到后，我就把他拉到双江县医院去抢救。那个夜晚，那个漆黑的夜啊，真难熬。凌晨六点的时候，他死了。他是有责任的，因为他横穿公路。但人毕竟死了，我赔钱吧。

那时是按临沧的人均收入赔款，我赔了六千。后来他们把他的档案拿出来，说他是个孤儿。是贵州人，跟着叔叔长大。他叔叔在双江县医院又开出个证明，说他叔叔得了一种什么肝病。我现金又赔了一万二，还不算所有医院抢救的费用。大致用了两万块钱，解决了这个事。我还有贷款没还，又出了这个事，也只能和小白（朋友）先借了。

是啊，又出了这个事，我觉得自己的一生很是艰难啊。心灰意冷，万念俱灰，百无聊赖。一个人在山上走一天，脑袋撞树。疼起，就振奋。不拼命地去创业去苦钱，家里的老人咋办？

当时发生在临沧市的交通事故，赔款的最高金额，就是我这次的事故了。

小白（朋友）给我鼓劲儿："从哪跌倒，就要从哪爬起。"

李永军一番话中一再提起的小白，让我想起一首歌，那歌词唱得好：

> 有了朋友路才会越走越宽 / 有了朋友天才会越来越蓝 / 有了朋友梦才会越做越甜 / 有了朋友心才会越来越暖 / 朋友是你过河时的一架桥梁 / 朋友是你受伤时的一服良药 / 朋友是你失落时的一双大手 / 朋友是你饥饿时的一杯热茶 / 朋友是你奋斗时的一种力量 / 朋友是你痛哭时的一对肩膀 / 朋友是你危难时的避风港湾

古罗马有个雄辩家说过，世界上没有比友谊更美丽、更会令人愉快的东西了。没有友谊，世界仿佛失去了太阳。真友谊像磷火，在你周围最黑暗的时刻显得最亮。

要不怎么说李永军不是一般人，他将自己置于死地而后生。他先把信用社的贷款还了，又从农行贷了五万块钱。去昆明再买了一辆新车，这辆车总共花了七万五。他欠的债，达到八万五了。先断绝退路，就能下决心，取得成功。用他的话说，没别的法子啦，拼命苦钱吧，想尽一切办法。受多大的累也不怕，一定要把这些钱都还上。

没白天没黑夜地干，少休息少睡觉地干。逐步的，这个拼命三郎顺了起来。

1994年的时候，他把所有的债务全都还完了。不仅如此，苦来的钱还有剩余。他就用剩余的钱，盖了一栋二层小楼。这样的房子，在和平村是首户。再后来，他就做了村支书。

做村支书，就要一心一意。李永军把车子给卖掉了，全部精力放在工作上。但他的背运还没过去。2009年勐省水泥厂的老板，就是他的朋友小白，希望他买大车，帮着水泥厂运货。人家小白也是心好，在李永军困难的时候慷慨解囊帮助过他。再说小白这也是想和李永军，一起挣钱致富。朋友的好心，不能辜负。李永军就去大理买了两辆崭新的大车，一共花了33万。特地请了两个靠谱的熟人来开，运水泥厂的货。

真是，天有不测风云。那天这两辆大车，拉着砖头去双江的路上。有辆摩托车在汇车拐弯超速，侧翻直接飞上了大车。叮呤咣啷，稀里哗啦，嗷嗷乱叫。摩托车上的人也就这么不在了。

责任不在大车司机，但人死了，李永军还是要赔啊。保险公司赔了十一万，他赔了九万。是两个人，摩托车上还带着的一个也死了。又是一次挫折，还是在双江。双江这是怎么啦，难道是李永军的灾星之地？

打击，总会让人想法很多，甚至一反初衷。再加上和平村里的事太多了，李永军就把车子给卖了。对不起朋友啦。可人家小白说，没关系的，天下最多的就是挣钱的路。以后找机会再合作。看看这气魄，这胸怀。李永军只剩下感恩了。他确实不敢再分心了，这几年村上的事，给他压力太大。

其实，李永军在这之前，还遭过一次车祸。是2006年底的时候，他自己翻了一次摩托车，把腿摔断了。2007年当选支书时，他是杵着拐杖上任的。

后来为了方便，他就去买了一辆缅甸的皮卡车。其实前面说过了，他的家离村委会就几百米。皮卡车，这几年基本上都是公用。所有的油钱也是他自己出，被老百姓说成是地地道道的公车。

李永军这人做事谨慎，他认为虽然是私车公用，家里偶尔也会用。如果报油费，就说不清楚，风言风语难免。但这事还是传出去了。县委组织部2007年下过文，大意是给一些补贴。他不要，他不敢要。第一把手，又是主任又是支书，人言可畏。

他说，我已经牺牲了十多年的个人利益，还在乎这一点点。别说高尚，就当作为民服务了。

对于李永军的这一做法，和平村工作队队长李政府有看法：为这事，组织部部长批评过他。现在省委组织部下了一个文件，就是关于集体经济的意见。明文规定，收入在5万元以上要拿出50%奖励村干部，收入在10万元以上要拿35%。现在政策有了，资金有了，但他一直都不愿落实这个政策。我也曾经和他说过几次，这个政策你必须执行。我们组织部部长也说了他，必须执行这个政策。他说，当支书不是为了钱。但他应该得这笔钱。我们的集体经济，每一年收入不会少于四十万元。他都没有执行，他把这个钱看得很轻，他不在乎这一点钱。

前次我们开了支委会，就把这个政策在会上传达了。我说这个不是钱的问题，是执行政策的问题。其他支委，都表示同意。该你们得的你们要拿到，应该落实这个政策。但支书，他就是不拿这个钱。他说我不要，但这个钱要分给其他组干部。

就这个问题，李永军和工作队队长对着干：明年要换届了，我是当村支书的我不能要。该是组干部的，就要分给组干部。财政一个月还给我一千八呢，既然我已经宣誓了，就要为人民谋福利。这不是大话，我的词汇有限。下一届选举完了以后，由村民代表来讨论和决定。如果要补再补，我就是这么个意思了。要公平地来做事，不要以组织部的文件压我。我要通过我们下一届47个村民代表，明年由他们来讨论这个问题。支委若也通过了，发到上面也批示了，我再执行。没有这个过程，我是坚决不能做的。要走群众路线嘛，群众决定的事情我们必要服从。所有，包括村上的事情，我们要讲民主嘛。组织部去年是下了个文件，但我不可能马上就实施嘛。

李政府队长也黑起脸：还有这个白糖厂，它有一个奖励政策。还下了一个文件，叫综合奖。就是根据你当年这个甘蔗产量，比如你得一百吨，一吨奖你一块钱。这一块钱，是要奖给他们（李永军及村干部）的。这是明文规定的吧？！但是李支书又把这个钱分给了学生，就是村里上学困难的学生。这是有点问题的，会引起一些人不满的。

那天我和老师您，汇报过这个事情。考取高中要奖多少钱，考取大学要奖多少钱，省内的、省外的。这个不说了，他也有他的道理。

老师您看过我们的万亩甘蔗林吧！一年六万多吨啊？七万吨都有，最高到过七万二千吨。是糖厂奖给我们的，应该是我们得的。也是为了鼓励我们发展甘蔗产业。产量越高，我们的奖金就越高。一吨奖一元钱。

与我们合作的是，临沧南华晶莹糖业有限公司勐省糖业公司。他们把和平村列为“甘蔗种植专业村”，享受每吨5元的优惠政策。我们种的甘蔗，供应他们做白糖。我们发动群众多种植，发展这个产业。群众帮糖厂种这个原料，然后由村组干部来代替他们监管。糖厂就按你的产量每一吨两块钱，拿给组上一块、村上一块。就算是一种奖励吧。

刚才我们说的是村上的这一部分，组上这一部分早已经落实，已经兑现了。只是村上这一块钱，应该是给他们村干部的，但是给了学生了。支书说，这个甘蔗不是我客（去）种的，是群众种的。但你完成不了这个任务，是要扣工资的，完成了任务就得这个奖。

和平村是云南省临沧市沧源县的第一大甘蔗种植专业村，被誉为点缀在耿沧公路上的一块“绿宝石”。

李支书的威信比较高。在这块“绿宝石”上他一说话，所有群众都听从服气。

六

按不住火，锤我家的那个窗户。喏，就是这个手上的疤瘌，缝了六针。

李永军打开新一包香烟的方式，改弦易辙很特别。他是从烟盒的屁股拆开，把封口的商标完整地留下：原来我们那个老支书，举报我行贿沙场老板一百万。说那个沙场老板，交给村上一年十五万，再给我一百万。真是疯人说疯话嘛，在群众大会上，胡说八道我贪污组干部的补贴。说我利用自己的私权，把村集体的土地处理掉。还说我把民政的低保，交给我家亲戚吃。他还客（去）市上纪委举报我呢，客（去）了三次。

我的想法是监督嘛，举报我是相当好的。纪委要给我说个清楚，什么人举报我，可以领他来村上。确实没有的东西，要当面对证嘛。

这个老村支书，他拍着桌子又拍胸脯冲着我喊："我一定要举报你，三件事，不是四件事。"

我就站起来，既然你拍桌子我也拍。我说你能举报我我高兴，拿着我的弱点我更高兴。你要举报，你就去举报吧。后面，他就真的举报我了。纪委来查，反过来是他有问题，我没有问题。纪委说，你可反告。我就说老人嘛，在村上二十多年，没有功劳还是有苦劳的，这个事情就不一定要去追究了。只要纪委，还我一个清白就完了。

我的事情澄清了，他又搞了一件令人意想不到的事情。写了一份申请退党书。

退党嘛，这是大事。支委会决定，全体党员开会投票。公平公正，同意他退党的签个字，不同意的也签个字。结果是，百分之九十九都同意他退。搬起石头砸自己的脚。我就没有办法了嘛。只好把所有的手续，交给党委政府处理嘛。最后，批下来了。

以前他是第一把手，靠权力占了村集体的土地较多。为了发展村集体产业，我们要收回来。这损失了他个人的利益嘛。他不付租金，差不多十年了。总共他承包的土地是一百八十亩，他交给村上的租金是六十亩。还有一百多亩的租金，没有交给村上。所以纪委去查账时，发现了这个问题。就让我反告了嘛，我说算了吧，不要落井下石了。

那是我当支书以后的一个坎儿，伤害到我了，我满肚子怨言憋着不能说。我想不通，纪委来找我的时候我还想不通，我喝了酒发一个大火。当时我大妈不在（去世）了，小时候她经常给我做好吃的，感情很深。又伤感又委屈，心情到了低谷。大妈去世那天，纪委恰好来找我。我按不住火，拷（锤）我家的那个窗户。喏，就是这个手上的疤痢，缝了六针。玻璃划到了，现在这只手还木着没血流通。

嗯，发火了。脑瓜顶上，懵懵的发热。还有人这样整我，心里不平衡嘛。搞得满处都是血，我却乱喊乱叫还没尽兴。我儿子抱着我哭嘛，赶紧拉我去医院缝针。

李政府是县上政法委干部，被派来这里做扶贫工作队队长的。看到李永军的伤感，赶紧安慰转话题：碰到这种事，谁都会胸怀郁闷。听着都难受，心里痛惜。李支书他发展集体经济，据我了解有一台事情是比较感人的。那年，他带领我们村组干部在山上吃住，苦战了三个月。搞我们这个饮水工程，架了水管十多公里。这个是相当艰难相当困苦的。从我们岩帅贺勐坝，把水接到我们这个和平村。翻山越岭，抬那个水管。

原来吃水就在寨子附近的塘塘里面挖，特别是干季。出来又进客，连踩过的脚窝窝里的水都还要喝呢。雨季天水就多了，干季就没有水了。以前我们不种菜，没有水。

李支书能够带领村组干部自力更生，解决自己村的饮水问题很了不起的。

2012年才解决，用了三个月。就在山上吃住。买钢管的钱，是卫生与计划生育局出的。以前他们在和平村挂钩。给了50万资金。市政协也是挂我们和品村。支书又去市政协，要了50万。然后他又跑去市财政局，要了30万。130万，做了一个五百立方米的水池。这是两股水的。一股是从岩帅贺勐坝引的，另一股是白塔这边。施工还不够，还差账20万。支书又和县委书记要，县委书记问支书，还差多少。支书太老实了，他说还差二十万。县委书记当场拍板，给了20万。

客（去）要这130万，李支书在临沧市，待了一个星期，听说天天醉酒。昏天黑地，笑死个人了。

他带着所有的材料，就客（去）找县各局的领导。领导看看觉得可以，就把这个钱拨给我们了。要通过跑，通过汇报，反反复复地汇报。

李永军急不可耐，刚点着的烟也顾不上抽：当时是这种，他们在我们这挂职，我自己客（去）找他们。还不是一次汇报，要三次四次。他们请我喝酒嘛，因为我是乡下进来市里面的嘛，他们也高兴嘛。村上的困难，我跟市级的大领导汇报嘛，叫大领导考虑帮助嘛。我汇报了我们的需要以后，他们能解决我们多少，他们就开会研究了嘛。市卫计局接待我两天嘛，终于局长表态了给50万。好，已经答应了，我再跑市政协汇报。市政协也研究，我又等了两天。过两天我再跑到市财政，就一个星期嘛。不答应我不走，我是这个意思嘛，因为是群众确实需要嘛。做这些事情腰板也硬，因为是给群众来要钱嘛。

不客，有可能就泡汤了嘛。以前的有些领导，答应的事情不兑现。或者会给一点点，不会给那么多。建这个饮水工程的资金，我费了很大的力的，亲自客落实。

2012年嘛，落实下来这个资金，我就领群众去山上接管子嘛。老婆没有怨言，全力支持。我在山上睡了整整两个月。从上面接到寨子旁边，我们就不在山上睡，就在寨子住了一个月。当时我制定的制度，我在山上每一个晚上，组长都必须陪我。群众轮流，群众一个组抽出来五个。必须在五天，五天又换一批人。

抬那个管子，必须要用人工抬。车只能拉管子到路边，然后全部要人抬。那个地方的路况，相当艰难。我就制定了一个制度嘛，村主任和组长必须要保证我们的生产安全。怕群众喝了酒，抬水管掼（摔）跤。整伤自己，或者出人命嘛，我最担心的是这个。我们在山上平均就是五十个人，一个组五个，九个组就四十五人。还有我们煮饭的和组干部。

李永军拆烟的工夫，李政府接上话：那天他们修了三天，我参加了一天。他们挖那个路，炸炮嘛。大石头滚下来，把我们那两股水管砸开了。那个石头差不多有小房子那么大，那个真是太难修了。

李永军连抽了两口：市里面那些单位，那些领导，给我这笔钱真是值得。因为他们来看了嘛，他们相当感动我们做这个事情。还请市上的记者来采访过一次，来了解这个情况。

我出了事不怕什么，就怕群众出了事。所以在山上领他们干活，要先保障他们的安全。能做到这点，我安逸得很。水流下来，老百姓相当高兴嘛，我们还去放炮仗啊，杀鸡杀猪啊。水已经到每家每户了，一户一表。

我们的水自己用也供农场这片嘛，还供给别人。我一年的收入（供水）得十多万嘛。已经有好几年了。水资源我们要给的，一年差不多一万块钱。

有水池有水塘，人的感觉就不一样了。昨天李安不是还说嘛，这边有个水塘怎么怎么舒适，怎么怎么清爽。坐在这温度都会低两度。有水就是财嘛，招财进宝。

这些都是尽力给村上做的，说辛苦也值得。能为群众做点事嘛，自己也感到自豪。所以在报酬方面，从来不提。我们的补贴，我从来不提。县委政府补助多少就是多少，我的想法是这种。

我本来的工资是1800元一个月，然后是优秀共产党员，就加了20%，总共2006元。扣掉住房公积金1000，领到手的1906元。

我们每年十一国庆节搞活动嘛，搞演出也有嘛，跳舞的也有嘛。正好是我们的新米节。

过去是很不洗澡，没有水，现在有太阳能了。水来了，老百姓就干自己想干的事情。买太阳能的买太阳能，盖洗澡间的盖洗澡间。这样，人心就稳定了。

刚下来水那天，老百姓都大碗大碗地喝，喝得呛到了。又跳又笑，能不呛到嘛。不尽兴的，直接往身上浇。结束了过去靠竹筒，背水的历史了嘛。

然后水稳定了，有得水喝了。在家门口也可以种点青菜了，每家都差不多有，宽的地方有菜地。只要有水了，就能吃上种的菜了。自从和平村通了水以后，真是有了大的变化。

2014年的时候收村集体的土地嘛，就遇到老支书那件事。老支书承包的那一块地，他不交租金嘛，就给他收回来。收回来，又是一次斗争。不给他种，是全体党员通过的决议，把租金收回。把这块土地搞成示范田，引进外面的（企业）来承包，价格是300块一亩。本村的村民优先，250块一亩。老支书说那块地是他家的，所以矛盾就在这里。土地是集体的，土地该收就收。第一书记说的对，涉及了他的利益，他就闹。

当时那块地是有200多亩，交租金的才是60亩。其他地就分给老百姓卖给老百姓，钱没有交到村上。而是进了他的腰包，是这种的。后面我们去盘查那个面积，还有180亩嘛。为什么纪委让我反告他，就是这个原因。他原来卖给农户有五六十亩，还剩着180亩，交的租金才60亩嘛。后来我们就把所有的租金都收回来，是这种的。很艰难的，细节的东西我们就不消说了。反正我们做的事情，纪委也来查过。后面纪委就来说给我，既然他告你，你可以反告。因为我也清楚，纪委也清楚。他在村上当领导的时候，犯过错。所以纪委叫我反告他。我就说，一个老人嘛，在村上二十多年也是不容易啊。哪怕吃点儿，也是没有关系的。没有功劳也是有苦劳的，我就不去举报。既然纪委还我一个清白，就完了，事情就这样了。我也给他一个台阶，一个村的嘛。

每年大年三十过年过节，都要请他们来村上吃饭，还发给他们一点生活费。400块、200块啊，慰问了嘛。后面出了这个事情，他就写申请辞职退党。去年我就没叫他来了，我也不去看（他），就这种。我不能再给他台阶了，退党的人我不稀罕。

老干部们劝我，不要我客看他，也不要让他来。也是，既然他不相信我又不相信组织，就是这种意思嘛。去年我们在村上，大年三十时候。老人不准我叫他，我也不叫了。就放弃了，既然退党了嘛。这个人的事情，在我们今天的大好形势下，已经画上了句号了。

七

能从负债累累，到脱贫攻坚破壳。这位和平村党总支书记乐了。

李政府：对呢。我们沧源县勐省镇和平村，因为甘蔗产业儿闻名。环境优美，空气清新。小楼一座座，居住状况全面改善。昭示着，脱贫攻坚，改革开放，农村集体经济建设，产业结构调整，尤其是脱贫攻坚以来，带给农村农民农业的巨大的变化。

发展，有力地拉动了全村的交通运输业。目前，全村有27辆运输用车，10辆农用车、44辆拖拉机；共有27户从事交通运输业，每户年收入实现3万余元。

蔗糖产业，成了一项甜蜜的事业，也真正甜了和平人！根据公司的生产能力，对早熟蔗和晚熟蔗、地蔗和田蔗几类品种进行了优化配置。目前，全村高优蔗园面积达1.2万亩。

和平村全村共5个自然村，9个村民小组，村民719户2504人。党总支下设4个党支部，现有党员108名。近年来，和平村在实施脱贫攻坚工作中，始终坚持以党建带脱贫为抓手，充分发挥村党总支的战斗堡垒作用。做实“三篇文章”，推动强基惠农“股份合作经济”发展，使村集体经济不断发展壮大。目前，全村集体经济年经营性收入45.72万元，累计存款235.2万元。购买了1辆垃圾清运车和40个垃圾桶，聘请4人定期做垃圾清扫拉运。保证寨子干净整洁。形成了农村生活垃圾治理的长效机制。

成立以甘蔗为核心的产业协会，采取“委员+自然村+党员+农户”的方式，建立上下联动、互帮互带的党群致富联合体。

近年来，在上级项目的支持下，村集体拿出80余万元，用于修建村（组）党员活动室及购买设施设备。2016年以来，共投入35万元，建设了120亩的高价值水果党员示范基地，扩修了4.5公里的进村硬板路，修建了1.1公里的村民小组硬板路。对全村考上高中的学生奖励500元，考上大专的奖励1000元，本科的奖励1500元。并形成了一个长效制度。

和平村通过加强基层党建工作，发展壮大集体经济。使村党组织的凝聚力增强了，底气十足了。为老百姓办事的能力，大大加强了。

和平村每月1日，定为党员活动日。定期收缴党费，定期开展党员学习活动。确保每月开展学习活动不少于2次，党员全年学习时间不少于60个小时。

坚持“三会一课”制度，组建了由党总支部书记为第一责任人的带头学习模式。充分利用村组活动场所开展学习，用好支部工作手册。

按规范化建设要求，和平村已完成建立了基层综合服务平台。目前已有49项事项进驻平台，真正实现群众办事不出村。规范党务村务公开工作的落实，利用综合服务平台及公开栏将党务、村务、财务情况向党员群众公开。

村容村貌整洁干净，田间地头硕果累累。如今走进和平村，干部带领群众埋头苦干，发展产业的场景随处可见。抓住政策机遇，深挖潜力优势，壮大集体实力。

能从曾经的负债累累，到如今在脱贫攻坚破壳。咱们这位和平村党总支书记李永军乐了吧。十多年间，从负债累累的“空壳村”，到砸碎“空壳”的破壳壮大，和平村党组织已经变得底气十足。我们为老百姓办事的能力更强了。李支书，也不再为到小卖部买办公用品而赊账了。这样的转变背后，隐藏着一个好的领导班子，一套好的工作机制，一个好的发展目标，一个好的发展思路，这是和平村成功转型的秘方。

李永军语录：“千方百计发展壮大集体经济，激发村民内生动力，建设美丽家园，是我们村党支部义不容辞的责任。和平村变化这么大，全靠党的政策好。”

李永军语录：“未来是什么？未来就是家和万事兴。”

李永军语录：“和平村就是要和土地和平，和大山和平，和整个大自然和平。”

能从负债累累，到脱贫攻坚破壳。这位和平村党总支书记乐了。

朱文公有诗穿越时空，展示于沧源和平大地：

半亩方塘一鉴开，
天光云影共徘徊。
问渠那得清如许？
为有源头活水来。

尾　声

脱贫攻坚之后的生活是美好的。每一个和平村的居民，在美丽的和平这块土地上和谐地生活着。这是令人感到欣慰的事情，也是和平人努力的结果。一个翻天覆地的蜕变，预示着一个安定祥和的日子到来。

三百多年前在德国，被称为“第二提琴手”的恩格斯认为：人之所以比其他一切生物强，是因为人能够认识和正确运用自然规律，继而“我们连同我们的肉、血和头脑都是属于自然界和存在于自然之中的”。

和平村做了，和平村一定能做到。

聿 二

坐标Ⅰ

北纬23° 26′ 24.23″
东经104° 40′ 48.14″
文山壮族苗族自治州西畴县西洒镇岩头村

十二年，凿通一公里

一

自言六十年间，读诗万首：“惯看浮世成陵谷，莫露神光上斗牛。老病岂堪常作客，梦寻归路傍西畴。”

西畴，西边的土地。彼西畴非此西畴。2018年7月的某天，一个白发苍苍，已过平头甲子之人来到西畴县。

西畴县的主色调，既不是“十里西畴熟稻香”，也不是“今年液水满西畴”。而是乱石林立满山冈，林草稀疏灰苍苍。裸露和半裸露的喀斯特山区，占了全县约75%的面积。土地耕作层浅，群众饮水困难。生态环境恶劣，一方水土养活不了一方人。是云南省石漠化程度最严重的地区之一。

石漠化，亦称石质荒漠化。是指因水土流失而导致地表土壤损失，基岩裸露，土地丧失农业利用价值和生态环境退化的现象。

西畴县是石漠化特困地区县，是国家级扶贫开发重点县，是革命老区县。

“穷，极也”，表示完结、穷尽、到达极点的意思。

在这样的地域环境下，穷困到达极点的时候，有一种精神像密度极大的物质，从石头缝里迅猛生长。

第一声炮响之后，“西畴精神”诞生了。“搬家不如搬石头，苦熬不如苦干。等不是办法，干才有希望。”干才能活着。

是的，人穷志不短。西畴人什么都缺，缺地缺水缺资源，唯独不缺的就是精神。在这个被外国岩溶专家称为“不具备人类生存条件的地方”，他们创造了一个又一个奇迹。保护了生态，温饱了自己。西畴人，正在大踏步走向小康。

李华明是西畴县西洒镇岩头村村民小组组长。因为岩头也叫村，称他为村长也不为过。这种“村组关系”的情况，在我云南数月的采访中，比比皆是。

岩头村距县城8公里，距西珠公路3公里多。一会儿就到，路不算远。拐过两道弯，就到了村口。大老远就可以看见岩壁上，有两个簸箕大小的楷书大字“实干”。把雄浑有力、朴茂工稳、浑厚高古、劲健雄奇，深深镌刻在灰色的坚硬里。红色的丙烯颜料，显得特别鲜亮。字的边上，遗留着凿子钢钎的印痕。那都是修路人的辛苦，修路人的汗水。有说那些痕迹，像围海养鱼的竹竿。对着呢，他们就是要把贫困放出去，把发财致富圈进来。这条路的下边是悬崖峭壁，悬崖峭壁的下面是岩脚村。一看这里危险的地形，就可以想到他们当初打通这条路的艰难。

二

没有进过大山的人，不会了解山里人的生活，也体会不到山里人的艰辛。

岩头村石头多，石漠化非常严重。哪怕一小个石窝窝，都要种上三两株苞谷，这就是生命的抗争！

这个因在大山悬岩之上而得名的村子，四周被大山包围。当年无论是外出赶集还是下地干活，进出村，只有一条悬崖小道。

岩头村，因地处大山深处100米的悬崖峭壁之上而得名。岩头村共15户人家78人。多少年来，村民都守着那一亩三分地，过着养猪为过年，养牛为种田的传统生活。

有志修路，不愁致富。

全村15户群众除1户孤儿户外，每户出资1.5万元。筹齐了28万元，他们要致富，他们要修路。

多少年来，因悬崖阻隔，岩头村被行路难、就医难、上学难、物资运输难等一个个难题所困扰。“村里有6个年轻人曾经娶过媳妇，但后来又跑掉了，现在有4个男人还是光棍。姑娘们来到村口发现，这里连公路都不通就转回去了。”李华明的一句话，道出了岩头村人的辛酸。村里远嫁湖北省的杨育芬，1998年出嫁后就很少回家。今年路通了，回家来了两次照顾生病的母亲。她以前不是不想回家，是每一次回老家，翻山越岭实在太累了。

一修路，李华明几乎顾不上自己的家。特别是在打通悬崖的最后3年里。连他自己的田地，也不管不种荒废在那里。两个孩子又在读书，一家人的生活重担全落在了妻子孙兴辉的肩上。

李华明白天坚守在工地，晚上还要到邻村协调公路占地的事。下地干活、养猪喂鸡等等。家里家外的活，妻子都包了。为了让丈夫组织群众修路，不管是晴空万里还是雨雪风霜，她一直都是默默地忍辱负重当好后盾，把家里家外打理得井井有条。问她：“真的毫无怨言吗？”高挑身材的孙兴辉笑了笑回答：“没得办法哦。”

当全国人民已经在小康路上加速度，岩头人却还在苦苦期盼能有一条光滑的水泥路。

面对着村口的悬崖峭壁，岩头人没有望而却步。年关刚过，李华明就组织了十四人的修路队伍。用钢钎、大锤，热火朝天地破石铺路。拂晓的一声声鸡鸣，从各家各户大门里，牵扯出一个个男子汉。落日余晖，夕阳西下。收工回家，暖屋热饭。

修路的队伍，不仅仅只有男人的英豪。村庄里的妇女老少，都在为汉子们默默呐喊呼叫。岩头村像个大耳朵，倾听着时光的分分秒秒。听着叮当的大锤，听着峭壁岩石的跌倒。听着一声声炮响后的寂静，听着脚步踏着晚霞的疲劳。汉子就是汉子，跟老人不说艰难；汉子就是汉子，跟媳妇不言苦恼。好饭好菜好温暖，一个惬意舒适的大觉。翌日，十四个修路人，精神饱满地来到修路工地。钢钎，大锤，凿子，炸药。不及诉说，没空闲聊。一心只想着打通，打通，打通一个明天的骄傲。

三

冬去春来，时光荏苒。荒芜的田地，十四条汉子无心理会。他们忙碌着在悬崖下打桩做围栏，因为电线光缆成了修路的拦路虎。

为了不让撬落的石头，砸到下面的电缆民房。村里买来水泥砂石，进行浇筑。修建了十米多高的挡墙。

这不仅是一项不小的工程，也是一笔不小的开支。

又要攒钱。

有村民，向李华明投来了猜疑的目光。甚至有人和他打赌：你如果能把这条路修通了，我拿手掌煎鸡蛋给你吃。

春去秋来，光阴似箭。日月如梭，似水流年。

2013年1月，岩头村村民，再一次下定决心要把路修通。集资28万元，每户出一个劳动力，再一次开山炸石。就在这时，上级领导雪中送炭。西畴县委、县政府和有关部门调研后，拨款项43.5万元，岩头村的修路工程得以继续。

这一天终于来了，历经12年的各种挫折和艰辛。2014年1月，在李华明的带领下，岩头村人，硬生生在悬崖上凿出一条1公里进村道路。与此同时，还从4公里以外引来了自来水。

弯弯的山路像一条玉带，从青翠的山腰间穿过。有了路，村里具备了发展条件。为让乡亲们早日摆脱贫困，李华明又开始了新的忙碌。他积极向上级争取项目，为村里争取到了人畜饮水工程、村活动室建设和安居房建设等项目，村容村貌焕然一新。

2012年种下的106亩核桃，也有了收成。另外还规划种植了香脆李，48亩。养殖的猪、牛、羊，再也不怕卖不出去。

走上致富路的岩头村，与小康的梦想越来越近。村里修通了公路，土地部分流转给外地老板种三七。老百姓除获得流转费以外，还可以在自己家的土地上打工挣钱。同时还能学到一些种植技术。一石三鸟。

村里家家户户，盖起了新房。水泥路，自来水，修引到每家每户的门口。村集体经济，在西畴康达乌骨鸡企业的扶持下，喂养发展了3700只山地乌骨鸡。生猪代养点，也正在建设中。老百姓的生活越过越有滋味，小康梦离群众越来越近了。

公路通车典礼的那天，李华明记忆犹新。几个年已耄耋的老人，都是第一次见到车。他们小心翼翼地抚摸着轱辘，流着泪说："都是为了你，流血流汗，提心吊胆到如今。"

李华明笑道：车轱辘，靠的是路。没有路，光有车轱辘哪能致富？路是我们岩头村的命根子，路是我们岩头村的骄傲。

又说：我家前两天要卖猪，找了两个人就搞定了。要是以前，可能要找十多个劳力。卖头猪最后只剩一半的钱。来来来，几个老人家，我们出门，客（去）走走一公里的路。

李华明这么一说，村民们也跟上。

光滑的水泥路上，岩头村人嬉嬉笑笑，轻松地顺坡，向村外走去。

他们在村口合影。

村口岩壁上，红色的大字"实干"，在阳光的照耀下，更加鲜艳。石壁上打炮眼留下的印痕，永远镌刻着不朽的历史。

四

我是7月10号到的岩头村，没捞上和李华明聊天就天黑了。吃过晚饭，李华明又在村委会忙活了一阵儿才回来。一进灶间门，我赶紧把他按住。我拿烟，他倒茶。然后他就抱着个大竹筒子，抽开了。在竹筒子咕噜咕噜的叫唤中，李华明开讲了。

岩头村是因为住在崖子头上，才这样叫呢。全村有15户72人，没有一户是建档立卡贫困户（全脱贫了）。我们岩头村修路决心极大，祖祖辈辈八代人住在这里头。祖祖辈辈八代人，没有过其他的工作。岩头这点地呢，就是我们工作上班地点。大家扛着锄头，去挖点栽点就够吃了。再喂点鸡、喂点猪、喂点牛，生活也不差。如果搬出去住，还是要得回来栽地。但是住在岩头村，抬猪难、挑水难、客（去）河边种地难、生病送医院难、讨老婆难。以前路不通，吃水要客（去）几公里外。挑水从这个崖子边上过，踩滑了桶都滚下去过。1997年杨应青家养了头大肥猪，找了5个人拿滑竿抬出客（去）卖。抬到岩头，猪一扎，就滚下去摔死了。话说回来，即使抬出去了，卖得2000块，有1000块就开工钱没在了。还有杨应坤家，拉牛客（去）下边犁田，牛踩滑也滚下去砸死。还有一年，抬一个80多岁老人客医院。滑竿断掉，老人掉到下面，把脚杆砸断掉。没得办法，只有把人背回家，找点草药医治。再有，路不通，粮食没法卖。大家是要钱没钱，要文化没文化。姑娘都不愿意嫁到岩头村，就连嫁进来的不安心，都跑了6个了。再不干路，岩头村拴不住人家了。眼看着周边的村寨一年一个样的变化，只有十几户人家的岩头村，还是老样子。日子平平过得，但被人家笑话的日子过不得。人要富，先修路。苦熬不如苦干，干才会有希望。最后，我们决定老老实实，下最大决心修路。耿耿干了12年，终一打通了这条路。

1959年，我三岁时父亲死了。三姐弟，全靠老母亲拉扯大。但她也没有走上好路，没得享受，94岁时候去世。以前，我7岁就光着脚底板。从岩头村小毛路走一个半小时，客(去）大龙滚（现龙泉村委会）读书。阿哈（当时），学校很差，烂瓦房、烂桌子、小木凳。不像现在亮亮堂堂、好好撸撸。读小学时候，家里很穷。早上5点多起来，用冷饭做个饭团烤一下，带到学校当中午饭吃。没有菜。渴了就喝路边河沟水，实在没得，就喝脚迹水（牲口足迹汪起来的水）。每天客读书的时候，要把水桶挑到龙潭（山脚出水的地方）边放着。下午放学回来时，又挑着水回家。能帮母亲一点是一点，要不然我心不安。还有就是每天读书回来，要别着弯刀上山砍柴。扛回来烘干了，街子天走路挑客（去）卖。卖得2角5分，吃1角钱一碗的卷粉（米粉）。剩下的1角5分钱，给母亲搁着买点盐巴。1971年，我考起西洒街读中学。读两年（“文化大革命”期间是两年制），还住校了。平时是星期天下午客(去）学校，星期五下午放学又回来。阿哈，要走到胜天洞的高山，又下到磨湾，再到偏石崖的水库，才到通鸡街的毛路。客（去）学校一次，要2个多钟头。后头，老师见着我挑柴客（去）卖，我人又生的老实，很不屌，很本分。老师很是关心我，还到家里看了烂房子。回客（去）后，阿（那）个学期就每个月给我2块钱的助金补助。第二个学期就给到3块，第四个学期给到4块。我还记得，阿哈（那时）朱曾寿教我语文，范春丽教我物理，姚海茹教我生物，我们班主任教我们数学。后来是吴国芳老师，吴老师终归是大学文化，手指头细个细个地白嫩好看，数学水平相当高。

1973年，我中学毕业没找到事情做，就回来在村里当记分员。开初，我是半劳力才得5分，又到7分，然后是要扛得起打斗（打谷子的四方倒梯形工具）。扛客（去）打谷子又扛回来，可以得10分。那个打斗有120来斤，要扛到6公里外的汤谷（村名）田里，路是小毛路。打谷子时，4人站在打斗的4个角。割下来的谷子就一把一把拿着，用力摔在木板（打斗的四周斗壁）上，谷子就掉在斗底。口袋装好扛回来晒干，用碓窝把谷子外皮打烂。簸箕把谷糠簸掉，就成了大米煮了吃。

1975年，因我读过中学，又是记分员，被公社推到工农兵大学读书。我报的志愿是北京地质大学和财经大学，上级批哪个就读哪个大学。开初，到县医院体检了，后来不知道什么原因，文教科的一个副科长说："李华明是知识青年，你下村的时间还短。升学时间还不到，暂时先回去。"自己认不得其他人，就回来了嘛。

回来还是当记分员，又当到会计，当到副村长，最后当了村长才修的路。不过，在我领着修路之前，前头的村干部，也领着修过。但不得力，客（去）下边（崖子脚村寨）做思想动员工作，说的话不靠谱，有点差距。他没动员得了，只修了一条小毛路（一米左右宽，凹凸不平）。

修路干了两伙（次）。1998年到2000年5月，组织大家从西珠公路岔路口修到芹菜沟这股主干道，每家斗（出）了2800块钱。每家再出一个劳力，修到垮石崖岔路口（最后一公里地段），就被大崖子断了。在这个地方修路，主要是不能用炸药炸。下面有4根光缆，但这个事，我们砍竹子划作两半，包上光缆。拿杆杆板板，拴住夹着电匣子。崖子脚还有民房，我们只能用铁锤打、铁錾子凿。总之石头不能往下落，落下去打着人家房子赔不起。这一伙（次）从低处修起来，没注意坡度，车上不客（去）。我们不得不停下来，怎么办呢？2003年，又开始召集村小组会议，商量把这堵崖子扩一半（向里扩宽）。撬下来的石头，拿来垫高路基。这伙（次），每户斗（出）3000块钱。从2004年春开始动工，由村头（岩头村）修着出客（去）。修到邻村地段，占着瓦房村寨的5户地面。新问题出现了，又停下来。我带着副村长杨运书，找瓦房村寨协商。跟瓦房村寨协商好了，挖得一节。就又碰到垮石崖的崖子，崖子脚有民房，我们又停下来。我跟副村长找人家商量，人家喊我们先交30万元押金，才同意我们施工修路。从修路开始，岩头村每户斗（出）了6000块钱，家里头都没有闲钱来斗（出）了。我又客（去）下边村寨做工作，一回不行客（去）

两回，两回不行客（去）三回。后头，下边人家是女的用嘴骂，男的用杆杆赶，还放狗咬。我是打不还手，骂不还口。但他们是只认准一点——给钱，钱给了才能施工修路。最后，我只有跟村委会说。村委会领导来做了工作，这钱才没交。但垮石崖占着6户人家的土地，其中刘义坤一户才6分8厘（0.68亩）地，就要我们补4万8千块钱补偿款。我们做工作说："其实这条路修好，你们寨子也有好处。上边有你们寨子200多亩的地。你们种地、背化肥或者粮食下来都方便。"但是，他们眼睛瞧在脚尖尖，眼光近了点。好说歹说，他们就是不同意。没得办法，我又找领导胡世民（副镇长）来做工作。最后，瓦房村跟垮石崖沾了11户土地，一共开了7.8万元钱。这些钱是岩头村群众平摊，每户要斗（出）5200块钱。为了这笔钱，岩头村群众能拿出客（去）卖的，全部拿出客卖了。这一年，岩头村是牛卖光、猪卖光，连老母鸡都卖掉。过年的时候，岩头村没得一家人杀得起猪。有几户为斗（出）钱，家头又没得卖，就直接客（去）借1分5厘的高利贷。过后出客（去）打工，来还账。像杨林富，为了苦钱来赔高利息公路钱，到安徽薄膜厂打工。右手着机器从手骨拐（肘关节）搅断掉，落下终身残疾。从安徽回来，就把老板给的1万块钱赔偿款，拿客(去）赔掉高利贷。剩下的钱买了几头猪、几只鸡来养。

这个难啊。我的精神也挡持不住了。吃也吃不好，睡也睡不好。这可咋办？修路开山炸石头，哪有不落石子的？

慢慢干，小心谨慎地干。那么大的岩石，用凿子一点点凿。岩头村人的心里憋屈啊。

有一天挖机师傅上来找我说实在看不下去了，有个好办法你们试试，不能用炸药炸，可以用膨胀剂。师傅给我们指明了方向，带来了希望。

我又召集村民商量，家家再斗（出）几千块钱。然后买了台"风钻机"和一些膨胀剂回来。用一根耐牢尼龙粗绳子，一头拴在大崖子的树桩上，一头拴在自己腰杆上（这个活路太危险，一直都是我和另一名党员负责），掉在半空中打眼眼。打好以后，调水下来（用绳子吊着装水的桶下来），把膨胀剂调好灌到里边。到第二天等把崖子膨胀、撑裂，我们再用撬杆撬下来，做挡墙或垫路基。这样修路，才快起来。

修路的时候，这个困难太多了。有因为占地的；有因公受伤的；有要钱的；还有我们自己的（内部意见分歧）。有一回，飞了两颗石子下去，把人家的“房”瓦砸烂几块。人家马上来撤我家的瓦客（去）盖好。人家说：“修路是你村长带的头，砸烂我家的瓦，就是要撤你家的客（去）补。”我家的，后头（过几天）才慢慢买瓦来盖（好）。还有一回，我们斗钱买了一个“风钻机”。（为了）打眼放膨胀剂，下边村寨的一个党员看见我们在打炮眼，就约（挑唆）人来抬风钻机。这是要断我们的活路，大家不干了。岩头村的李光才、杨育堂两个，拿起炮杆就要客（去）干架。是我把炮杆抢回来，拉着人。不然，打起来还认不得是酿（哪样）结果。后头，风钻机我客要回来。但李光才、杨育堂两个就一直对我有想法。我已管不了将（许）多。人们有情绪，是有点道理的。比如：上边有酿（哪样）好政策，都是紧着他们。有人还得了4万块钱盖房子，我的只得1万块钱。我用这钱，整（修缮）了下房子盖盖（顶瓦）。又自己动手炸石头支砌墙身，盖了一小格厨房。厨房不过是“光裤烂裳”的，外头穿着衣裳裤子，但里头一样没得。

工作还得做，路还得修。慢慢地，大家都想通了。这条路干了两伙，第一伙从1998年到2000年，有2年多时间。第二伙从2004年到2013年全部打通5米宽的土路。2014年，在党委政府的关心下，全部干成水泥地板（道路硬化）。前后共12年，终于打通这条路。嘿，真的不容易！西畴精神：搬家不如搬石头，苦熬不如苦干；等不是办法，干才有希望。我们岩头村，都占着了。我这个村长已不容易！人在山里犁地，领导一个电话来，马上解开弯担（套牛的工具）扛着就走。如果岩头村没个带头人带着修路，可能就一辈子穷下去了。拿直套（干脆、直接）的说，人要富、先修路。再不修，杨运清他们老人轮不着走好路就归世了。人再是什么人，都有一死。这个是雷都打不脱的。

路修通，有的岩头村人说："路是我们修的，还给着下边寨子的占地钱，现在他们来，我们就要收过路费。"为了团结，我多次向大家劝说："给他们的钱早晚会用完，但我们的路会越走越华（光鲜亮丽）。这路干通了，不能把人心给堵了。"我是在干这个最后一公里路时，才入的党。上级领导来问："李华明，你入党了没有？"我说："我入党不入党照常不误干我的事，我不是党员也要干事。"领导说："李华明，你的能力和做事精神，完全具备一名合格党员的标准。你入了党，有党的领导，你说话做事会更有劲，更有说服力。"2014年我写了申请书入了党。入党后，路通了。县委、州委选我为优秀共产党员。后头，县上组织部长候行辉来岩头村检查。听我讲了修路的经过后，他很是夸奖："你们岩头村的最后一公里路不是修通的，是打通的。"他还把最后一公里的路，取个名字叫"实干"路，还给写了字。这面旗帜是党委、政府给的，我要鼓足干劲争上游。党委政府对我们岩头村好，我们岩头村要争口气。努力，加油。

现在这条致富路打通了，好多好事也就跟着来了。像路通后，有县上的书记、县长下来看，都觉得我们不容易。我们的确，有一股子干事的精神。县领导回客（去）后不久，水务局的领导来了，为我们接通自来水。还要建一个100多方的大水池，我就把我家的坡地无偿让出来。建在那点，水池现在在拉钢筋了。农业局的领导来了，为我们送来产业发展项目。一个是养殖乌骨生态鸡，一个是养殖生猪。现在养着3700只生态乌骨鸡，放在山上饲养。一半吃玉米籽、一半吃虫虫（上午喂玉米籽，下午让鸡在山间觅食）。生猪代养点，已经征好土地。二十年一租、十年一付。头十年的地钱，都斗齐了。电信公司领导来了，电力公司领导来了。他们来后，我们的用电啊、手机啊、电视啊（三通），更加有保障了。

不过，最好的是岩头村出了两个大学生。这是岩头村祖祖辈辈八代人，出的两个大学生。现在在昆明打工，还谈成搭伙（订婚）。如果路不通，杨家这个姑娘也不会同意嫁在岩头村的。说到人才，要培养一个也不容易。就像当作家，要自己努力，要读书、锻炼、学、看、听、望和写，才能得来。一来就当作家，是不可能呢。年轻时候，是要经过九牛二虎之力的。作为一般人，有些读书狠，该做官就做官；有些读不进客，该做酿（哪样）就做酿。谁都客（去）当官，哪有那么多的官给你当。这个事情像是，你只扛得起120斤，拿160斤给你，你扛得起球。这人才是分工种的，干农民的是人，干工作的也是人。只不过在活路上有轻重。这个土地就是农民上班地点和工作地点。锄头把、镰刀把，要劈（磨）滑点。当农民，让你坐板凳拿真笔杆子，也写不出来。

修路吃了好多苦，但跟以前的困难日子比，这点苦不算酿（哪样）。我没花销，只是抽点烟。记得，第二回当记分员开始，我就学会了咂烟了。啊哈（那时）没钱，拿自己种的烟叶，用石头和板凳压平。再用薄刀切成烟丝，放在水烟筒嘴上，火点着就吸了。后头咂九分钱一包的经济烟，再后头是两角钱一包的天平烟。又到2角2分钱的红缨烟，又到2角9分钱的金沙江，又到4角8分钱的春城。日子就是越来越好嘛。1966年开始统销统购，每年过年的时候，各家要把养的猪交到猪仓库（计划经济时代的食品组）客（去）杀。每个人口按半斤算，拿回家来吃。啊哈（那时），人吃不饱。猪就老实瘦了，没有油，放到锅里都会粘锅。啊哈（那时），要好多长时间，才得吃一回肉。

我在谈家（找女友）的时候，出客（去）鸡街好多地方问（找）过媳妇。不过一说岩头村的，人家都嫌弃路不通、吃水困难，没问成。后头，我二姐说："华明兄弟，罢（不要）客（去）别处问了，你瞧隔壁孙家这个姑娘还可以，找人来问问？"这个姑娘叫孙兴辉，就是我现在的老婆。以前，她家的地种在岩头村里，跟我家的地连着。不过只是远远见过，从来没说过话。听二姐说了后，老母亲就找介绍人客（去）问。啊哈（那时），我的房子很偏僻，与她家只有一山隔。还要走崖子路、挑水吃。老岳母是有点不喜欢。后头，她家婆说：“周起昌（李华明岳母），李华明目前没得房子没得问题，这个人给得，后期是会好过的。”啊哈（那时），她家有点困难，我家也是困难。困难遇到困难，是两个哑巴睡一头，没得说得了，哈哈哈。不久，她家盖猪圈，我是很卖力帮忙了。我看她听话、沉着、懂事，她看我苦得（勤劳）、老实，又是会计，也就喜欢了。1980年，我24岁，她17岁结了婚。才开始说起话交流，才认得爱情。家里头六口人，有我家老两口在家。一个儿子和媳妇在文山打工，两个孙子在读二、三年级。另外还有个姑娘，在马关县篾厂乡。现在在文山，给老板打工理发。过几年，我争取努力苦点钱，盖起楼房在（住）一下。该做的事，现在都跟大家做了，摆着。将来子孙后代，会想起我们的。

现如今，上到中央习主席，下到我们老百姓，都在发展生产，脱贫致富奔小康。像西畴是山高石头多的地方，如果睡着等，政府不会管你那么多。当家人也一样啊！如果儿女苦干实干，都没说的。作为农民就是要苦练苦干，小康是干出来的，不是等靠要出来的。这几年，岩头村村民包包底空了（没钱），斗钱客（去）给下边那些村寨、又斗钱干路。不过我们岩头村，一定会努力。以学赶超，依靠党、依靠政府，感党恩、跟党走。听党的话，敢于担当。干干净净的做事，利利索索的做人。不要有渣渣捏捏（违法乱纪）的事。现在我不想其他，就想带领大家把产业发展起来。发展起来，就有钱分红了。钱每回分的不多，不过，小狗儿烤火悠悠的来（做事一步一步来）。我们悠悠的划量，悠悠的整（发展）。日子会越来越红火，越过越滋润。离小康梦，会越来越近。用修路一样的精神，用十二年打通进村最后一公里的精神，凿崖不止的精神，用新的面貌，极大的勇气。苦干、实干、加油干，让包包都鼓起来。一个人富不算富，自己富不算富，要一起富，才算富。大家一起争取努力，为脱贫攻坚再做贡献。

修这条路很不容易，但到今天值了。我们赶上了党和国家的大好形势，都走上了好路，过上了好日子。前久（前些日子），有个口音像是外地的人问我，岩头村怎么没有建档立卡贫困户。我说："建档立卡贫困户，在我们打通最后一公里的时候，被打跑了。"记得电视里习主席说的一句话：人们生活的美好向往，就是我们奋斗的目标。现在，我真的听懂了。

五

李华明家的房子，还是老屋。但五步台阶修的规规矩矩整整齐齐，两边还有石板拦着。开山凿路，成就了李华明的石匠手艺。陈旧的两扇门上贴着门神，门框被破烂的红纸覆盖，金色的对联字体不很清晰，但也不外乎"人兴财旺""吉星高照"之类的吉利话。门廊顶上垂挂着花豆豆蔓，可以当种子，也可以煮菜。廊子外沿，当晾晒绳子的是一根儿八号铁丝。上边搭着一些洗过的衣服，包括我的袜子汗衫背心。多的时候，出屋进门的人，得向两边扒一扒。意思是晾晒，却从没见过有人收拾。就是下雨天淋湿了，也在那挂着。岩头村正是天水旺季，好日子无碍。

夜，已经很深了。和李华明相约明天再聊，就回到他夫人为我安排的房间。几经努力，关上松懈拧巴的房门。屋子在一个小黄灯泡的照明下，显得狭小昏暗。破旧的柜子，凌乱堆积的衣物。空气中弥漫一种臭味，抑或是一种骚味。只有床铺，整理得比较干净。新床单，新被子。没敢躺下，赶紧整理李华明的讲述。隔个三五天，就连不上了，尤其是在村活动室记录的那些数据文字。

路通了，产业活了，村庄美了。2016年人均收入，就达到6000元。

如今，岩头村已流转土地30亩，土地流转增收3万元。为提高群众生产生活条件，西畴县加大岩头村新农村建设和产业发展力度。一是完善基础设施。村内道路全部硬化完毕，安装太阳能路灯16盏，建设活动室120平方米，厨房24平方米，公厕18平方米，硬化场地344平方米，新建垃圾处理池20立方米。

二是壮大特色乌骨鸡产业，与康达乌骨鸡公司合作。村民筹资5.3万元成立合作社。建成乌骨鸡养殖基地30亩，厂房2000平方米，规划养殖乌骨鸡10000只。已经养殖了7000只，预计年增收30万元。

三是探索生猪代养致富路。投资70万元，实施生猪标准化规模养殖项目，采取代养育肥商品猪、工厂化流水作业进行生产。项目建成后，预计年出栏优质商品猪1000头以上，群众增收15万元，目前项目正在实施中。

躺在床上，睡不着。

李华明与我同庚，1956年生人。一米六几的个子，长脸，多皱纹。头发黑白间杂。好像几天没洗过土了吧唧的光脚丫子，穿着一双塑料拖鞋。崭新蓝色的半袖褂子，平平常常的身材。只有那对圆溜溜的眼睛，透露出精明。《黄帝内经》说："五脏六腑之精气，皆上注于目而为之精。"

就是这么个人，十二年如一日跟大山较劲儿。就是这么个花甲之人，把几十亿年龄的大山砍掉半扇。他和大山如此熟稔，他和岩石如此熟稔。他深谙大山的倔强的性格，那岩体的青灰色，在李华明的眼珠上已经无法褪去。

在闲聊中，李华明有过一段当地方言和含糊不清闪烁其词的话语。大致是，他做了一个梦，梦是灰色跳跃的画面：无边无际的山石；嶙峋狰狞的山石；流淌鲜血的山石；伤痕累累的大山峭壁。一个巨大的山洞，一边说着"疼啊，疼，疼……"一边张开黑洞洞大口，一股无形的力量要把李华明吸进去。他甚至在梦中，看到了另一个一模一样的岩头村。只是梦里的岩头村的大山，都是郁郁葱葱的，没有任何被炸开的伤口。

李华明的这个梦，很接近平行宇宙一说。平行宇宙的通俗解释，就是地球之外还有一个地球，你我之外还有一个你我。人类的文明，是横跨太阳系的。我们要尽可能地，保持地球的生命力。是的，人类要生存要发展，要在一个节点内改造和利用自然。但人与自然所具有的一体性，决定了我们的任何改造，都会直接或间接地影响人类。

人和自然是平等的，人和万物是平等的。他甚至给大山下跪，“得罪啦，得罪啦”，请求大山的原谅。

大山，一片沉寂。

怨恨的沉寂？

宽容的沉寂？

一个生命，在沉寂中惊醒。

大山是啥？大山是人类的伙伴，大山是我们生命繁衍的载体。大山的生长，地球的旋转都有几十亿年啦，这可不是开玩笑的啊！大山啊，今后让我们携手同生，相依为命。

了不起，了不起。发展不伤害自然，这是一种必须的觉悟。

我想起刚到文山时，州里的领导希望我把西畴精神的提法，再提高一个台阶，再提高一个档次。我雾里看花，不甚了了。

但经过在西畴县一系列的走访之后，我可以说了。脱贫攻坚胜利在望，人们的生活有了基本的保障。那么西畴精神的延续应该是，持续发展，与人和谐，与自然和谐，与社会和谐。假如人类对自然开始是依赖，然后畏惧，再之后是征服。那么如今，我们应该回到原点，回到初心。这绝对是，人类发展的终极目标和诉求。

我在地球的旋转中睡着了。

清晨，我被嗡嗡声叫醒。第一个反应，确认我在李华明家。第二个意识，声音来自头顶隔板的那面。我走出屋门，绕到后边的牲口棚。原来是李华明的夫人，在粉碎机上切割猪草。我没有打扰她，走到院坝。

曙色下的山庄，梦一样地安详清净。山岚云，山坡雾，几幢农舍影朦胧。

坐标Ⅱ

北纬27° 37′ 52.41″
东经103° 35′ 24.17″
昭通市永善县茂林镇

我来了啊，你却走了

2018年6月下旬，完成了镇雄的采访。29日午饭后从雨河镇出发，三个多小时后到达大关县。

大关县领导为了缓解我们一行的疲倦，安排在黄连河风景名胜区小憩。茂密的植被，成群的瀑布，湿润清新的空气。我等尽情享受，乐不思蜀。

我们谁也不会想到，就在那一刻，就在距离黄连河南面几公里的玉碗镇，一个优秀的扶贫干部倒下了。他叫王文贵，年仅38岁。

这天的晚餐，我莫名其妙地大醉不醒。那是我一生中，极其少见的经历。次日醒来，窗外有些幽暗。打开电视，昭通发布着暴雨蓝色预警。端起杯子喝了一口，香甜到心底。这才发现桌子上，放着几罐森林蜂蜜。还有一张纸条："把蜂蜜水喝了，可以缓解肠胃的不适。"大关的朋友，真周到。

之后开始发生了一系列怪事：我给昨晚陪我的各位，发了几条短信，告知清醒平安起床了。发了几次，却一条发不出去；放下留言的纸条，竟然打碎了水杯；拖鞋换旅游鞋的时候，里边一颗大头针，扎破脚；卫生间的门，把我的头撞了一个大包；下楼的电梯在我面前停下，就是不开门；早饭吃米线，有一根儿呛进鼻子眼儿。

早饭后，和县委常委主管宣传的柳爷一起喝茶聊天得知：昨日下午我们4点半到达大关黄连河的那一刻，王文贵在去做扶贫工作的路上，从数百米高的坡头摔下死亡。

一说到年龄，我心中咯噔一下，王文贵也是属猴子的。并且也是4月出生的，我的心又咯噔一下。难道我们还有什么息息相关的吗？有，那就是工作。有关奔波。有关扶贫，有关脱贫攻坚。既陌生，又熟悉。我一下，陷入了沉思，五味杂陈。

人心，是个很奇特的东西。不是吗？明明没有蜘蛛在爬动，心里却钩织出一个又一个虚幻的网络。明明和风细雨凉爽宜人，心却大汗淋淋，张开湿乎乎迷茫的翅膀。在思想的无数条阡陌纵横的小路之间，我能确认一条坚实的田埂吗？它会引导我走向怎样的未知？一块块蓄水池，把天空切割成灰暗。

王文贵的名字，一直萦绕在我的心头。

人的心肌细胞，会以一定的脉冲跳动。不管你迷茫，不管跌跌撞撞。

当两个心肌细胞相互靠近时，它们会自动地同步脉冲，以相同的频率一起跳动。不管日月星辰、不管风霜雨雪，就算没有直接接触，仅仅只是靠近，也会让我浑身的细胞向一个方向倾注。这种同步神奇的蜂拥而聚，这种正在进行时，居然目前的科学手段还无法解释。我相信细胞的这种能力，会跨越时间和某些空间。心灵感应像一根触须，或者像电流。虽然不在一个经纬度上，却交感着对方。

我所说的这一切，一定会在很多人身上发生，甚至比我强烈。

“人心是最大的政治。”而争取人心的关键，是我们的施政方针和策略必须求得全社会意愿和要求的最大公约数，这是人民民主的真谛。

我希望柳毅马上向县里建议，对王文贵的去世，做出最快的反应。

王文贵2006年12月加入中国共产党。2004年12月参加工作，任玉碗镇党委委员、人大主席。

2018年6月29日下午4点30分，昭通大关县玉碗镇党委委员、人大主席王文贵，在赶往老街村走访预脱贫户的途中发生交通事故，不幸因公殉职，时年38岁。

2018年7月5日，在王文贵的遗体告别仪式上，他4岁的女儿操着稚嫩的语音仰着小脑瓜说："躺在那儿的不是我爸爸，是假爸爸。我的爸爸，下乡了。"在场的所有人，无不动容。如丧考妣，潸然泪下。

是啊，一个总不在家的爸爸，在娃娃成长的历程中，在她幼小的心灵里，乡下和下乡，听得是最多最多的……

王文贵

7月2日，大关县的玉碗
盛满闷热的窒息和哀怨
王文贵的办公桌上
还和往常一样
一摞摞材料
一摞摞书卷
电脑边的三七粉消炎利胆片
和一个原封不动的健壮身影
朝夕相处的同事和那把座椅
安放着老街村乡亲们的悲伤
那一株翠绿的文竹
枝头茫然彷徨地翘望

6月29日下午4点30分
王文贵的最后一次走访
38岁的生命照耀
脱贫攻坚的战场
38岁的生命闪烁

胸前的党徽，熠熠发光
关河悲鸣，流水、青山、草场
乌蒙含泪，湖泊、大地、太阳

邓龙群，记住你的温厚
记住你没架子，像家人一样
从安置点建设到产业发展
率先垂范，昼夜无常
跋山涉水走村入户
与百姓同吃同住
与百姓日月星光
冒严寒深入施工第一线
一丝不苟，监督工程质量
牙疼脸肿，敬请寒风治疗
肾的肿囊，让天明去打烊
一个汉子再次站立，冉冉红日
交给他一把曙光的手杖
路途再远再艰险
爬山不怕难
涉水敢担当

拆迁，群众不理解不配合
负面情绪一波波高涨
他劝住焦躁的工作人员
“急躁是敌人，良药是谦让”
四个小时耐心细致地交谈
有的害臊，有的羞红了脸庞
一户村民家的棺木路过

他马上让施工机械停下，帮忙
为了脱贫出列，连续45天
不曾回家探望
玉碗镇街区发生洪灾
他及时赶到主动担当
一身泥水，精准的安排
处理灾情处理慌乱的现场
群众的安危是命令
他一个健步冲上
说时迟那时快
抢走菜刀抢走歹人的妄想

“想，都是问题
干，才是答案。”
他用生命履行着
共产党员的铮铮誓言
“他最喜欢帆布包
印着‘为人民服务’字样”
妻说“和衣服有点不搭配”
他说“这是前行的精神力量”
他有一个乖女儿，聪明伶俐
他有一个好妻子，贤惠善良

80岁的村民老人唐元珍
行动不便，瘫痪在床
百姓的困苦他时时惦念
每次入户都要前去探望
五保老人刘泽配的起居

也让他挂肚牵肠
入户前他都要主动打电话
带上油盐青菜，带上喜气洋洋
村民许氏仨兄弟
不愿把老人赡养
他多次前往家中不厌其烦
一遍遍说来，一遍遍劝讲
一次次协调会。你的道理
一回回调解会。他的立场
最终问题解决掉。截止了
不忠不孝。老人有了赡养
这回王文贵主席永远走了
群众泪水汪汪泪出痛肠
泪眼含着感恩含着戴德
含着悲怆含着谢忱含着祈望

那双敷满黄泥的旧皮鞋
沾满了艰辛和前行的梦想
风栉雨沐东奔西走水送山迎
跋涉山川步履蹒跚蒙犯露霜
“我是已经不行了，
工作还多，怎么办呀……”
就这么走了嘛
翻滚而下的数百米中央
在遗憾年轮的短暂——
一个盛开还在弥漫芬芳
在倾听时光的碎裂——
一片乌云遮挡太阳闪光

“躺在那儿的不是我爸爸，
是假爸爸，我的爸爸在下乡。”
四岁的女儿的一番话
在场人们潸然泪下伤心断肠
“老婆对不起，你需要我时
没能在你身旁。
责怪责怪我还好受点，
但你总是笑着说理所应当。”
“宝贝，对不起，
爸爸不狠心，爸爸很想很想……”

芸芸众生，谁不爱惜生命
爱惜之极，及至众人家乡
生命是大海的波澜
时而平静时而恣狂
君子之行，静以修身
俭以养德，明志安详
自然予以雕琢
血液予以奔放
呼吸是生命的形式
贡献是生命的榜样
高山嶙峋为攀爬存在
骇浪惊涛为杨帆起航
灵魂的伟大，强化着生命
伟大的灵魂，为时代歌唱
献出生命的同时，生命
越激烈，越昂扬，越高亢
生命的质地，生命的短长

摸不着的时间，无法来衡量
自然人是自然地一部分
为伍的是艰难和雨雪冰霜
当生命约等于呼吸的时候
呼吸的是庸俗和懒惰时光
生命是真实，生命是诚挚
生命是虔诚，生命是善良
坟墓终结在肉体的消失
生命永恒在跋涉的路旁
一张答卷抒写了他的奔波
38岁定格在脱贫攻坚的战场

2005年参加工作，他从事过
财政、计生、环保、建房
从事过国土管理、安全监督
从事过发展教育、人民武装
丰富的基层经验，你和群众
心与心架起了感情的桥梁
强烈的使命感，为他
灌注了充沛的能量
崇高的奉献精神
放射出灿烂耀眼的辉煌
干部群众眼中他是
“信念坚定的好党员
克难攻坚的急先锋
甘为人梯的好榜样
肝胆相照的好战友
一身正气帅气方刚。”

是的。生命的意义
不论长短，而在厚度顽强
通过自己的努力，生命
更有价值，从而更加高尚
若能努力为他人为社会
一生就超越了死神的抵抗
微信圈里他写过这样话
抓铁有痕踏石留印，一心为党
一枚熠熠发光的党徽
一枚镌刻在胸前的信仰
“为人民服务”的挎包
装满百姓的困难，下乡走访
“为人民服务”的挎包
装满他精神世界的全部家当，
一个基层干部的伟大情怀
一个精神不朽的实干榜样

昭通是大关县是云南省贫困面最大、贫困程度最深、贫困人口最多的地区。昭通市11个区县中，有10个被列入国家扶贫开发重点县，大关县是其中之一。

在海拔490米到2785米的地貌上，大关县的地理，到处是V字形山谷。路途弯道多，而且坑洼狭窄。江河纵横，地质脆弱、塌方频发。因此，在这里行路开车，危险重重，随时可能发生意外。如此这般的环境里，困难重重险象环生。扶贫工作，极其艰巨。

7月5日，王文贵遗体出殡，大关县当地为王文贵举行悼念仪式。除了亲朋好友、领导同事。现场还来了30名王文贵帮扶过的贫困村民。他们是一大早，从80公里外赶来送别王文贵。仪式上，这些贫困村民与王文贵家人，一同悲伤，一同落泪。一同和他们的家人送别。

回想起6月29日下午4时28分，王文贵所乘车辆从他身边跌落而下的情景，伍家华至今仍心绪难平。惊心动魄的一幕之后的当天晚上，他混混沌沌水米未进。一周来，毫无心思生活劳动。正所谓疲惫沮丧，吃惊讶异，无所事事。

“那个时候，我在弯道正对的那块地里拔着草。突然听见头上方，有车子撞击的声音。一抬头，车子就‘轰隆轰隆’地滚了下来。”

那天上午，玉碗镇老街村葫芦口社村民伍家华，请了10个工人到自己那块烤烟地里拔草。“要是（事故发生在）早上，肯定就砸到人了。”

伍家华从未想过，20分钟前还在葫芦口村民小组苞谷厂和他哥哥伍家付通过电话的王文贵，居然会从百米高的急弯斜坡处，连人带车砸落在他家的烤烟地里。

当时，伍家华距离王文贵有七八米远，被吓懵了的他，远远地问了句：“你们是干什么的？”

“我是来走访贫困户，查看你们烤烟和茶叶生长情况的。”

回过神来后，伍家华赶紧上前查看情况。

“走到面前，我才认出是主席（王文贵任职大关县玉碗镇人大主席团主席，村民都称呼他‘主席’）。当时我眼泪都出来了，怎么都想不到滚下来的人会是他。刚开始，主席意识还很清醒。手抱在腿上，还能和我正常说话。我看了看他身上没有流血，感觉伤势应该没有车里的另外两个人严重。我还和他说‘主席，你算是幸运的了，没怎么伤到。下面那两个就不好说了’。他马上叫我去坡下，赶紧看看车里那两个人的伤势。我就老老实实地去看了。我下去的时候，车里的两个人已经自己打开车门准备出来。他们也以为王主席没有伤到，还朝他喊‘快下来，快下来’。但实际情况恰恰相反，而是主席伤得更严重。任凭他们怎么喊，主席还是躺在原地动弹不得。”

王文贵一行人出事后，伍家华赶忙电话通知周边村民前来救援。他以每人100元工钱，请来帮忙干活的10个小工。“我宁愿工人停工，这1000元工钱白花了，也要让他们先来帮忙救人救主席。”

玉碗镇综治办主任王忠坤，赶到车祸现场时，大约是下午4时40分。王文贵身旁，围着几名群众。他们扶起王文贵的上身，试图让他舒适些。大约3分钟后，救护车赶到。因王文贵伤势较重，先行送到医院。

随着王文贵出车祸的消息不断传播，老街村自发前来救援的群众陆续赶来。到了救援后期，现场已聚集起了100多人。一个个面色凝重，满脸都是担心和惆怅。有的悄声嘀咕，有的抹着眼泪。有的看天，有的看地。怨恨老天没有眼睛，怨恨老天的不公平。

按以往的习惯，王文贵6月29日走访贫困户那天，王忠坤应该是和他一起，坐在那辆事故车上的。“以前不管去老街村哪个地方走访，他都会叫上我一起去，就唯独出事那天他没有叫我……”说着说着，王忠坤的眼眶红了起来。“现场见到王文贵之后，他语气比较沉重地对我说‘忠坤啊，我是不行了，工作也只有你们来干了’，我赶快回答他，‘没事，没事，救护车已经来了’。因为我看不到他身上有流血的地方，没有外伤，当时觉得情况不会太严重。直到我们到达县人民医院后，才得知他盆骨受伤比较严重。包扎后，该输的血和针水都输上了。时间大概是，下午6时40分。我们又从县人民医院，转到市人民医院。到达时，是下午7是40分左右。在急诊室，待了近一个小时。到晚上9时左右进入重症监护室前，他都还能正常说话。进去后大概过了10分钟，医生就告诉我们，他已经停止呼吸了。”

从2016年开始，王文贵挂钩扶贫老街村，至今为老街村服务超过900天。因工作繁忙，他最长曾45天没有回过家。

“要致富，先修路。”王文贵所乘车辆坠落的那条机耕路，是今年刚刚修好的“扶贫路”。从车窗往外看，这条路刚刚够一辆越野车单向行驶。驶到高处往侧面看，车辆就像飘浮在白云间一样。6月29日王文贵到老街村的目的之一，也包括查看这条路段的修建情况。在此基础上，查缺补漏。然而他却用生命，检验完成了工作。

早年曾与王文贵共事半年多的何春波回忆。2016年，王文贵任职玉碗镇副镇长时。镇上接到一个整乡推进的项目，当年就要验收。加之扶贫攻坚战要求玉碗镇在2016年达到全镇脱贫，王文贵肩上的任务很重。

玉碗镇一共有5个村，王文贵负责帮扶的是老街村。老街村最远的一个片区叫蜘蛛湾，位于大关县最高海拔2785米处，条件相当艰苦。当时正值易地搬迁，安置点开工建设。王文贵率领镇、村干部职工，深入施工第一线。在走访时，由于公路不通。来回一趟，需要徒步7个小时。那时候，王文贵的身体状况还不错。只是眼睛有些肿，人们经常看他滴眼药水。

在王文贵挂钩帮扶老街村前，伍家华一家主要靠种植玉米和土豆为生。一年到头，能攒下的收入没有多少。

2016年，王文贵来到后。开始动员符合烤烟种植条件的葫芦口社一带村民，发展烤烟产业。并帮助种植户协调了5万元的无息贷款，用于产业发展。伍家华和伍家付兄弟俩，都是受益者。

“他鼓励我们这些稍微有点能力的人，带头种植烤烟。在这过程中，实际上也调动了周边闲置农户参与到烤烟产业中的积极性。”伍家付算过一笔账，在烤烟种植中，真正受益的其实不是种植大户，而是参与生产的工人。以一个工人工资100—120元/天计算，整个烤烟季下来，一家两口人，最少能有一两万元收入。

去年由于烟叶叶片较薄，烤出来的烟叶品质不理想。伍家华没能从中挣到钱，他不想种植了打算放弃。但在王文贵的劝说下，伍家华坚持了下来。并将种植面积，扩大到了50亩。“主席经常来动员我们要继续种植烤烟，不能放弃。他和我说，去年亏了钱，不可能今年还亏。以今年的气候和烤烟的长势来看，应该能赚到钱。”

之前，由于道路不通。老街村葫芦口社村民的农机具，无法出入田间地头，烟叶只能靠人工运输。每到收烟叶的旺季，烤烟种植户用工需求量大，无形中增加了成本。以伍家华家一间60平方米、能放置3个炉子的烤房（单次烤烟量有200多公斤）计算。他家今年一共种植了50亩烤烟，大约能烤得30多炕烟叶。相比去年，每炕烟叶需要花费1300元的人工运输费。今年路修通了，原本陡峭的坡路上，三轮摩托车都可以轻松驾驶。这样一来，每炕烟叶可以节省200—300元的人工费。今年，伍家华单在运输烟叶一项上，就能节省7000元左右的成本。

据统计，截至2018年6月，老街村共发展黄牛养殖200头。种植刺老苞200亩、茶叶500亩、烤烟1100亩、珍珠李480亩、猕猴桃100亩。有384户870人成功脱贫。其余100户299名贫困人口，也即将脱贫摘帽。

“我总说好人有好报，但没想到他就这样走了。”得知王文贵去世的消息后，伍家华的妻子大哭了一场。今年年初，她因为去年种烤烟没赚到钱，而反对伍家华继续种植。但在王文贵一次次的走访和劝说下，她才同意了。今年，家里种植的50亩烟苗长势喜人，再过一个月就可以回收烤制。她每天都会在朋友圈里，分享自家烤烟的美照。

在扶贫中，王文贵遇到过很多难以解决的困难。今年4月1日晚上11点，他下乡走访后久久不能入眠，在朋友圈里写道：“这几天每天都会遇到各种各样的人，有跳的、闹的、骂的、横的、不要脸的、不要命的，觉得‘感恩教育’很迫切。但今天让我感触颇深，有个老人先是哭诉了她一生的种种不幸，责怪上天的不公，最后说道‘还好现在国家政策好，要不然肯定会被饿死了，感谢政府’。厉害了，我的国，你是百姓心中的救世主。”

王文贵生于1980年，2005年参加工作，历任大关县发改局科员、上高桥乡武装部部长、玉碗镇副镇长。2016年2月，任玉碗镇人大主席团主席。因为丰富的基层经验，王文贵被称为“最年轻的老同志”。

在与王文贵同处一间办公室的马艳琼眼中，王文贵责任心强、性格稳重。“对老百姓特别有耐心，有些老百姓经常来办公室向他提出无理的要求，他都会面带着微笑，很耐心。细心地和他们沟通、解答问题，从来不会对老百姓发火。我是个女同志，有时候一些老百姓对他说的话，我坐在对面都听不下去，想发火了。但他，还是很耐心地在协调。”对待群众老百姓，王文贵总是最温和最耐心最平心静气的。但在自己的私事上，他就是一个“拖延症患者”。马艳琼说：“那段时间他经常说腰痛，要拿这些药泡水喝。我看他身体不怎么好，经常劝他。但他总说，等过段时间不怎么忙了，再去医院看病。”

在王文贵位于玉碗镇镇政府办公楼三楼的办公桌上，除了眼药水，还放着三七、枸杞和消炎利胆片。那瓶塑料瓶装的枸杞，下沉了浅浅一层。这是王文贵一个多月前，托马艳琼帮他从城里带来缓解腰疼的。

6月29日，事发突然。王文贵身上的病还没来得及治，就遇上了车祸。在他遭遇车祸那天，作为葫芦口社村民小组长的伍家付，本该随他一起去查看村里烤烟的长势。但王文贵在电话中得知，他要去弟弟伍家华的烤烟地里，打工除杂草。为了不耽误他挣钱，王文贵没载他一起上山。说好了等下午入村走访贫困户时，再与他联系。这些天，王文贵出车祸的事，如五雷轰顶，一直使伍家付坐立不安。

7月5日，昭通市区内飘着小雨。一大早，伍家兄弟俩就赶到了王文贵的遗体告别仪式上，送他最后一程。

在告别厅进门显眼处，王文贵的家属贴了一张“不收礼金”的告示。这是一张怎样的告示啊，这是一张清明廉洁延续了王文贵精神的告示。它告示着人们，有一种心态叫纯洁。

接待亲友时，王文贵的七姐因情绪崩溃几度晕厥倒地。亲友们一边抹泪，一边劝导她：“不要总说命苦，他走得光荣！你要振作，保重好自己的身体，回去了才能继续帮他带孩子……”

对于工作，王文贵问心无愧；而对于家庭，他只能把爱留给遗憾。作为家中的独子，38岁的王文贵既是两个孩子的父亲，也是妻子和7个姐姐心中的顶梁柱。如今，这根曾撑起10个人的顶梁柱，坍塌了。

在王文贵的微信朋友圈里，他发布最多的是关于扶贫的内容。车辆坠落前12分钟，他在玉碗镇干部职工微信交流群中分享了3张“最后的照片”：一张图片内容为掩映在一片翠绿中的玉碗镇美景，另外两张图片则是入户走访贫困户的场景。

在妻子王德英的印象中，2016年至2017年，正值玉碗镇整镇脱贫出列接受第三方评估的时刻。是全镇脱贫攻坚工作最艰苦、最关键的时候，也是王文贵扶贫最忙碌的时候。“他基本没怎么回过家。”这期间，她有过抱怨，也曾感到无助。2016年11月10日，他们的小女儿出生。作为一个丈夫、一个父亲，王文贵在家人最需要他的时候，却在高寒边远的蜘蛛湾片区下乡入户。孩子出生的那个晚上，当王文贵赶到医院时，王德英忍不住哭了出来。为了工作，王文贵只陪伴了妻女两个小时，便又匆匆返回单位。

2000年，王文贵与妻子王德英相识在大学校园。两人一个学会计，一个学中文。10年后，待双方工作都稳定下来，他们在昭通结了婚。婚后，由于工作繁忙，两人常年分居两地，成了“周末夫妻”。他们在昭阳区的住所内，几乎没有开过火做过饭。就连饮水机，也成了摆设。两个孩子，也大多由王文贵的7个姐姐，轮流帮忙照看。由于与孩子见面次数少，王文贵回家时，他一岁多的小女儿会把他喊作“舅舅”。

7月1日，大关县委追授王文贵“优秀共产党员”称号。

也就是在这天，我从大关上高桥参加完大寨村的一个揭幕仪式，赶到了昭通殡仪馆。送上一束鲜花，以表一个白发之人的敬意。

殡仪馆的气氛，令我伤感痛苦。浑身酸疼，心里凄楚。本打算赶紧离开，却被安排在一个房间里让我休息。几个姐姐和王文贵的妻子，围着我诉说了一个多小时。悲切，他们所说的内容，几乎不记得了。其间有市委一个领导来电话，我只说了一句，不想再说，就挂了。

我告诉似乎对我寄予希望的王文贵的家人，我只是一个文字工作者。文字在当今，是没有影响和力量的。但是我只要有机会，一定帮助反映她们的意愿。她们希望政府，追认王文贵为烈士。她们的嘱咐，我做到了。在一次与市委领导谈工作的时候，我把王文贵家属的意愿和盘托出。至于结果，不得而知。

我还能做什么呢？力所能及吧。我把王文贵的遇难和事迹，以《我来了，你走了》为题，转发到我海内外的所有朋友圈和群里。真抱歉王德英，我只能做这么一点点。

在茂林采访的几天中，我一直处在惆怅的情绪里。

一般认为，情绪是多种感觉，思想和行为综合产生的心理和生理状态。而我只是惆怅，只是心中莫名的惆怅。甚至像某些人说的，是荷尔蒙和神经递质的影响。我不知道身上的荷尔蒙在搞什么鬼，但神经一定传递给我什么了。

我情绪的引发，不会仅仅因为一个生命的逝去，这是毫无疑问的。因为在我一生的道路上，我见到的死亡太多了。是的，情绪可以是与生俱来的。但今天的情绪，是和大关有关，和王文贵有关。甚至和我的生存息息相关。还有一说，说复杂的情绪，必须经过人与人之间的交流才能出现。如此这般，我的情感商数不正常，一定出了问题。我管不了这么复杂的说道，我就是惆怅。

一天的采访结束了。晚饭的时候，无意间发现，同桌有一个王文贵的熟人。想让他聊聊，他们之间的交情。他说镇子上有他自己的一担挑，是王文贵的同学。我放下碗筷，拉着他就走。

我们去找的人叫马勇，是永善县茂林镇财政所所长。在办公室见到马勇的时候，已经是晚上的10时左右。其他几个房间也有人，估计他们在加班。

我说明了来意，马勇放下手中的忙碌。静静地沉默着，静静地。

我理解，静静地陪着他。静静地，静静地。楼道里无人走动，似乎知道一切，也静静地。

窗外的夜越来越深，但我还是静静地等待。

马勇终于调整好自己，长出了一口气。还算有条理地，讲述起来：

刚开始接到那个电话，我很不敢相信。我是第二天才接到我表弟的电话，他在大关建行上班。他知道我和王文贵的关系。弄错了，一定弄错了，我不相信。王文贵的家属叫王德英，在鲁甸上班。王德英又打电话给我，我才确认。当时真不敢相信，我就打电话给我们的大学同学。我们的大学，是云南广播电视大学。我们学的是会计专业，我就在我们班发了个消息。不管近的远的，没有人听到不震惊的。都晓得，他在忙脱贫攻坚的工作。可脱贫攻坚，怎么会死人？是的，脱贫攻坚是一个战场，但那里没有战火硝烟的啊。

同学们都喊他阿贵，我叫他小贵。无论他当不当领导，每次通电话都是：小贵，你在哪儿？都是这样称呼。

我在大学同学群，发了消息以后。下午5点左右，我就和我家属去看望王德英。因为脱贫攻坚期间，我们都没放假嘛。我就和镇长请假。我和镇长一说明我和王文贵的关系，他就痛快地准了我的假。

我们在殡仪馆，待到凌晨1点过。王德英一直催促两个女同学回家，因为她们的孩子还小。她们都在城里住，离殡仪馆很远。

然后7月1号嘛，又来了许多同学。我老家是盐津县的，又等盐津的同学上来。中午吃过饭，我们去了殡仪馆。以班级的名义送了花圈。唉——又是同学关系，又是朋友，又是哥们关系。

参加工作后，小贵在大关，我在这边。平时电话联系，大多是生活上的事。因为从事的都是基层工作，差不多，也聊一下。之前，他在上高桥当过武装部部长。当时我还没有调过来，在马口。他是考公务员考取的，考取的时候就到大关县发改局工作。从大关县发改局到上高桥再到玉碗镇干副镇长。因为我们同学之间对职务不太关心，具体记不太清了。当人大主席，应该是2016年。同学之间在一起，当不当领导，很少过问。平时在一起聊的都是山南海北，很没有聊到这个问题。

我们是大学时认识的。我们宿舍一起住了4个人。当时我睡上铺，小贵睡下铺。我经常缩下来，和他摆摆龙门阵。性格合得来，价值观也差不多。我是络腮胡，他也是络腮胡。我们宿舍的4个人关系一直都很好，到现在都很好。18年啦，人生能有几个18年。

前段时间高考，我回去看我外甥女。我很少回盐津，高中同学都来了，约我去吃烧烤，有个同学还给小贵打电话问他在哪儿，他说在大关。打电话的同学说，我们在昭通。——其实是骗他玩的，我们是在盐津。就是喊他出来吃烧烤，想见见面。他在电话里说，现在这么忙，事情那么多，哪有时间出来。我就对这个同学说，你也真是的，现在事情那么多。但是我们约定了，周末到昭通来聚一下。

那个电话打了以后就成空了，不可能再聚了。听了这个噩耗，心里真的不能接受。受不了……（马勇哽咽着转过脸去。过了一会儿，他擦了擦脸，喝了一口水。）

我们当时经济条件都不好。那个时候买一包方便面，才一块多。可不管谁买方便面，都一起吃。我吃饭用的是大口缸，他们都叫我马大。小贵说，马大，水倒多点。然后方便面泡好后，就你吃两口，我喝两口。平时周末出去玩改善生活，还敢下馆子，但是就点两个菜。那真是死要面子，活受罪。哪个手里有钱，就叫那个人先付，然后实行AA制。

小贵绝对是好学生。但我们当时考的学校不是特别好。也都不是特别调皮捣蛋的孩子。电大都是在电脑上考试，全国统考。我们是在学校读的电大，也是高考后。像其他大学一样，给我们发录取通知书的。这个学校不是很理想，我们刚刚来的时候，也不是很有兴趣。几个人还商量退学，但都被他劝住了。后来想想也是，来都来了。而且家长，也不同意。最后把这三年还是熬过来了，我们是读三年专科。

我们2003年毕业。王文贵和另一个同学是2004年考取公务员的。

上班的时候是2004年12月。我是在昆明打工，2005年回来考公务员考起的。12月份，去的永善县。另外一个舍友2005年考试没考取，就回去当老板，做生意去了。

我们同学去殡仪馆的路上，都商量好了控制住情绪，不要给英子（王德英）压力。这种关系，不敢过于悲伤。否则英子的压力会更大。所以都要克制住，不能表现出来。都在安慰她，就说，英子，你要坚强，其他的都不敢多谈。我们在路上都商量过了，去的时候把情绪控制一下，不能太过了。我说话啰唆，平时不这样，请理解。

小贵脾气很好。很耿直，很爽性的一个人。为人处世，周到真诚，都很好。我们从认识到现在，经常联系。平时如果他在昭通，或者我们去昭通。就会相约一下。没时间一起吃饭，也会约着逛逛街。

他的女儿叫王薇薇，才4岁多。应该是去年，还是前年。我们去昭通没有带小孩，我媳妇就抱着王薇薇。抱到晚上9点过，要回家了，她还是趴在我媳妇身上，就是不下来。

英子现在承受的压力太大了。本来是有了第二个孩子的。他有一天，还得意地在朋友圈发消息。没想到老二夭折了，才几个月大，应该是前年12月。我家，也生了老二。因为是这种关系，我和他的家都安在昭通。我媳妇还抱着我们家老二，去看过他家老二。我没看见过这个孩子，去年三四月份发生的意外。

王文贵和王德英两个人认识，是我们在昆明读书的时候。王德英也是我们一个学校的，她比我们低一级。两个人在2001年认识的，就开始交往。当时我们还没有毕业，两个人是在2010年结婚的。在婚礼上我还和他们调侃，8年抗战都结束了，你们两个才想起结婚。

小贵的家庭也不容易，他有7个姐姐。他读小学的时候，母亲就去世了。他老家在昭通火车站附近，当时还不是那么繁华。他父亲2011年去世时，我和我媳妇打车去的。开始出租车司机还不想去，我苦苦哀求才勉勉强强答应了。

我们平时交流的大多是生活上的事情，工作上的事情很少交流，因为都是在基层干，都差不多。

小贵出事，同学们都觉得太可惜了。他还比我小两岁，是1980年的，也算80后。读书时，交往的特别好。周末经常一起出去玩，反正就是瞎逛。

有一天群里有个同学，发了我们的毕业照，让我感慨万千。我的照片在老家，但我把他们发的照片保存了。您看（打开手机），这就是当时我们宿舍里的4个人，照片右边第二个就是他。这一张是当时我们班的毕业照，我们班人不多。

从我们同学的层面说，或者我们一致认为，如果能够追认王文贵为烈士，我们会感到万分欣慰。大关县追认他为优秀共产党员，我们同学在微信群里都转发了。政府能够对他肯定给予烈士称号，我们这些做基层做扶贫的干部心里会温暖会感恩的。

这个图片是他们发到群里的，我的照片是有两个相册都放在老家了。当时我记得学校组织我们去世博园玩的，还有一张是他没发。班里还组织去九乡玩，但是照片不是很清晰。

因为时间太晚了，有些读书的事情，可能慢慢地才会想起来。

有一件印象深刻的事情，我想起来啦。当时我们跑世博园，一伙人走路，已经临近毕业了。小贵对我说：马大，我越来越喜欢昆明啦。我说不是你一个人喜欢，春城每个人都喜欢。他是昭通人，他说喜欢昆明。可是他在昭通在大关在玉碗镇，干得风风火火。我们学校离世博园很近，是电大的分校。想着命运这个东西，毕业以后要自己找工作，不可能留在昆明。

我在家排行老大，比他们大几岁，所以叫我马大。我就喜欢叫他小贵。我们四个都互相叫昵称。互相之间叫老魏、老五、小贵、马大。

我明天就去昭通。前天去的时候，就和英子说好了。我媳妇明天去不了，她要去开会，就我一个人去。

我和小贵交往，感情是很深的。一件事，足以说明问题。2008

年，我父亲在盐津去世。我们村子里的路，是极其泥泞，稀烂扒裤的。大概在1点过，他知道消息，马上找车子，来到我老家。他那时在大关上班，百十来公里呢。从这点可以看出，他对朋友的感情。怎么说呢，和他交往，就是和友谊和善良和大度在交往。在和他交往的过程中……（马勇哽咽，说不下去了。）

我站起身，拥抱了这个汉子。

离开茂林已经好几天了，去了昭通又到了鲁甸。但王文贵在殡仪馆的遗容，一直在我眼前晃来晃去。

坐标Ⅲ

北纬25° 49′ 45.35″

东经98° 56′ 54.70″

怒江州泸水市六库镇段家寨村

断穷根儿，产业必当先

脱贫攻坚，决胜时期，因地制宜，产业发展，举措之一。

认清形势，摸清底数。确定思路，科学辅助。找准差距，认清短板。增收致富，发展速度。

产业的发展，的确是山村脱贫致富的必由之路，大势所趋。也是任何山区，从传统种植传统养殖，转向现代种植高品位养殖的必由之路。

要让老百姓尽快地脱贫致富，腰包鼓起来，经济强起来。过上幸福、富裕、文明、安康的日子，只有立足山区的实际。走发展特色经济和特色产业之路，才能把贫穷山区变为金山。不仅要金山银山，我们也要绿水青山。

六月，一个闷热的下午。顶着大太阳，我们来到泸水市六库镇段家寨村委会采访。

段家寨坐落在半山腰上，是一个汉族、白族聚居的行政村。

解放前，段家寨属于群众自发陆续搬迁来的村子。因为第一户搬来的人家姓段，所以取名为段家寨。

赶上村委会正在修缮房屋，他们暂时搬到一个农户家办公。我们匆匆赶到那个临时办公点附近，约好的采访对象已经在等待。

党总支书记叫赵金富，白族，今年刚满55岁。身材瘦小精干，说话非常朴实敦厚。别看这么不起眼儿，他是段家寨老百姓的致富带头人。在路口迎接我们时，微笑中礼节周到，招呼里虔诚款款。山间小路，东绕西拐，上坡下坡。他把我们带到一户农家小院坐下。慢条斯理地，开始介绍起他的产业发展之路。

一

传统农业致富难，“穷人产业”不靠谱。

听着赵金富的聊天，我的脑海中不听使唤地闯进来一个人。没错，那个就是来之前听到介绍的赵金富。1980年的赵金富，十来岁的他，瘦瘦小小。扛着一把大锄头，看着都悬。谁谁都会担心，他的小身子板儿要压弯啦。如此这般，少年时期的赵金富的影像，就与鲁迅笔下的闰土重叠了。穷困的人生，艰难的日子……

“我那个时候虽然年纪小，但也得干农业，也就是挖地。在纯纯的干农活之间，我还是有一些打算的。比如，一年争取产多少斤粮食？养几头肥猪？存多少粮食？”

这个赵金富，声音还是很洪亮的。

其实打算，是一种粗线条的。是那种想法不太成熟的、非正式的计划。内容范围属于，不大考虑近期要做的。但对于一个土生土长的农民，已经很不错够意思了。话又说回来，赵金富的脑瓜还是有一定逻辑。他说：“劳动，是有好几种含义了嘛。我们去做生意，叫劳动。我们打工，也叫劳动。我说的挖地按说应该也叫劳动，是纯粹的在家干农业。但天天汗流浃背地挖地，总感觉我的劳动和别人家的劳动，不是一回事。从老一辈挖起，从读书回来开始挖起，都挖不出个名堂来。”

开玩笑逗他，赵金富，赵金富，金子没得，富裕也没得。

他很淡定却假装苦笑着说：“就是金子、富裕都没得，才叫金富。我是1980年初中毕业，到1986年挖了7年土地了嘛，都是挖不出名堂。”

赵金富初中毕业后回家种地。当时的农业种养殖模式，非常单一。“面朝黄土背朝天”，按照时令春耕播种，秋收冬藏。虽然年轻的赵金富踌躇满志，对农业生产还是有目标的。他肯干，也很卖力气。但是，一年到头，粮食还是不够吃。勤劳，还是不能致富。

“种的粮食都被猪吃完了。”他一语双关，又很无奈地笑着说。这样的状况让他感到很困惑和焦虑，但又不知所措。“传统的种地就是穷人产业，整不成啊。”

二

电影放映，让他赚到人生的“第一桶金”。

云南的诗人写过放映员的故事：

一个乡下放映员
他养了只八哥
在夜晚人声鼎沸的
哈尼族山寨
只要影片一停
八哥就会对着扩音器
喊上一声：“莫乱，换片啦！”
放映员和他的八哥

走遍了莽莽苍苍的哀牢山……

这么看来，诗歌中的主人公，差不多就是赵金富。

苦苦盘算的赵金富，问天问地问自己：怎么才能打破，这种靠天吃饭的现状？是的，赵金富很不安分。当时，电视机在怒江农村的普及面还很窄，而且电视节目单一。赵金富从中，看到了农村电影放映的商机。1986年，他承包了泸水县电影发行站。专营影片发行和当时的镭射放映。每月除了上缴承包费3000元之外，自己还有2000多元的收入。这在当时，那可是高收入人群。哪里需要就往哪里跑，哪里挣钱就往哪里钻。电影放映很受老百姓欢迎。

赵金富说："那个时候就到山上，去石缸河矿山。那里人多，下了班没事干。我们就到那边放电影，收1块钱一张票。后面，我又到了称杆（地名）。双纳瓦底街子天，老百姓就下来看电影。那时，还包括国家公职人员也来看。老百姓文化生活，主要是靠电影来解决。你看那个电视啊，只能收一个台。农村阵地覆盖乡政府，也只能收一个台。我的生意，大受欢迎。那个时候，是文化生活匮乏的年代。"他指着在一旁的李云何（泸水市宣传部副部长）说，当时他在称杆乡计生办，我在他附近。我到称杆放电影的时候，他有空还帮我卖票呢。

李云何笑笑说，当时太穷，就想混顿肉吃、看几场电影。没有其他心思。时间就是这样，翻云覆雨。那时候还可以放电影赚钱，要是现在不仅赔死，更是不可能的事儿了。

赵金富还是不慌不忙地说："后面到2000年的时候，你看这个文化生活就向农村这方面覆盖。我们的影碟，它也就便宜了。"

20世纪90年代末，电视机开始慢慢走进怒江农村。不仅乡镇开始慢慢普及，节目也丰富多彩了。2000年，随着VCD、DVD的出现，农村电影放映市场逐渐萧条，赵金富不得不离开电影放映市场。但他也赚到了人生的"第一桶金"。

三

第二次回家种地，学会了“多条腿走路”。

2000年，赵金富放弃电影放映，回到了段家寨村，竞选村委会副主任。这是赵金富第二次，回到段家寨务农。不过这一次，见过不少世面的他，再也不想“穿旧鞋走老路”了。他不但要思考个人的产业发展，还要带领大家发展集体产业。

这一年，他带头在村里科学种植。给部分农户买化肥，推广科学种养殖技术。让村里农户，尝到了科学种田、科学管护的甜头。也是在这一年，为了修建瓦贡干线接口到段家寨的乡村公路。他和村两委班子成员，挨家挨户动员村民投工投劳修公路。2001年，通往段家寨村的唯一一条公路，正式通车啦。

2004年，赵金富当选段家寨村委会主任。但在赵金富看来，单一地种植一种植物，效益不够明显。他与“两委”班子成员，认真细致地研究了本村的发展思路。要致富就得多种经营，多种经营就得学习别人的先进经验。要学习经验，就得走出去。他积极到上级部门和相关单位，争取资金。2006年，他组织村组干部，先后到腾冲、保山、大理、宾川、文山、昆明等地考察学习。

干农业也得动脑筋，得发展产业才行！说干就干。用他的话说，就是做的种类多一点。一种产业出问题了，还可以依靠其他产业。就像家庭的金融管理，鸡蛋不要放在一个篮子里。

他开始“十个指头弹钢琴”，充分挖掘段家寨发展农业产业化的路子。动员乡亲们种养殖、跑运输、烤酒、种橘子，只要是适合在段家寨发展的产业，他都想试一试。

2010年7月他带头承包了村里的养鸡场，而且养殖很成功。承包期满后，村委会把这家养鸡场发包给一家企业。企业每年交给村委会5万块钱，一下签了十年的合同，每年年增4%。

在赵金富的示范引领下，养鸡场的效益一直不错。现在这个养鸡场，成了村里的支柱产业。在六库市场，还有段家寨土鸡专卖点。

赵金富靠种养殖结合，多产业并行，让这个“小、散、弱”的山村，提高了抗风险能力。赵金富说：“那就是我从承包养鸡场到养殖成功，还是花了血本啊。还是买了一些书，还是来认真的研究了嘛。还是从这个孵化、脱温出来，到销售都创造了一条线。”问他，你这个鸡没有染上过鸡瘟吗？他回答，都没有染上过。那就是说是孵化出来的鸡，我们就进行最重要的预防。说到预防，这个曾经的承包户可是如数家珍一般。什么时候打什么疫苗，怎么打，每一种疫苗有什么功效，他说得头头是道。他说，现在的养鸡场，随时都有两三万只，在山坡上放养着。这就是土鸡，原生态的。

说到种橘子，那可是赵金富最励志的故事了。2011年开始种橘子，为了提高橘子的品质，光2012年一年，他就翻阅了十几本书。他的知识面，大大扩展。

从书本里，他自学叶面施肥技术（就是把这个钾肥化肥沼气装进喷雾器里面，打在叶面上）。赵金富说：“叶面施肥，能够增加这个橘子的果了嘛。原来的果子这么大，打了的话，它就变成这么大了。经验教训，也是有的。在这个过程当中呢，由于这个文化不够、经验不足，把化肥钾肥沼气搞多了，搞多掉了。喷过去的话，就把那些橘子叶面就全部烧死完掉。”赵金富笑了笑接着说：“这个就是不懂科学，不懂技术，文化都不够的一种体现嘛。虽然失败不一定是成功之母，但我是越挫越勇。后面么又种，继续再种。现在，还没有这个成果。”

过去这么多年了，还没有成功，但还要坚持——这种坚持，怎么不可能成功？

赵金富喝了口水：“现在又发现我们的这个橘子，得了黄龙病。橘子容易得这种病。得到这种病的话，就长不起来。这些地里，苗上病多了。这两年，我都一直在找，没有黄龙病的这些橘子苗。”他喘了一口气：“我也去看重庆那边了，就是中央直属研究院在重庆的有个点。专门培育的橘子苗，那是保证绝对没有黄龙病。也是电话上，给他咨询的。不过是他那个苗老实贵，要15块钱一苗。它是带有这么粗这么高的一个营养袋。这几天我又找到了玉溪的新平县，褚时健的那个褚橙庄园下面一条沟沟上。找到了他的橙子庄园，跟他的这个育苗基地。他那个苗，真的就绝对没有黄龙病。他们有个技术人员，带我走了一圈嘛。那里的人好，车子开起送我。那时觉得一眼看上去，有病的一窝都没有，那是管理得相当好的基地。专门有一个病虫害的防治人员，给负责管理起。”

问他：“你现在的橘子怎么样了？”

赵金富回答：“还要准备种。现在呢还要准备挖洞，把这些洞打好掉。再等十多天嘛，就把苗运回来。”赵金富还是一副稳稳当当，不慌不忙的样子。

四

立足长远谋发展，减低农产品滞销的风险。

2007年，赵金富当选为村委会党支部书记、主任。一肩挑起了，段家寨村委会管理的工作。他做这事很是积极，什么事都往前边走。带头劳动致富的同时，帮助各村的贫困农户改变传统的生产、生活观念。帮助他们依靠党的惠农政策，依靠自己的勤劳，摆脱贫困。

赵金富聪明，思路清晰。不干就不干，一干，就致力于整个段家寨村的发展。跑项目，要资金。在短短的几年时间里，通过村委会班子的共同努力。挖通了4条公路，11个村民小组受益。修通连接21个小组的乡村道路，全长近40公里。还为4个组，争取到了村间道路硬化工程。并建设完成了4条“三面光”水沟，受益土地面积达380多亩。同时对100多户，进行了危险民房改造。

一人富了不算富，大家富了才是康庄路。作为村党总支书记，赵金富铆足了劲儿。发展产业不能短视，不能只看到眼前的利益。得为今后发展，画蓝图做计划。

赵金富说，村里大多数人家都种泡核桃，大概种了6000亩。去年核桃收入，在这个200万左右。用材林方面上，发展西南桦，还种了油茶。为了减低农产品滞销的风险，还积极发展林下种植产业。核桃林下套种魔芋，核桃林下养殖土鸡。说起这些经济林木，赵金富也是夸夸其谈：“西南桦20年它就成材了，就可以做地板条。还有是一种杉木，杉木十年就这么粗，就可以拿来用。还有种了这个油茶，还有我们的核桃，这个产业大，大概是有得6000亩、6000多万株。”

赵金富把烫手的烟头扔掉：“像核桃这一块了嘛，去年这个收入是在200万左右。它只是部分挂果嘎。再等三五年全部挂果了，那收益就更高了。不过根据现在的形势，又出现新问题了。你看我们的核桃产业搞上去了，可是这个价格它又缩下来了。过两年就人家要不要收不收，还是一个未知了嘛——这个又是一个新的挑战，这个就是一个销路的问题。”

市场经济就是这样，要想不被市场控制。就得早早把退路找好。比如，与一些以核桃为原料的企业联系，签订供应合同，等等。大家安慰他，为他出主意。市场，也不会一成不变的。也许过几年，销路就上去了。

他说，销路的这个问题，一定要解决，否则太被动。核桃太多了以后，那我们就商量，还是发展林下产业。就是林下，发展种魔芋。那么魔芋之后，如果适应的话，再搞一些林底下养殖种植。现在仅仅是在核桃林底下，发展养鸡。

赵金富介绍，林下种植分为两种：一种是小规模的家庭式林下种养殖，另一种是大规模林下种养殖。村集体的这块已经有了180多亩，全部把它围起来。其实，就是种植养殖套上双保险。如果种植业产业没有经济效益了，养殖业也可以在短期内解决老百姓的生活。

五

脱贫摘帽大有信心，发家致富大有奔头。

谈到脱贫摘帽，问赵金富，现在段家寨没有脱贫的还有多少户？

赵金富告诉说，段家寨现在还有137户535人没有脱贫。我们计划是，2019年脱贫出列。脱贫任务很重啊。我一琢磨2019年脱贫啊，那不就是明年的事嘛。不远了，压力确实大。

赵金富说，主要是解决“两不愁三保障”。“两不愁”就是，不愁吃不愁穿——这个问题，其实是通过改革开放这么多年，基本已经解决。最穷的一家老百姓，也不可能吃不起饭，穿不起衣。不可能。再一个就是“三保障”，里边说的是这个教育。我们是从小学到高中，基本上国家都包下来了，这个没问题。医疗上，现在你看老百姓有病，可以医得起15万元到20万元的病了。以前那个年代，我们是连想都不敢想的。你敢随便病了，就是把牛卖掉都医不起的。那就是说，现在我们农村主要存在的就是住房这个问题。主要存在的就是，住房有保障这个问题。像我们村呢，137户除外，还有60户左右，不是建档立卡户。非四类的，还有60多户。那总共应该来说，将近200户还是住在土墙房里面。”

问他：“段家寨都是白族吗？”

他回答：“白族和汉族。你每一家的这个房子问题，都要给予解决。那其实这个问题呢，虽然是任务重责任大。不过我们，我们有信心，有决心呢。有这么一点是哪一点呢？那就是我们的党，我们的国家给了这个大量的资金。建档立卡户人均一万，你要说维修的是二万三。只要你有了这些资金，就搞给你们。我们在下面认真地组织，组织实施，全面协助。我相信到明年，应该是没有问题。当然你要说国家不给下来钱，都是靠我们自身，就有点不行，有点困难。这里的自然条件太差了，那这真的是有点困难啦。到2020年要实现小康社会，那就真的不可能了。老百姓，关键还是依靠国家。”

在旁边的平房里，穿着迷彩服的人员在安静地办公。听随行的工作人员介绍，这些工作人员，是州市机关派下来的扶贫工作队员。怒江被称为脱贫攻坚的“上甘岭”，又是“三区三州”之一。是国家层面的，深度贫困地区。为了加大脱贫攻坚工作力度，2017年11月份，怒江州派出一大批实战队员，进驻到每个村，与老百姓同吃同住。真正到脱贫攻坚第一线，帮助老百姓脱贫摘帽。一个戴眼镜的斯斯文文的中年男子，出来和我们打了个招呼。又返回房间里，继续工作。

我们和赵金富告别的时候，西天的太阳，已经抱拢了双肩。云缝中，几缕金灿灿的光线迸射，像一把把利剑。

前几天翻看一本资料，偶然间看见上边刊载着《云南省2018年脱贫攻坚奖候选名单公示公告》。在公告里，一个熟悉的名字跳进我的眼睛——赵金富，他被推选为云南省“扶贫好村官”候选人。

看着这个熟悉的名字，脑海中又浮现出了他那朴实好学、坚忍不拔的样子。

聿 三

坐标Ⅰ

北纬23° 20′ 12.75″

东经104° 32′ 26.54″

文山壮族苗族自治州西畴县蚌谷乡木者村

摸石谷，炸响第一炮

来者我也，作者我也，读者您也。但在蚌谷，出现了一个木者。说出现，很是不准确。因为木者是蚌谷的木者，而蚌谷狮子山岩画记录，他们的祖先在五六万年前，就在这一代生活繁衍。

木，树类植物的通称。者，助词，表示语气停顿并构成判断句的句式。

判断可见，木者当年，就是一个枝繁叶茂的渊薮之地。

木者村有记录的环境破坏，是在20世纪五六十年代，以及“文化大革命”期间。这种破坏，严重影响了地方生态和农业经济发展。

20世纪90年代，西畴县委、县政府提出了“三十年绿化”战略目标。经过老百姓多年的努力，现在的木者村到处是青山绿水郁郁葱葱。

我问：刘书记，听说你当了好多年兽医？

刘登荣答：只有六年。虽然在社会上兽医不太被看好，但是在农村，老百姓还是喜欢的。家家户户，谁家没个猪牛鸡狗的。

我说：哦，那种不认同，不看好是偏见。历史上有记录，中国兽医的鼻祖马师皇与黄帝、岐伯，同为“三皇名医”“圣贤名医”啊。还传言，他给龙治过病。就是，龙虎的龙。

刘登荣笑道：我可没那么大本事。兽医就是一个小职业，拿到你们北京城，估计很少有人干。

我说：不说北京说英国。英国有一个女孩子智商极高，达到162。不仅超过爱因斯坦和霍金，还超过了比尔·盖茨。就是这么个天才，她就想当一名兽医。

刘登荣问：老师开玩笑呢，她叫什么名字？

我答：维多利亚·考伊。老早就有报道，现在应该是个大姑娘了。她不可能食言，估计现在正在读大学，但未来一定是个好兽医。

不仅仅如此，还有一个叫吉米·哈利的苏格兰人，他的兽医文学多部自传体小说曾相继荣登《纽约时报》畅销书榜首，后来还被BBC拍成电影和系列热门电视剧。1979年获得大英帝国勋章，连伊丽莎白女王都接见过他。他不仅由皇兽医学院吸纳为特别会员，还在1983年获颁利物浦大学荣誉兽医博士。这位博士兽医的畅销书，给他带来了非凡的荣誉和财富。但是吉米·哈利依然心静如水，一直在乡间从事兽医工作。他做兽医工作可够长的，五十多年。这差不多，就是一辈子啦。

刘登荣这个汉子大笑起来：我不用惭愧，我的智商估计到不了100。所以只干了六年，就改行了。

我说：不仅改行了，而且改得相去甚远。现在你是木者村，党总支书记。

刘登荣答：是的，是的。

从村委会出来没几步，就到了刘登荣的家。院子挺豁朗，我被安排在东屋住下。院门西开，南墙上爬满了瓜秧子。墙外是一条小路，路下道边绿葱葱的大叶子植物，很像芋头。再往南，一直到山脚下，都是马上要成熟的苞谷。

皮肤黑红的汉子刘登荣，1964年8月9日出生在木者。家里有六口人，在他读初三那年老母亲生病，被喊回家来，照顾小妮和家里牲口。他说，读书的好日子，就此结束。一个孩子，就此成人。因了家庭，因了责任。男人出生一落地，就意味着付出。即便如此，优异的初中文化水平，在村里也算是知识分子了。这位大个子帅哥一回来，就被兽医站站长看上，马上找到刘登荣问他咯想当兽医。刘登荣家当时的情况，一是姊妹多，有个工作能解决点生活困难，那是求之不得的；二是对兽医，他感到很是稀奇有意思；三是说不定干着干着还能成为干部。他就答应了。答应了，先去县上培训了3个月。1982年7月，就在木者村委会当上了兽医。

木者有33个村民小组619户人家，114户建档立卡贫困户398人。刘登荣熟悉每家每户，像熟悉自己家一样。这全仰仗他当兽医的那几年，村村寨寨、家家户户都去过。打猪针、牛针，哪家牛厩盖在哪，猪厩门朝哪个方向，他都认得。这个兽医，从1982年干到1988年。

我问：这一年你有什么记忆深刻的事情？

刘登荣说：我记得最清楚的是中央军委授予某团四连“老山作战坚守英雄连”荣誉称号、某炮兵团五连“老山作战神炮连”等等。其中还授予某团战士向小平“战斗英雄”荣誉称号。那是个神枪手，有“老山第一杀手”的外号。85式军装，侧着脸，右手一把狙击步枪，特精神。我们都听说过他的故事，传得特别神奇，后来他还被评为全国“十佳”青年，他比我还小两岁，1966年出生的，四川的。这个不得多说，老师1988年在干什么？你印象最深的是什么？

如此反问我的采访对象，还是第一次碰到。我说：这年我在北京的一个文化馆，做文学辅导工作。这年印象最深的是，离我六七千公里的亚速海，冒出一座火山岛。深夜，海畔的比茨卡娅村居民，被海中的隆隆声惊醒。只见离岸300米的海里，烟气滚滚，热浪逼人。一个外形如潜水艇的火山岛，慢慢地钻进海面。

这年还听说，山西一个煤矿，挖出了一架UFO——金属舱体，居然毫无锈迹。

刘登荣说：是挺神奇的，但我更关心的是温饱。这一年全球性的气候异常。我们国家水大。水大，我们这不怕，石漠化典型的喀斯特地貌，多少水都会从地下岩洞流走。听说全国农田洪涝受灾面积1.7亿亩，其中成灾面积7795万亩。粮食肯定会歉收，十几亿人啊。我那时想粮食，想得最多。

刘登荣改行当书记，也是一步步走的。也就是1988那年，木者村文书王德卫，调到镇政府上班。乡党组织和木者老支书，不管是家里还是路上或者办公室，找了刘登荣五次要他接替。开初他真不愿意干，当个兽医与世无争多滋润。可他后来一想，自己是党员，党员要有党性，要服从领导安排，就同意了。

刘登荣说，我就是这个命。就是要全心全意为党为老百姓工作。

刘登荣当了文书的第二年3月份，木者村的支书韦树发，又被调到乡政府工作。组织上一找他谈话，这回他没有二话，就上任了村委会支书。一直当到今天，有30来年了。

刘登荣说，当了几年兽医跑下来，不仅熟悉了家家户户，也弄清楚了山间沟壑的犄角旮旯。木者就是山大石头多，出门就爬坡；种地不用锄头锄，玉米栽在石窝窝。

群众的住房相当差，全村几百家屋子都是土基（泥巴）房。电不通、路不通、水不通，还经常饿肚子。我自己小时候就吃菜菜饭（野菜拌玉米面）、吃白沙药拌饭（白薯拌玉米面），吃怕掉。现在一说吃白沙药，就摇头。阿（那）个时候来当支书，压力很大呦。

以前80年代，老百姓很苦，穿是穿不好、吃是吃不饱。都腊月三十了，还拿口袋客（去）邻村借粮。借的口粮，等二年收了粮，拿去还人家。那些富裕点的村寨，给我们的绰号叫“口袋队”。这个绰号很刺激我，弄得我好些日子睡不好觉。对木者的老百姓，影响也老实的大。木者村是穷，三十多岁、四十多岁，都问不着个媳妇。去长箐那里问媳妇，人家说：“你们木者是口袋队，穷，不嫁。”去老屋地那里问媳妇，还被编排：“口袋队，口袋队，没得吃来，没得睡。媳妇就在西畴城，背着口袋快去追。”

这么搞来搞去，人心都慌的没了底气。有些人家，就大老远的搬到砚山县岔路口客（去）住。后头，还被人家撵了回来过。还有王林芳，跟一些家户要搬客（去）红河、西双版纳住。一家还斗（出）20块钱，四处客（去）联系。地点找到了，但人家不要。阿正（当时）木者村小组的村长王应章，就在群众会上说：“咯看见了，搬酿（哪样）家呦。搬客（去）人家都不要，还不是要搬回来，羞死人啦。搬家不如搬石头，我们把地里的石头炸了搬出去，地就有了嘛。就不相信啦，我们有的是力气，还会饿肚子？”

就这样，青壮年村民召集到一起。在村小组长的带领下，把摸石谷整理出100多亩土地。种出来的粮食，产量很高。

政府了解到这个情况后，认为是个解决西畴石漠化的好办法。在1990年，县委政府出台了个政策——6421工程。也就是“三保台地”（保水、保肥、保土）。山改地一亩三保台地补60元；坡改地一亩补40元；地改田一亩补20元；田改良一亩补10元。

正是青黄不接，大家都吃不饱的当口，听说有这个政策，各个跃跃欲试。刘登荣抓住这个好时机，他与副乡长王廷卫、村委会主任赵文和。带领全村300多名群众，在满目苍凉、乱石丛生的“摸石谷”山地里，点燃了炸石造地的第一炮。

开山凿石，炸炮太普通了。刘登荣他们也没想太多。当然他们那时更不会想到，这一炮会在西畴县的历史上大放光彩，更会在脱贫攻坚的战场上，振奋鼓舞着参与决战的人们。

当然，这一炮，也拉开了西畴人民向石旮旯要地、向石旮旯要粮的序幕。西畴人民永远记住了这个日子，中国脱贫攻坚的历史上，也一定镌刻下了这个日子：1990年12月3日。

说起那些日子，刘登荣一个劲儿地摇头。他心里清楚，老百姓没白天没黑夜地干，是因为大伙儿都憋着一股子气。我们要吃粮，我们要有粮。我们不能过被人奚落的生活，我们要把我们的口袋装满。

就这样，木者的老百姓用炸药炸、铁锤砸、炮杆撬、錾子凿，硬生生在乱石堆里炸石造地。

105天啊，一口干粮一口凉水。

105天啊，没有节日没有假日。

105天啊，汗流浃背手掌磨破。

（是的，我专程拜望了那里。在核桃树荫下，听到过青纱帐在微风中茁壮的细语。）

经过105天和数百人的艰苦奋战，昔日人见人怕、鬼见鬼愁的摸石谷山梁上，奇迹般地幻化出了一道道整齐划一的石头地埂。出现了660多亩，平平整整一片连着一片的“三保”（保土、保水、保肥）台地。

没错，这不仅对木者，对蚌谷，就是对整个西畴县来说，也是一个划时代的创举。

村民们在自己血汗建成的台地上，用良种良法种植杂交玉米。第一年就达到了亩产400多公斤，这是木者村以前土地产量的4倍。660亩乘以400公斤，264吨啊。虽然老话说得好，有付出就会有收获，但大家还是没有如此丰收的思想准备。一时间，整个村庄沉浸在没地方储存粮食的喜悦中。

就这样，木者村一举甩掉了拎着口袋四处借粮的“口袋村”帽子，从借粮村变成了卖粮村。

万物有理，四时有序，百草繁茂，天地成明。“西畴精神”从此传播开来。旌旗猎猎，展招八面来风。猎猎旌旗，回归绿水青山。

那天晚饭后，我和刘登荣出去散步。一同的还有蚌谷乡人大主席、蚌谷乡脱贫攻坚常务副指挥长张廷泽，以及县委宣传部长姜昌奎、县文联主席李彬、县文联副主席张宪富和州文联的钟红斌老师。

夕阳西下余晖铺展的水泥路上，微风习习。走到村子南口时，看到一棵几十米高的枯树。奇形怪状的枝杈，在朦胧大山的衬托下，别有一番情趣。张廷泽和李彬拍了照片，很有些意境。张宪富还作了一首小诗。

那棵树
枯干了五十年
骄傲的身影
却还活在当前
依然站在路旁
依然高昂着庄严
倔强的枝丫舒展
撑起，一片永远
一片永远
永远蔚蓝的天

回到刘登荣的家，我想再聊聊“三保台地”的105天。讲一讲麻栗坡支前的经历。他很痛快地开讲了。

开始全面实施“三保台地”整治，这对我们是利好消息。全村老老小小、男男女女全上阵。老的老到78岁，小的小到五六岁。经过一个冬春，到了新历的4月份，摸石谷一片660亩台地整好，就种上苞谷。那年，又刚好碰上农业部门引进杂交苞谷，推广卖给老百姓。老百姓不要，没得人买。他们就联系我说：“这里有一批玉米种和薄膜，不要钱了，你们给要？”人家都说不要钱了，我就要了嘛。后头又问了栽的技术，就是“一垄双行”（玉米种植）。阿（那）年，粮食产量就相当呢好。粮食成三四倍的翻，有几家的楼杆（楼楞）直接被压垮掉。吃不掉，我就动员老百姓剥了晒干拿出去卖。卖得多了，就把以前的“口袋队”扳转过来，变成“卖粮队”。大家吃得饱了，有余粮了。三四十岁的大伙子，也讨得媳妇了。日子就逐步逐步地富起来了嘛！

“三保台地”整起来，地就多了。饭也吃饱有力气了，我又发动大家栽烤烟。记得从1992年2月份开始做群众工作，大家虽然不有栽过，但积极性都较高。基本上每家都分出一些地来，栽烤烟。不过，刚到6月份，就接到乡政府命令：木者村委会抽调24名青壮年组成民兵排，前往麻栗坡支前修路。

接着命令后，村委会马上开会商量。按照政府要求，找有思想有纪律又有点技术的23个年轻人。加上我一共24人，在阿（那）年的8月1日出发，到12月底，在麻栗坡县船头（地名，现天宝口岸）的东山支前。

去了后才知道，东山一直都是我们国家的。从70年代后期开始，越南就派兵悄悄地占领了东山。1984年打老山时候，东山作为重要阵地被我们国家收回。他们就不止10次来争夺，但都没得逞。

东山也有人说是80年代的上甘岭。地势险要，吃水老实困难。当时，木者村我带去的一个排23人。人去后被安排在不同班组，我的具体工作是在连部后勤当司务长。还发给我一只“五四四”手枪。掂在手里也就一斤来重。有效射程，五十来米，弹匣能装8发子弹。

其他民兵发的是冲锋枪，但一个班只有两三只。我们民兵主要是跟工兵一起修路，哪点路塌方烂掉，我们就去哪里修。修路远的时候，中午间，我就得带着炊事班送饭过去。有时候，还必须得一步一个脚印，跟着踩着雷区边沿走过去，相当危险。

在连部当司务长时，主要任务就是做好一个连的后勤保障工作。

两三天就要下一次船头买菜，五天左右就要去县上一转买物资。虽然有点累，但我是农民出身不怕。人一到那种地方，全身都是紧绷的。工作起来一点不敢马大哈，认认真真、仔仔细细的。开支消耗，一笔一笔的账目，必须清清楚楚。买回来的东西是齐齐整整的有归置处，从来没有打失（丢失）过。另外，就是做我带去人的思想工作。

1992年的边境上，已经不打炮、不打枪了。但我还是小心谨慎地嘱咐大家不有打战，我们自己要一百倍地打起精神。地雷太多了，炸伤、炸残掉的很不少。有一个这样的，我可太对不起他们的家人父母啦。东山打了几年的战，到处是地雷。就连当地的老百姓，老实熟悉路况地形啦，都给地雷炸伤、炸残好几个。连上要求我带客（去）的80多个人，就要一个不少全部带回来，连队管理也老实的严。我就每个月抽时间，找哈（一下）我带客（去）的人。闲聊哈（一下）、提醒哈（一下），看哈（一下）有酿（哪样）想法啊。跟他们把思想稳定好。最后，跟我客的23人，全部安全带回来。我还立了个“三等功”。

人家说党员要冲在前头嘛，我脑袋直，出了事就往前跑。现在我家两代人，有三个人支前当过民兵：一个是我老叔刘志刚，他是党员，1979年在河口县蚂蝗堡当支前民兵，也立了“三等功”；一个是我，在出去之前就是村支书，在麻栗坡县八里河东山支前当民兵。另一个是我二弟刘登明，他不是党员，1984年打老山时当支前民兵——不过他比我们要辛苦、要累、要危险得多，他是送弹药上阵地。虽然事情过去将（很）久啦，国家也没有忘记我们，每个月都给150块钱的补助。

转回来后，已是第二年，先前栽烤烟的基本都整得吃（有收益）。第二年不要我做工作了，栽烤烟的群众多啦。烤烟无论是长势还是炉烤，质量都很好，卖得好价钱。慢慢地，群众有钱了。木者好多人家就盖起了新房，把土基墙变成了砖墙。到这几年，木者

90%的房子都是砖墙了。只有少数几户，情况特殊，还住着土基墙的房子。

富起来后，我又发动群众拿炮杆、大锤，投工投劳修路。阿（那）个时候修一公里路，政府只补助1000块钱的炸药钱。其余不够的部分，由老百姓卖鸡、卖猪、卖牛，买炸药炸石头。一说斗钱买炸药，老百姓不知道哪来的精神，争先恐后。

通过10年的时间，我们把33个村民小组的土路修通。后头，又开始砍水泥地板（道路硬化），到2014年33个村民小组的路全部砍完（全部道路硬化）。

2003年，为了让老百姓用上电，我去电力公司承诺：只要电力公司能在一年内把电拉通，你们只消（要）派技术员进去木者就可以。吃住我们木者村群众负责，一定都照顾好。不管是挖坑、抬电杆、拉电线，群众无偿投工投劳。团结一心，成了我们木者的传统。人家电力单位也确实任劳任怨，当真是一年就通电，几百个群众家庭，家家户户点上了电灯。

现在，为了给老百姓跟建档立卡户尽快富起来，我们木者搞了几个产业。种植业这块，主要是栽核桃。全县最大的烤烟种植基地，在蚌谷有1万多亩。但木者不能盲目追随，因为种植烤烟时间一长，土地会反复使用。土壤的酸碱度及含盐量含氯量，都会有所变化，烤烟质量就差了。经过多方验证多方考察，还有多方取经。现在核桃种植有6000多亩，平均每户10亩以上。也栽了两三年啦，有一部分开始挂果。虽然还没有加工企业进来，但眼目前（近几年），都是老百姓自己采摘销售，市场价还可以。养殖业这块，木者成立了两个养殖专业合作社。其中一个叫“新天地”合作社，主要是养牛跟养猪，带头人是唐代超，现在我们已把他聘到村委会当综治专干。这个合作社高峰期有牛100多，猪400多头。不过就是销路不稳定，都是拉到市场上去卖。因为当下的市场疲软，他们还有牛60多头，猪100多头。

我们木者村委会为达到集体经济脱贫标准，也整合资金10万元放在里面，每年按照6%的比例分红。除此之外，还带动建档立卡的80多户。大家有些以土地入股，有些用牛入股，有些用资金入股分红。另外一个叫“红盈”专业合作社，主要是养殖乌骨鸡，带头人是以前的村委会马主任。后来，合作社发展壮大了，到2016年他就退出村委会，专门养鸡。规模达到5000多只，带动24户建档立卡户，每户入股小额信贷5000块钱，年底按照10%的比例分红。也就是入股的档立卡户每年有500块钱收入。村委会已整合资金6万块钱放进去，每年以7%的比例分红。

在两个合作社发展过程中，也发生一些矛盾。主要问题是，占地修路方面。有些老百姓想不通，你来发展生产，整酿（哪样）要占我的地。就像唐代超在拉路村小组养牛、养猪要挖路，就占着唐代松的土地。唐代松就认为唐代超养牛，是个人在做生意，就是不同意。后来，唐代超没得办法来找到我出面协调。我去找唐代松商量、说明情况，他就同意了。其实也没说什么，也没说太多。是人家给我面子，我心里清楚很是感激的。

目前，农村在发展过程中，出现许多土地纠纷、家庭纠纷和邻里纠纷。我这个电话是24小时开机，就连充电时都是开着的。有时晚上十一二点，有时凌晨二三点都会打来。电话能说通的就说，说不通的我第二天抽时间客（去）一转（趟），让问题不出村。昨天，一个种植大户打电话来说，他要挖一条机耕路到自家田里。会占着一家人的一点土地，他向老百姓商量，说给经济补偿。好说歹说，人家就是不同意。我接着电话就骑着摩托上客（去），在地里找着阿（那）户老百姓。没有问他补偿的事，而是说：“挖路是好事，百利而无一害。占点地算酿（哪样），以前不挖路吃饭都成问题。现在到处村村通路了，还吃都吃不完。挖国家一、二级公路是有补偿，这种机耕路是没有的。另外，挖这条路对你家也有好处，你们拉废料啊什么的，都方便”。发了根烟给他，刚咂了一口他就说：“嗯，算了算了，也不有占着多点地，补偿也不要了，刘支书你喊他们来挖就是了。”这个调解矛盾纠纷，其实有的时候，说的道理都一样，就看说话的是哪个人。不过，有的矛盾纠纷就得讲究方法了。像去年鹿野村两户人家的矛盾，都闹到乡司法所上了。司法所的下来调解，调解不了。阿（那）久（时节），我有点事忙不赢，就让主任跟着客（去）。主任新上任不久，不是很熟悉。做工作协调了，也是协调不下来。前前后后做了很多工作，都没效果。后来，干部们都不愿再客（去）了。我把自己的工作放下，喊着司法所人员上客（去）。人熟嘛，人家见我就喊留下来吃饭。司法所干部跟我说：“事情还不有解决，吃饭怕两家人会有误会，更加不好做工作。”我说：“饭可以吃。我们只有坐得下来，才好交流。人家都在杀鸡了，这是老百姓相信你。你不吃一走，就伤着老百姓。这个事，可能就真的解决不了了。你们要回去，你们去，我要在这吃饭。”后边，就边吃饭边听这家人的想法。我呢，边喝酒边做他们的思想工作。吃完饭，又把另外一家喊来，听他的说法。我坐在中间清楚来龙去脉后，一碗水端平，直接指明那个对的是对在哪，那个错的是错在哪，哪些又是因为酿（哪样）造成误会。最后达成一致意见，我立马写了份协议。双方马上签字按手印，事情就解决了。如果阿（那）哈我不吃饭就走，人家就会觉得我对他有意见，不给面子。矛盾，会闹得越发大。相反吃了饭，你还能不偏背那边、公正处理问题，他们会更加相信你。所以吃饭不要当原则问题看，具体问题具体分析，具体处理。

这么多年，老百姓很听我的。主要的原因是有感情，次要原因是我方方面面做人正直。感情，就是当兽医尼（的）6年，家家户户都去过。哪家猪啊牛啊一病，不管多忙，也不分白天和半夜，立马就去，一小针就打好了。因为诊费是畜牧站给的，每个月15块钱。到老百姓家打针，只收点药钱。药钱，给不给都行。有钱就给，没有就不用给。有时候这个给药钱，那个给药钱，我自己也记不住了。

那点钱不在意，也不影响我的生活。老百姓很认可也很感谢我。经常就整饭吃，还去鸡窝里翻“里窝蛋”（留在鸡窝里诱导母鸡下蛋的蛋）给吃。感情出来了，就越发相信我。像修路，我们在一起闲聊的时候，我说：“现在肚子是吃饱了，不过路还是坑坑洼洼的小毛路，咋办？”群众直接说：“只要你号召，我们就修。”当时，去喊公交局的，他们也忙不赢。我就站在较远的高处目测，那几个人站在修路段。看着可以了就大声喊：“可以了，打点（用油漆做记号）。”然后再顺着挖路的方向走，看着可以了，又打点。最后目测这些点的坡度和弯度，觉得车能上得去了，就确定了。阿（那）几年，木者80%的路都是我目测后挖的。挖的土路都是路面5米宽，侧沟50厘米宽。

话说回来，当年我改行当了文书。兽医不能没有人，就选本村的赵选福去培训来接。人家嫌工资低，没多久就不干了。到现在兽医换了三四个人，总确定不下来。老师要是能多住几天，把给我举的例子给他们说说。说不定，就有人愿意干兽医了。不过，我也有点不像话，“霸占”着支书30多年——哈哈哈。

老百姓说我是有人教，要不然不会做得那么好。说是我爷教我的。我当文书、支书，好多本事都是我家爷交给的。我爷也是老会计、老文书。做事要讲先后，要有秩序；哪个表先填，那个事可以拖拖再处理；心要正直，态度要和蔼；不急不躁，按部就班：都是他教的。算账时，我们用算盘还比不上他“兜肚账”（心算）。数字一念完，我们才算到一半，他就直接告诉你结果了。我爷爷是个很神气的人。

我个人问题到不有费酿（哪样）力，媳妇叫常桂友，是小学同学。小学五年级毕业的时候，几个男女同学来家里玩。她也在，老人见了觉得这个小姑娘可以嘛！就问了认得是上边村寨的。后头，我去读初中，她没考取。老人就请媒人去说亲，老丈人同意后交了40块的订婚钱，又给媒人两三包饼干就打发（酬谢）了。40块钱一拴她就拴了五六年，呵呵。阿正，订婚后，女的出去不准跟其他男的说话。男的出去，不能跟其他女的讲话。不然，老人一认得，就要着收拾（责罚）。平时，赶街见着，都会别着虚偏虚偏走开。过节时，老人逼着，才拿点糖啊、酒啊去到她家中。一般情况是东西一放撒腿就跑。过年时，还会拿几把面条去。阿哈，吃饭都吃不饱，面条是有客人来了，才煮了当菜捻。哪像现在，一簸头一簸头抬着吃。谈婚论嫁还有个讲究，就是不兴拿鸡蛋去送人，也不兴拿鸡蛋做菜吃。原因是：大家都是农村人，哪家都有点鸡蛋；另外，就是送鸡蛋、吃鸡蛋有“淡了”“完蛋”的意思。后头，我没读书回来当兽医，4年了才结婚（1986年）。当了支书，有时候根本顾不着家里。她也闹过意见，不过见不得作用，就不闹了。

家里以前也有点穷，房子都是泥巴墙。1999年雨水大，垮了一堵。我就找信用社，贷了5000块钱。1角8分钱一匹尼（的）砖，拉了2万多。又买点水泥，一次性就盖了砖木结构房子4格（间）。前头撒檐口（房檐）是浇灌（水泥），好晒谷子（水稻）、玉米。正堂屋是踩楼板（木板），楼上就堆放点粮食。后边也栽烤烟、养点牛、养点猪。还贷款，供几个小娃读书。现在，他们三个都结婚了：大女儿，嫁在砚山阿舍那边；二女儿在这点乡上中学当英语老师，已嫁在乡上；儿子、儿媳妇在文山打工，基本不要我们两老操些酿（哪样）心。

我年纪大了，总把着支书位置也不像话。等木者村脱贫退出后，就打算退下来。给人家年轻人腾个位置，木者以后要的是朝气蓬勃。

刘登荣已经过了知天命的年龄。脑瓜清醒，做事稳当，内心清白。这样的性格，承载着他一日复一日地辛劳和苦干；承载着他安安静静、平平和和地过日子。

当年18岁的后生，青春韶华。憧憬未来，落英缤纷，踌躇满志。一晃36年，一个汉子就这么默默沉静地工作着。也许是爷爷的遗传基因，刘登荣做事那个认真，处理问题那个细致。俗话讲，事无巨细，人有得失。这不脊椎、腰椎疾病，高血压、痛风，全找他来了。身体开始虚胖，血压一再升高。用他的话说，血压高也高不了哪去，也就是210。好家伙，他还想高到哪去？在木者的山路上，他骑着一辆三轮车，辗轧了六年的光景。文书，原意就是公文。而做文书工作，那要复杂多了：印章、介绍信、证明、户口的管理，及时、准确、完整地填报有关各类统计、调查表格，还要及时收缴应收款、结清暂领款并对收不起、结不清的问题及时向村领导反映和做好参谋。

做到木者村党总支书记的时候，那就宏观地把控，一丝不苟抓好工作中的每一个环节。不仅要组织发动党员和群众，结合木者的具体情况，正确贯彻执行党的路线、方针、政策和上级党组织的决议、指示，认真完成上级党委和支部大会提出的各项任务；还要召集和组织委员会委员讨论制定木者的经济和社会发展计划，安排好村民的生产和解决生产中的难题，帮困扶贫、带领本村的村民走共同富裕的道路。

支部书记的工作量大，但薪水却是微薄的。舍小家顾大家，时刻心系群众安危冷暖。刘登荣不完全同意，他认为小家也是要照顾的。小家，是大家的基本单位。顾头不顾腚，说明你的能力和精力有限。后院若是起火了，一定会殃及前院。作为党总支书记，在生活和工作中，没有一个平和安静的情绪，难以想象他会把大家的事情管理好；也无法实实在在，为老百姓服务。务实和担当很好书写，一点儿都不生僻。要刻在脑子里，落实在肢体上。

刘登荣当年领着乡亲们，点燃炸石造地的第一炮那天，心里就越发地清楚了：这块土地将成为他心中的田畴，而他自己的生命，也会被这块土地牢牢地拴住。

当然，刘登荣更加明白，在脱贫攻坚的战场上，还有木者全体的乡亲。你对他们怀有深情，他们对你一定回报以厚爱。

白驹过隙，刘登荣还是那个刘登荣。时光荏苒，刘登荣不再是那个刘登荣。现在的他，有点大腹便便喽。并且公平的岁月，在他的头顶留下昼夜的黑白。“我从未想过要离开村委会，只要群众需要，我都会一直在村委会干下去，直到干不动为止。”刘登荣的笑，很是灿烂。但说到无怨无悔。他讲道：“几十年就这么过下来，没想过这个词。没怨过什么，更没悔过什么。”

对呢。大山怨过什么？摸石谷怨过什么？这片土地怨过什么？

山大石头多，喝水靠马驮。

寻常路难见，满目是陡坡。

木者村是很典型的贫困山区。突兀嶙峋的石头，漫山遍野。90%以上的土地，处于石漠化状态。缺少植被，不能涵养水源。眼睁睁看着天霖降落的轨迹，无可奈何花落去水无踪。老百姓的日子苦啊，“食不果腹，房不遮雨”。“能吃上一顿饱饭，住上一间不漏雨的房子”，是家家户户木者人的梦想。

面对如九万大山沉重的贫困，刘登荣坚定地说：苦日子不能再这样熬下去啦，穷山村必须换上新衣装。穷则思变才有出路，苦干实干方有希望。于是，他带领木者村群众，向石漠宣战，向大山进发，与贫困抗争。

从“口袋队”到“卖粮队”，刘登荣带领木者人民打了一个翻身仗。如何让全村群众摘掉贫困的枷锁，过上富裕的生活。是刘登荣想得最多的事情。

要致富，先修路，这是大家公认的道理。说起来容易，做起来难。为了修通木者村的进村路，刘登荣数次向上级领导汇报木者的交通状况，陈述交通对木者未来的发展之重要。最终得到了乡领导的支持，拿到了项目。那真是，历练筋骨，公路修通。人心畅快，木者圆梦。生活甜美，日子安宁。

假如刘登荣是个原点，木者就是全方位的辐射。哪里有需要，哪里就有刘登荣的身影。

修路是梦想，但修起路来也是相当折磨人的。群众的话：“为了修路，刘支书付出的太多太多了。”

修一般的乡村公路的步骤简单。

第一步，要先把公路的宽度量出来，在宽度之内的树木要砍掉。

第二步，请挖掘机，挖出路基。

第三步，用压路机把路面压平。

第四步，铺石头，打混凝土。

好了，一条乡村公路就这样完成了。从此不再在泥巴兮兮上跋踩啦。

木者的地质，决定了修路的艰难。刘登荣协调了炸药，还得提心吊胆着安全。那边找到凿岩机，这边就赶紧约请挖掘机。石子沙子钢钎大锤，铁锹铁镐水泥搅拌。最难得是人与人的矛盾，外来的火气大。摔咧子不干，一扔下就是几天。还要解决修路中遇到的纠纷，还要承受一部分群众的冷言冷语。

刘登荣泰然处之，不退不缩，不畏惧。只要能把路修通，吃累，受苦，咽委屈，权当一阵风吹过。付出终有回报，刘登荣得到了群众的一致好评。

如今，木者村33个村小组全部修通了进村公路。通过集资、投工投劳，全村道路实现了全硬化的目标。一条水泥路，结束了一段历史。彻底解决了木者的群众，出行的老大难问题。

以往在木者，或说在整个西畴素有"冬春见水贵如油，夏秋见水遍地流"一说。这是由于地表水难以积蓄，地下水难以开发。加之水资源分布不均匀等复杂的地理水文因素，缺水问题向来比较突出。老百姓的生产生活用水，全靠降雨。人背马驮吃远水，在这里延续了一年又一年，煎熬了一代又一代。

困难缺水，找刘登荣。其实他早已运筹帷幄，胸有成竹。他带领木者人，在县、乡党委政府的支持下。把治水改水作为群众最关心、最直接、最现实的惠民工程来抓。不让乡亲们喝上放心水，绝不罢休。建小水窖、小水池。布置管道，牵引到每家每户。一个战役下来，就基本解决了木者群众的饮水困难。木者长期缺水的历史结束啦，从此在这个山旮旯，诞生了一个水灵灵的新农村。

全面开展脱贫攻坚工作以来，刘登荣就更忙了。入户调查，谈心交流。整理档案，早出晚归。为方便自己走村入户，刘登荣在2011年买了一辆三轮车，4年间行驶了8万公里。8万公里，相当于绕地球两圈啊。由于车修了好多次，最后坏了实在无法修好，2015年刘登荣又买了一辆新的三轮车。乡村道路的崎岖不平，让这辆新车，也在骑了两年后，把路码表颠坏了。他轻声细语，说着慷慨激昂的话："过去的就不用记录啦，我的面前只有新的征程。"

那些年，刘登荣在山路上骑着三轮车的形象，成了一个符号，一道风景，一个令人难以忘怀的身影。

面对脱贫攻坚的决战时刻，刘登荣有了紧迫感。日出日落，雨雪纷飞。恶劣的天气，也阻挠不了他奔走在第一线的脚步。他说："只要能把脱贫工作做好，车坏了是小事。骑不了，走路我们也要干。"

都说身体是革命的本钱，可工作起来，刘登荣已经忘记了身心的疲惫。他展示一下健壮的身材说：光有本钱不革命也不行，能把工作做好了赔进老本也值得。其实刘登荣是个纸老虎，外强中干。这个成语出自先秦左丘明的《左传·僖公十五年》："外强中干，进退不可，周旋不能。"在日复一日、年复一年的繁忙工作中，刘登荣早已患上了脊椎、腰椎疾病和高血压、痛风，但他居然还是忘我工作，不计后果。在2017年8月的动态管理工作中，刘登荣连续作战，直到腰椎疼痛无法忍受被送进医院，才发现病情严重。此时，动态管理工作正进入关键阶段，刘登荣健壮的身体骗过了家人。他的肚子里装的都是村里的工作进展情况。他不顾家人反对，提前出院，回到村里继续工作。外强中干的人，是"周旋不能"的。在2018年的"两会"期间，正忙于工作中的刘登荣痛风发作，伴随血压增高。高压高到了210，在医院住了4天，刘登荣又出院了。他说："现在身体还扛得住，就想为村民多办点儿实事。现在最大的愿望，就是希望全村人民群众，都能早日过上幸福美满的生活。"

刘登荣的家距离村委会仅200米左右，可就是这么近的距离，家人们也很难看到他的身影。这时候，他的有关“小家”与“大家”的道理就不说了。因为忙于工作，他很少回家吃饭。多数时间都是深夜进门，倒在床上就睡着了。“因为我离家近，回家方便，加之事情多，晚一点回家也没什么。”刘登荣有理有据，铁嘴钢牙。但声音很细，像是从抿着嘴缝里出来的。这人也真是，从来就没见过他大呼小叫过。

在有关木者村以前的文汇记录中，木者村委会从来没有集体经济这个项目。在刘登荣的努力下，村委会将6万元入股蚌谷乡鸿盈养殖专业合作社，每年可分红4200元；将10万元入股蚌谷乡新天地专业合作社，每年可分红6000元；入股10万元蚌谷农村信用联社，每年可分红1万元。上述款项合计，每年可得红利22000元，极大地解决了村集体经济不足的问题。

脱贫攻坚任重道远，辛勤付出终有回报。在精准扶贫工作中，刘登荣紧紧围绕“两不愁、三保障”目标，按照“五个一批”要求和“十条脱贫路径”模式扎实抓好脱贫工作，让每一个建档立卡户达到退得出、稳得住、能致富的目标。

经过脱贫攻坚动态管理工作，木者村2017年脱贫退出79户。剩下的70户，在2018年将全部脱贫退出。

我合上资料汇编，蓦然想起屹立在村南口山坡上，那棵高大挺拔的枯树。那就再次以宪富的那首小诗，作为本文的结束：

那棵树
枯干了五十年
骄傲的身影
却还活在当前
依然站在路旁
依然高昂着庄严

倔强的枝丫舒展
撑起，一片永远
一片永远
永远蔚蓝的天

坐标Ⅱ

北纬27° 38′ 51.42″
东经103° 46′ 25.20″
昭通市大关县上高桥乡团结村

穷，就是一件破衣服

一

的确，经纬是秩序是条理，也是线索。但有的时候线索出现，我却浑然不知。

2018年6月27号下午，我在北京首都机场候机，等待飞往云南昭通的班机。如常，一切顺利。

6月30日上午，按照约定我要去昭通大关县上高桥乡团结村，大关县琪鑫公司，采访创业扶贫致富带头人丁琪。

在县城的宾馆门口，我上了丁琪驾驶的车子。关上车门的瞬间，我已经把他打量清楚。一米八几的大个头，五官端正，面色白皙——喔嗬，典型的老帅哥的形象。当我收回目光的时候才意识到，他只管开车，根本没正脸看我一眼。

车子开动，离开繁华热闹的城区。这其间最起码过去了十分钟。十分钟没说话。也许行人太多，为了安全起见。

我有点经验，对这种矜持者，最好的应付，就是我也别言声。我这么想着，他却突然说："我见过您。"

“喔，在哪？”

“北京首都机场。”

“一个班机？”

“是的。您的长发飘飘，白发熠熠。我印象很深。并且在飞机上，您是34排，我是38排。”

“原来如此。这么说我们还是挺有机缘的？！”

“我信缘分，信命运。”

话匣子打开了。

丁琪，回族，49岁。小时候家里很穷，兄弟姐妹九个，他顺排在老七，还有两个妹妹。爷爷当年在昭通军队里当副官的时候，家里生活尚可。爸爸喜欢把小丁琪架在脖子上，走来走去，甚至去串门也如是。爷爷在镜框里，看着父子俩的身影，笑着捋着胡子。全然没了军官的威风。爷爷威武，爷爷穿军装的样子更加威武。爷爷去世后，军装挂在衣帽间，谁人绝对不可以触碰的，唯有小丁琪可以。有时爸爸还把爷爷的大壳帽，戴在他的头上。那是一段，无忧无虑幸福的日子。

随着爷爷的去世，日子越来越艰难了。

丁琪在小学三年级辍学。从9岁到12岁，在小煤窑背煤。

《古兰经》规定：女孩九岁、男孩十二岁为“出幼”，即少年时期结束。

丁琪也的确没把自己当小孩看，干活背煤下的狠劲儿，一点儿不比别人差。和他搭伴的两人，一个叫丁友十三岁，另一个叫丁军十四岁。同出同进，仨人像被拴上了一样。

煤窑的巷子叫木坑道，百十米长的斜坡叫木巷子，两扇门大的出口叫木嘴子。明明是煤矿，为啥都叫木什么木什么？有人说煤炭就是木头的演变的，也有人说不是木头的木，是墓穴的墓。那出来进去的是人，还是鬼？

不管那些，反正能挣钱。让过穷日子的家人，有口热饭吃就行。

背煤的巷道高约一米，光线昏暗，有点阴森。一种来自地层深处的凉气渗入骨髓。三个“出幼”的孩子，头脚紧随。额角儿耷拉的矿灯，像幽灵的眼睛。依稀可辨的巷洞墙壁，突兀着龇牙咧嘴的怪石。窄憋的地方，只容下一个人通过。微弱的灯光，模糊了四肢爬动的伙伴。提示着后来者，加快速度。加快速度，不仅意味着更多的收入，还意味着甩掉黑暗和恐惧，抛去矿井深处的龌龊。真的，那里黑得让人看不透，黑得让人喘不过气。

一步步一爬爬，翘着腚撅着腰，挪移着这仅有的信念——期待回到家中遇见温暖的微笑，以及点亮火塘，操动兄弟姐妹的嬉笑打闹。这一刻，丁琪会心满意足地躲在屋角儿。肩背血肉模糊的疼痛，已经全部云散烟消。贫穷算什么，他坚信大人们常说的一句话，活着比什么都好。他甚至为此鞠躬黑黝黝的坑道，甘愿向它伸出双手乞讨。当平坦的大地托起他的双脚，也托起了一个十二岁少年的荣耀。

随便让躯干弯曲吧，每一节椎骨记录着一次次匍匐。匍匐的前方有一线光明，光明驮载一个孩童时代的结束。

背煤的日子，是煎熬的日子。鸡叫头遍，锤手——工头，起床张罗吃饭。所谓的饭，就是煮洋芋。丁琪个子大，饭后筐里还要装上十几个。仰望一下未落的晨星，小伙伴们相互撕拽着走进坑道，唯恐把自己丢失似的。

一两个小时，他们仨爬出一次。口干舌燥，放下簸箕灌一肚子凉水，马上下窑。第二次再出来，阳光遍地。丁军说，躺在煤堆上伸展伸展腰腿，看看蓝天吧。丁友瞧着丁琪，丁琪二话没说，拎着簸箕就走。二人快步跟上。丁琪心里说，没办法啊二位伙伴。家里生活实在太困难，粮食不够吃，妈妈几乎每天要去山上挖噶麻叶。苞谷和荞子面，只能掺一点。就这样，十几口人也顶多吃个半饱。

背煤的孩子，都是一丝不挂光着腚的。因为装煤的撮箕里渗出黑水，要流淌一道。出了木坑道口，最后的黑水要从脊背流到腚沟沟，再留到大腿和脚面。

锤手每天坐在一块磨盘大的煤矸石上，盯着一拨拨背煤人，然后在一个巴掌大的本本上做着记录。

满四撮箕，报酬一撮箕。一撮箕60斤，可卖一元二角，也可背回家中烧火做饭。

丁琪他们住的帐篷没有门窗，里边却宽阔得像个球场，20多人住着也不拥挤。角落里堆积着，撮箕铁锹钢钎大锤之类的杂物。中间一个偌大火塘，一抱粗的四条石围着砌起。四周睡着的人，脸黢黑，龇着白牙。夜里，丁琪经常在噩梦中惊醒。往往会瞪着眼睛，一瞪瞪到天明。

第二天上工之前，工头拿来个课本大的小镜子，照着丁琪的脸。原来自己也是黑鬼一样的面孔。从此，丁琪再也不做噩梦了。

煤矿的工头，叫锤手，谁也不知道他的大名。约莫五十岁，常常穿着一件褪色发白的帆布雨衣。热了一脱，光着大膀子，只剩一条脚腕有松紧口的黑色灯笼裤。是个北方人，在七台河子煤矿干过20年。因为经验丰富，很多人都叫他煤哥。煤哥有三个要好的小兄弟，一个是“瘦猴儿”，管木坑道以及尽底下的掌子面；一个是“结巴蝌子”，负责吃喝拉撒睡；再就是“一边长”，提拉着算盘专职收钱卖煤。前两位的名字一听就明白，糊涂的是“一边长”咋回事？实际指他的腿一长一短。瘸子不叫瘸子，真是高人。他们四个有一个共同之处，都是秃头。再一个特点，除了锤手是个疙疙瘩瘩的脸皮之外，那三位虽然外号不雅，但个个眉清目秀。至于三人的名姓，谁都不晓得。但有一点得说明：他们的外号，只有锤手呼来叫去。

矿上有个规定，不许赌博。晚饭后的空闲，就归了锤手。他有一个嗜好，借着火塘的火光，两个大眼珠子凸起。摆起龙门阵，跟大关的唱花灯似的热闹。《杨家将》《水浒传》，摆了一遍又一遍，乐在其中。

丁琪喜欢忠诚卫国的《杨家将》，尤其讲到昭通府兄妹重逢，他会从黑兮兮的地铺上爬起来，蜷缩在锤手身边。

锤手胡噜胡噜丁琪的脑瓢儿，嘶哑的嗓子继续：

“杨景定定神，往前一看：山上的楼台亭棚，堆金抹粉、画阁雕梁。房屋建筑，全是滚龙脊、透瓦沟、望天吼、朝天兽、琉璃瓦铺顶，周围相衬着绿水青山、苍松翠柏，真如同到了仙境一般。”

火塘边的听众，一味地毫无表情。只有一双白沙沙的眼珠，翻动来翻动去。

屋里的空气，凝重安静。大铺边上的“瘦猴儿”，靠着被子，喷吐着旱烟。自制的喇叭形卷烟，在他的两手指间，忽明忽暗。他说，大哥，别光哄孩子，来一个黄故事吧。听着来劲儿，睡着了也美。

那就睡吧，都睡吧。锤手挥着手。孩子们打着哈欠，一个个回到自己铺位躺倒。

锤手把火塘的柴火扒拉散，也就地歪倒身子。

瘦猴儿催促，讲啊，大哥。

小崽子们还没睡着呢？

瘦猴儿再催，都打呼噜了。讲吧，大哥。讲一个。

讲完就睡？

讲完就睡。

好吧，我讲一个七台河流传最广的“黄色”笑话：一个未婚姑娘坚决不嫁“煤黑子”，理由是怕婚后尿黑尿。

这哪是黄色笑话，明明是黑色幽默。算了，睡觉睡觉。

煤矿背煤的生活虽然辛苦，但人际关系都很协调。像丁琪老家的邻里，苗族、彝族、回族、汉族，几个民族和睦相处。他的一个妹妹，就嫁给村里的苗族人家。

二

男孩长大的界定，是他身边多了女孩子。

一个小姑娘喜欢丁琪，每次见面送个苹果就走。分别找了他四次。苹果上有字。

一个上写着：甜吗？

一个上写着：我喜欢你。

一个上写着：我想去你家中看看。

最后一个苹果，是姑娘从丁琪家走后留下的。上面写着：你家门外的地，泡溲得很。

那天，丁琪领着姑娘已经进了村。已经能看到自家茅草房子那扇依里歪斜的老木门，他开始犹豫了。犹豫，是脚下的这段路太糟糕了。糟糕得稀泥烂膏，都没过姑娘的脚腕子了。

姑娘却一直在微笑。

丁琪搬过条凳，让姑娘坐在火塘边。

“你也坐。”

“我不坐。”

丁琪手脚慌张地架上大铁锅，蹲在火塘边，烧起开水。

水开了，给姑娘下了一碗挂面。碗里，点了家中最后的两滴香油。油花中，两根绿菜叶间，漂着一个白中有黄、黄外蛋清的荷包蛋。丁琪很得意，继续蹲着等人家姑娘吃面，或许还会得到夸奖点什么。这是他第二次煮挂面，竟然做得这么好。上一次是妈妈病了，煮好后只放了丁点儿咸盐，香油几滴，家中没有鸡蛋。

姑娘在一根根儿吃面条。吃一根儿，看一会儿丁琪。吃一根儿，看一会儿丁琪。

丁琪知道她在看自己，要是往常，他早把羞涩的头脸夹在裤裆里了。这次他没有，他不合时宜地想起了妈妈。

姑娘吃着。

丁琪想着。

屋里很静，塘火里炭灰的坍塌，都清晰可见。

突然，毫无预兆地，吊在火塘上的熏架垮下来。那是一年两年甚至十年，从没有动过的熏架。熏架的一角，正好砸在姑娘的身上。灰尘扬起，碗筷叮当。

后来，丁琪就收到了那只，最后的苹果。

姑娘真给面子。

要说丁琪还是人缘好，虽然再收不到苹果了，但机会和老天却给足了丁琪面子。

丁琪考取了阿文学校。那是在红河州建水县，一所专门教学阿拉伯语的学校。毕业以后，就可以有资质杀牛了。

宽厚豪爽的父亲，想让丁琪多读书，全力支持。

贤惠慈祥的母亲，有点舍不得。红河建水，在哪？太远了。谁也没去过。孩子没出过远门。吃喝怎么办啊？睡觉的地方有没有？几年才能回家啊？

丁琪在那里一读，就是四年半。

建水县在红河北岸。学校就在县政府所在地的临安镇培德村回龙社区。校门两侧，是粗大的黄柱子。环境很是干净整洁，村民的生活水平很高。校门外是水泥路。街上的秩序井井有条。村里大小车子就有40多辆。学校一进门，左边围墙一拐弯儿20米，有一个小偏门。小偏门出去，是阿文女校。

县城东门——建水朝阳楼，像天安门，燕子很多密密麻麻。网络了，六百多年的历史天空。

建筑由“四十八根巨大木柱和无数粗大的楹榫，接成坚固的木构架，覆以三重檐歇山屋顶”。

寻找《建水州志》，费了好大劲儿。差不多动用了红河蒙自的四五个朋友。州志有数百文字，表其飞檐反宇：“东城楼，高百尺，千霄插天，下瞰城市，烟火万家，风光无际，旭日东升，晖光远映，遥望城楼，如黄鹤，如岳阳，南中大观。”春夏之间上千雨燕巢居檐下，呢喃之声不绝于耳，蔚为壮观。三楼屋檐下悬挂着“飞霞流云”“雄镇东南”的巨字匾额，是清代书法家石屏人涂晫书写的。每个字大约两米，结构笔力冠绝于世。是云南著名的四大榜书之一。城楼上木雕屏门，雕镂精巧，生动细腻，琦丽华贵。

这就是建水的标志性建筑物——“雄镇东南”的朝阳楼。建水人习惯称它为“东门楼”

丁琪他们一般是坐马车去县城，车上五六个人东看看西瞧瞧就到了。上到城楼的最高处，就是找学校，其他哪都不认识。那就望远望远……马夫说了，离学校仅仅两三公里。来时，大段是土路，小段砂石路。路上的行人蚂蚁一样小。

用丁琪的话说，回龙社区生活富裕，自己的老家与这里相比，得相差30年。他们挖铅锌矿，倒卖国库券，喜欢做生意。还有两季年年丰收的甘蔗。甘蔗很甜，像他们的日子。一比较自己的家乡，丁琪心里落差很大。他身材虽然高大，目光却是低垂的。低垂也不打紧，全在自己的视力范围。

晚饭后，丁琪拿着一本《阿拉伯语语法》，像是在散步像是在复习。只有在内心默读时，他才静静悄悄，看看行人稀少的街道。

街对面走过来回龙社区的两个姑娘，丁琪晓得，姐姐叫阿娜妮，妹妹叫阿伊莎。

对于这两个漂亮的姊妹，班里的同学没少议论。有的说略矮一点的阿伊莎，花枝招展、活泼可爱，有的说端庄整洁、落落大方的阿娜妮更好。丁琪不说话，但内心早已确认。他喜欢身材高挑，眉清目秀的姐姐。

类似今天的这种邂逅，丁琪隔三差五遇到了很多次，大家都没言声地过去了。而此时不同，她俩直接向他走来。

“大丁，我姐姐找你有话说。”

丁琪“喔”了一声，很自然地跟着阿娜妮走到路边。走到路边，姑娘并没停下，顺着便道继续北去。丁琪只好间隔着一米多，并行。丁琪那时还不会开车，但他知道这是二者之间慢行的最好距离。第一不被老人笑话，第二太近了自己会羞涩难堪。几周前，他俩也这样走过。虽然没有交谈，但从阿娜妮总在微笑的面容里，丁琪看出了姑娘的心思。这么漂亮的姑娘，丁琪何尝不喜欢她啊。其实，丁琪只看了阿娜妮两眼：一眼是见面，一眼是她送给他《阿拉伯语语法》的时候。

阿娜妮轻声细语：“你好，大丁，我有个事要跟你商量。”

丁琪腼腆，但丁琪的情商一点不低。心想她要说出和我交朋友，我二话不讲就从了：“阿娜妮，你好。说吧！”他有意识在名字之后顿了顿。

阿娜妮说：“我父亲在广州生意越做越大，要我过去帮帮他。你若愿意的话，就和我一起去。”

虽然出乎意料，但丁琪万万没有想到，如此心仪的人竟然邀请自己同路。如果这样下去……但欣喜只是一瞬，担忧和自卑随之充满全身：广州，那是一个只听说而又遥远的名字。还有，我家的状况和她的家差距太大了，再有，学业怎么办？

“不……不……”丁琪支支吾吾，回答得有点勉强。

“怎么？你不喜欢我……我们一起，去一个新的世界打拼？”

“不不。”丁琪不敢抬起眼皮。这两个“不”，不仅是不好意思，还有拒绝人家姑娘的难为情。

“我知道这事对你来说，的确太突然了，可父亲那边催得紧急。后天就让我介入公司事务，我还得有个熟悉和适应过程。你的阿文学习我打听好了，你可以在广州津桥外语学校读晚班——父亲的公司有这个待遇。特别支持青年人学习，薪水也高，两不误。”

她等着他。

他等着她。

“……抱歉，大丁，让你为难了。这样吧，给你一天的考虑时间……”

“不，不。”他真的不知道说什么好。脑子里交叠的画面是穷困的山乡，和霓虹灯闪烁的花花世界。

“没关系，时间会让许多想法变化，包括选择。明天午饭后12点30分，我带着车子在学校门口等你。然后我们去昆明，坐19点左右的飞机。21点过一点，就能降落在白云机场。去广州的航班很多，22点30分都有。12点30分，记住啊大丁。明天12点30分你不出来，我就走了。”

还没等丁琪反应，姊妹俩碰到一起。头也没回，消失在马路对面的拐弯处。

叫“大丁”的这个小伙子，有点恍惚地在路上走着。在他的脑海里，阿娜妮，就像她的名字一样，云一般地飘来，又云一般地飘去了。他走过学校大门，也没有停下脚步。十来分钟的路程，他一个小时之后才回到宿舍。

夜晚难熬，是因为睡不着。睡不着，是因为明天她就要走了。多好的姑娘啊！人生走一遭，这样的机会还能再出现吗？

翌日上午丁琪走进教室，令自己担心的情况没有发生——他很怕自己的心态影响学习。语法课，把丁琪的思绪从阿娜妮那里拽了回来。他特别喜欢语法。阿拉伯语的语法，不仅纷繁复杂还和生活息息相关。

教语法课的，是精干的许多凯老师。他当初的第一节课，就把丁琪给迷住了。许老师纯亮的嗓音，把丁琪带进迷宫一样的语言世界。

阿拉伯语的许多音，是在中文里没有的。比如大舌音、顶音等。而且每个字母标上不同的符号，也有10多种发音。再就是，每个字母在单词的不同位置，也有很多种写法。虽然有一定的规律，但对于初学者来说，依然是个挑战。想掌握正确的发音，必须有个好老师。还得自己不断的体会练习，纠正错误的同时再体会再练习。

发音很重要，如果许多音发不准，说出的阿拉伯语是很难听的。若有的字母不会发音的话，甚至会影响整个单词听起来的连贯性。

有的学阿语的人，学了好几年依然不会大舌音的。至于阿拉伯文的书写，只能靠多看多写多认。

阿拉伯语标准语语法的复杂性，对只会中文的人，开初是很难接受的。阿拉伯语的名词，分阴阳性、单双复数。动词分过去时，现在时和命令式。

一个动词，随着人称时态的变化，一共有30多种形式。不熟练的话，常常难以反应。想说，得琢磨半天才能出口。阿语语法的复杂和艰难，在于即使所有单词你都认识，但不会分析语法，依然看不明白或者理解错误。

丁琪着迷，或叫很着迷。就像进入了昭通鲁甸的朱提山，抱回了很多朱提银。朱提银还有一个别名，叫舒适银。

朱提银，文献最早的记载是西汉，一直沿用到唐代初期。前前后后，差不多有800年历史。在中国的经济及货币史上，正儿八经也有着不凡的位置。

一如丁琪的血管里，流淌着无尽的阿拉伯语文基因。他的学习接受的能力，如红炉点雪般舒畅愉悦。

学会了标准语之后，想和阿拉伯人沟通，照样艰辛。许多阿拉伯人的标准语，还没一个中国留学生说得好。人家日常交流基本用土语，你跟人家说标准语，结果可想而知。而人家跟你说土语，你也听不懂。

下课前许老师说，一切的困难，都可以通过坚持不懈地努力学习来攻克！作为中国人要有信心！

许老师的目光，一直没离开丁琪。好像这些话，都是对着他一个人说的。

三

与其说丁琪迷恋阿拉伯语，不如说更迷恋它复杂的语法。比如许老师说过的，动词的过去时、现在时和命令式，这在汉语语法里是没有的。

命令式动词，是要求对方在接到信息之后立即去做某件事，表示将来时态。命令式动词一般适用于第二人称，因此只用阴、阳、单、双、复数六种形式。

求学求知求生的人们啊！你当知道：命令式动词，是从现在式动词中演变而来的。

之后的练习课，似乎很有针对性，是翻译几段话和词语。

1. 只要你还没有顺利完成这项工作，我就会给你提供帮助。

（丁琪稍稍走心了：去广州是人家帮助我这个穷小子。学业有成回家乡，是我帮助家人和乡亲。）

2. 这家公司已经成立五年了。

（阿娜妮父亲去广州的时间，就是五年。公司是什么样子？）

3. 没有人认为我们有能力解决这个难题。

（我有能力解决这个难题。一定。）

4. 我们应该学会如何区分好与坏、美与丑、真与假。

（阿娜妮，你让我学会了区别，同时激发了我回家乡创业的雄心。）

5. 汽车不再是唯一的交通工具。

（坐在飞机上是什么感觉？）

6. 要知道成功取决于勤奋的程度。

（毫无疑问，我要更加地勤奋。）

这些对丁琪来说，易如反掌。

许老师在课桌之间徘徊着，又出了一道题：

下边的词语，请同学们连接成一段话，然后再翻译成阿拉伯语。

步履轻盈的、身材高挑的、愈加复杂的、坚忍不拔的、高层次的、意志坚强的、易于得到的、多民族的、心情郁闷的、厚颜无耻的、名闻遐迩的

丁琪写得很快。

“阿娜妮是身材高挑的步履轻盈的。但事态发展愈加复杂，进退失据、左右为难。我只能坚忍不拔地去努力，走向更高的层次。我不够意志坚强，易于得到的不够珍惜，总想回到我穷困的多民族的家乡。因此昨晚我心情郁闷地犹豫不决，甚至厚颜无耻地想去到那个名闻遐迩的都市——享清福。”

写完了。丁琪两手夹着太阳穴，陷入了沉思。

在教室里踱步的许老师，走到丁琪的课桌前：丁琪同学请站起来。把你的连词翻译念给大家听听。

许老师喜欢这个叫丁琪的学生，几乎他的每节课，都要喊丁琪回答问题。

丁琪起立，有点慌张以致尴尬，却没忘记把作业本扣上。

许老师拿起丁琪的作业，看了一会儿。“好吧，写得不错。回去再好好修饰修饰。”

教室角落有人在小声发牢骚：“写得不错干嘛不念念？”

许老师白皙的脸颊，飞上一片红晕。但是他马上调整了一下神态：“这样吧，丁琪同学的背诵很差。罚他念一遍阿拉伯文概念特点，对于我们学生最重要的那部分。”

丁琪知道老师在帮助自己，可不能让他再难堪了。

丁琪不顾学生的低声议论，仰着头大声朗读起来：阿拉伯文是由28个辅音字母和12个元音符号（不包括叠音符）组成的拼音文字。书写顺序从右往左横行书写，翻阅顺序也是由右往左。书写时，每个字母，均有单写与连写之分。

许老师即刻说道：还好，一字不差。但真正理解了，就不用这么刻板。

下课了。丁琪跑出学校的小偏门，贴着墙根儿蹭到墙角。他探出半个脑袋，学校大门外边没有人，也没有车子。啊哦，十一点半下课。阿娜妮是个守时的女孩，她不会这么早来。

食堂里。一碗拉面，两块羊排骨。丁琪不像平时三口两口就吃完了，而是把排骨扒拉到一边，面条一根根挑着吃。

食堂的学生都走光了，丁琪看看墙上的钟表，十二点半刚刚过一点。丁琪放下筷子，就往外跑。快到校门口，他愣住了。一向准点守时的阿娜妮还再等待，正在马路对面向学校里张望。

丁琪浑身发热，他躲在屋角儿一时不知道怎么办？过了好一会儿，丁琪擦擦脸上的汗水平静下来。他想：男子汉大丈夫，脑袋掉下不就是碗大的一块疤吗？把话说明白了不就行了嘛，干吗这么耽误人家。他冲向大门，冲出了学校。

阿娜妮不见了，洁白的小汽车不见了。他沿着街道奔跑寻找了一阵，在一个饭店门口站住左顾右盼着。

台阶上的遮阳伞下，一个戴着墨镜的男子，边喝着啤酒边用阿拉伯语说道：我看见那位女子坐在咖啡吧，喝着咖啡，听着音乐。脸上显得很平静，仿佛对周围发生的一切都置若罔闻。

丁琪疑虑地问道：您说的那个女子在哪里？这里没有咖啡吧啊。

陌生的男人拿起一本书看了看，又重复地读了一遍刚才的话。

丁琪恍然，那人在诵读《阿拉伯语语法》。课本课文，对于聪慧的他来说，简直就是小菜一盘。他清楚地记得，那人念的是试题（2）的第一部分，将下面的句子翻译成阿拉伯语的小3题。即便如此，丁琪还是承认，那人的阿拉伯语相当标准，尤其是大舌音和顶音很是纯熟。

有关语法的寻思，在丁琪的大脑里很快就过去了，接下来的是沮丧：阿娜妮非常想和你在一起，但你不想去广州。大着胆子当面把话说清楚，不就完了吗？！

丁琪，极其地懊恼自己。他漫无目的地奔跑起来，路过的马车车夫喊他，也不予理睬。就这么一直跑着，跑到了县城的东门口。定了定神儿仅仅喘了一口气，又跑上了城楼。他手扶墙头倾着身子，冲着天空飘动的一片白云，把今天学习的译文，大声用阿拉伯语，一句句呼喊出来：

不要以这样的方式来处理纠纷。

我深爱着我的故乡，因为她是生我养我的农村。

要知道成功是先天禀赋和自身努力的共同结果。

是的，有点犹豫不决。无奈他采取了这个决策。

抱歉，实在抱歉。你的好，是我一生的转折。

是的，丁琪通过这次情感的波澜，对外语课程更加热爱，更加喜欢。对那些试题，也有了更深刻的理解。他回到学校后，心里遗留的亦苦亦甜的涟漪，久久不能平复。但让他更努力，更认真，更勤奋了。

在丁琪身上发生的一切，校长马洪昌（许老师估计也和他说了一些丁琪的状况）老师都看在眼里。他把圣者的语言转述给丁琪：你不要骄傲自满地在大地上行走，你绝不能把大地踏穿，绝不能与山比高。你应当节制你的步伐，你应当抑制你的声音。你不要随从你所不知道的言行，耳目和心灵都是要被审问的。努力学习，那是你的栖身之所。

丁琪后来给阿娜妮，写过两封情书。其实也不算什么情书，只是问好、道歉和寒暄话。他拿捏不好那些甜言蜜语的使用，更无能为力直抒心怀示爱。所以，后果可想而知。继而自尊自强，让他彻底放弃了。

2018年7月22日，丁琪在腾冲参加了云南省肉牛技术创新战略联盟。他的大关县琦鑫黄牛养殖农民专业合作社，成了副理事长单位。丁琪从腾冲飞过来，我们在昆明滇池温泉花园酒店的3212房间，进行了一次一天一宿的长谈。

在长谈中，他重复了两次，那女孩子性格太好了，人长得太漂亮了。

如此记忆的深刻，对他人生创业的初级阶段，竟然进行了无数次点击。这个被称为阿娜妮的姑娘，善良、美丽、宽容、平和、给予，发扬光大了丁琪一切美好的品格。

闲聊中，让他形容形容她的美丽。丁琪腼腆地摇头说，没法形容。自从记住她的漂亮，就再也没敢正眼看过。就连约会逛马路，都是隔着两米多远。

其实这没关系，锁定美好，锁定纯真，锁定温暖就行了。从某个角度讲，人的成长一生，就是拧巴与解开，保持或丢掉的过程。

我在上高桥团结村丁琪家的那两天，他忙得不可开交。连一句完整的话都说不了，平均三十秒进来一个电话。只有吃饭的时候，瞎扯几句。

这天午饭，说起过他当年的女友。丁琪毫无顾忌，也不掩饰地夸奖了那些女子一番。我小心谨慎试探着问他夫人："听着不别扭吗？"他夫人微笑地轻声细语："都是过去，别扭什么？记住美好，日子会更美好。"

丁琪的夫人也是回族，叫李兴兰，42岁。出生在昭通城，生活成长在一个经营传统美食的世家。家人勤劳，姊妹和睦。她在丁琪的生活上不仅是贤内助，在生意上，也给予丁琪很大的帮助。

丁琪说："记住美好，也不能忘记家乡太穷的过去。一穷，就没有了底气。现在再回去就自信多了，起码是平等了。但也奇怪，这么多年来，我却从来没有高人一等的感觉。即便是当上十九大代表，也还是觉得自己平平常常。在和父亲生活的那段日子里，他最少跟我说过十次。做人要真诚，待人要平等。可以接受帮助，但一定要学会帮助别人。"

是的，丁琪在阿文学校的那些年里，最少有三家回龙社区的人，一直在帮助这个乌蒙山里来的年轻人。吃、喝、钱、衣服等等，像麦尔祖格，幸运地被帮助着。在他的身心里，帮助这个词，深深地扎下了根儿，并且一路成长，枝繁叶茂。

四

我问过丁琪，你的老家为什么叫上高桥。按一般规律讲，有上高桥就得有下高桥。

丁琪回答，我还真不太清楚，但的确还有个高桥，那就是现在的高桥镇。或许因为我们这里海拔更高的缘故，才叫上高桥的吧。

往往这样，自以为的，不一定是规律。我不好意思再问了。

丁琪一边关着手机的静音一边说：我们上高桥，是永善县唯一的少数民族乡，主要是回族、彝族、苗族，也是当地贫困程度最深、贫困面最广的乡。平均海拔1880米。寒冷的冬季特别长，春暖花开的季节像不爱读书的孩子，总是迟到。今天是6月30号，还没完全进入夏季。我们这里气候宜人的夏天是很安逸的，最高气温也就28℃左右。但短暂的还没享受够，就进入秋季。因为这里的立体气候，老天爷的脸反复无常，天灾多一些。

我看着窗外已经下了一天一夜的雨问：你们的生产方式，主要是什么？

丁琪在电脑前抬起头：养牛、种地。我们这里高寒边远，大部分时间云雾缭绕。一会儿雨一停，你就会看到。也是好看，但好看没用，万物生长靠太阳啊。生存环境差，作物难生长。贫困要是个图章，我们上高桥乡都被它盖满了。

我给丁琪讲我小时候的一件糗事。大约是我五六岁的那年，从外边玩耍完跑回家。肚子因为饿得咕咕叫，就四处瞎翻腾。最终在笼屉上找到一块馍馍片，两口进嘴大嚼起来。突然又往外吐，拿水漱口，出来的都是泡沫。原来我吃下的是一块肥皂片。

丁琪笑道：我小时候，家里穷的买不起肥皂。但我的糗事，有点传奇。我们村东坡下的平坝，每年都有宰牛的。

我说：牛，在你的心里，从那时就开始慢慢生长健壮？

丁琪答：是的。我们太小，也不记得什么规矩。反正阿訇走了以后，绑着四条腿的牛，就不再挣扎了。后来看到过四师傅的刀，真是锋利无比。科学证明，锋利的刀刃加上快速的下手，是对牛羊的怜悯。因为疼痛感，是皮下痛觉神经的特有功能。切断痛觉神经，等于使其麻醉。其次，颈静脉被切断之后，大脑供血中断。脑细胞缺氧，牛羊便失去感觉。

丁琪当晚做了一个梦，梦见四师傅给了它一坨牛腰子，他穿上竹签子在火塘上烤熟——哦，那个香啊。

梦，也能成为种子。

丁琪在建水阿文学校学习毕业后，独自一人扛着铺盖，七百多公里跑回家。家乡的人还真不理解，回到这贫瘠的山旮旯做什么？殊不知，他的几年学习，眼界胸怀开阔了很多。几个想法，已经开始萌芽。

“我要回来创业！我要回来挣钱。我要为我的根，培土浇水。让我的才智和知识，在这里根深蒂固，开花结果。让我的家人过上好日子，让我的家乡摆脱贫困。”

我点头，有点气概，不算大话。

丁琪答，不干就是大话，努力做了一定会有结果。

1992年，丁琪回到上高桥乡团结村，手里只有20元。他四处奔走才和亲戚借到80元，在团结村开起了第一家理发店。

实在的丁琪厚道地讲，除了被别人剃头之外，这个行当自己是一窍不通。

学嘛，什么不是学来的。他挖空心思，在街上先盘出个门脸铺子；打扫得干干净净，照着在建水看到的发廊，在墙上贴上几张男女明星大照片。推子、椅子、镜子，都是新买的。洗发水是从红河蒙自带来的。其他从朋友和家里找来的。雪白的墙，雪白的围布。开张大吉，优惠三天。边干边学，边学边干。好在农村人不讲究，差不多就行。加上他和气热情，修剪仔细。生意还不错，每天都有收入。

这天来了一个姑娘要烫发，他痛快地答应了。丁琪多聪明啊，绝不打无准备之仗。他用断好的一节节筷子，把一束束头发卷起，抹上冷烫精。十五分钟之后打开发卷清洗，却怎么也洗不松散了。烫发水，是丁琪自己琢磨出来的，松香加香精等配制的。问题出在哪里暂且不说，先给人家姑娘道歉。并诚恳地拿出钱来赔偿。姑娘看看这么谦和，这么帅气的理发人，笑了，说："不用，我回去整理整理就行了。"

过几天的一个傍晚，理发店正要关门，姑娘又来了，留给丁琪一个纸条。丁琪接过纸条，笑吟吟继续给人家道歉。姑娘犹豫了一下，还是走了。他打开纸条的瞬间，基本确定姑娘是要和自己交朋友。纸条上是几行工工整整誊写的文字：

烫发剂制作：把吐温-80香皂片和甘油溶于500克开水中调匀待用。在300克温水中，加入六次甲基四铵，溶解搅拌匀后再加无水碳酸钠，搅匀溶解后与吐温皂片甘油溶液混合，搅拌均匀后再把氨水和巯基乙酸加入其中，充分混合后即得成品。为了防止变质，将其装瓶密封。

自以为是，有时就是个陷阱，常常会判断失误。丁琪有点难为情："喔呦，这么复杂。但冲着世间有这么善良的人，也要学会烫发。"

丁琪的手艺越来越好，进账的票子也越来越多。四年的时间，丁琪积攒了几万元。虽然还不错，但人生有几个四年啊。

不管是一个人的脱贫，还是一个地方的脱贫，这种小打小闹是不行的。要做产业，要做有发展的产业。丁琪想明白后，就咔嚓把理发店关了。

尝试着做买卖摆地摊，不行。养殖獭兔，没有市场。种植板蓝根和党参，经验不足。先后用了三年的时间，寻找适合自己的产业。

2002年，上高桥乡修建电站，大量的外来务工人员让丁琪看到了商机。于是，他筹资在上高桥乡开了第一家餐馆。一时间生意火爆，丁琪挣到了人生第一桶金40万元。

这样的一笔大钱，让丁琪心里涌动的那个目标浮现在心头，越来越清晰。

在经营餐饮的过程中，他发现外来的人很喜欢吃当地的麻辣牛肉和牛干巴。

大口大口地吃牛肉，那也是丁琪儿时的梦想。

再一次大胆地去创业，从“牛”的方面去发展产业。

上高桥乡的高原自然生态环境，天然无污染的优良水质。为黄牛养殖，提供了得天独厚的自然条件。

丁琪种植了黑麦草，把黄牛圈起来喂养。黄牛一个个膘肥体壮，成功啦。

黄牛膘肥体壮了。随后养殖场的硬件、软件也得跟上，就是要搞大做强。

规划规模、选址、设计、建设等。预算出来，需要投入资金90万元。虽然没有出乎丁琪的意料，但这个数字，还是让他一连几个晚上辗转难眠。但不尝试，又怎么会成功？

大胆是什么？大胆就是不畏怯，有勇气。敢于面对、敢于承担。丁琪心意已决。

这时候乡党委政府积极协调县畜牧局，帮助丁琪申请到政府贴息贷款13万元、畜圈补助5万元，还争取到农村集体经济项目资金10万元。东拼西凑28万元，农村信用社贷款10万元。在乡党委政府及有关部门的关心支持下，一个占地2.2亩，集办公室、消毒室、草料室、加工房、防疫室一体的现代化的养殖场全新“出炉”，被当地群众戏称为“牛公馆”。

老百姓有说风凉话的，但更多的人支持丁琪。大寨村村民李贵荣，拿着鲜红的《中华人民共和国农村土地承包经营权证》，找到正在宰牛场忙碌的丁琪：“土地承包延长30年，这是大好事啊。这完全打消了我们的后顾之忧，大好事，太高兴了。也许十年八年，你的黄牛产业，会带动团结村大寨村或者全乡致富到小康了。不管是养殖还是种植，土地这方面没有什么顾虑啦。习总书记提到乡村振兴计划，让我们农村有更好的发展，我们可以放开手脚大干一场。种它5000亩草，养它100头黄牛。再盖个电影院，图书馆。”

乡亲们的鼓励支持，丁琪揣在怀里。但他有更大的“野心和目标”，那就是俗话说的“一人富不算富，只有各民族兄弟富了才是真的富”。

在上高桥各民族乡亲眼里，丁琪兄弟没得说，是个热爱家乡的致富带头人。

2013年，已经拥有创业经验并入选村两委班子的丁琪。决定依托上高桥乡高山优质草场资源，发展群众参与度高、带动性强的生态黄牛养殖业。带领全乡各民族群众，闯出一条共同致富的路子。

为积累规模化、规范化养殖经验，他倾其所有，从昆明买来38头优质黄牛，成立了大关县琦鑫黄牛养殖农民专业合作社。

通过四年多的示范带动，目前，全乡4201户各族群众中，加入琦鑫专业合作社的有1058户。入社社员，户均增收5000元以上。仅2016年，入社634户贫困户中就有198户脱贫。

五

一个人的力量是薄弱的，丁琪深知此道。他通过支部，让每一个党员都参与，要示范要引领。脱贫攻坚，就是党员要把群众致富放在心尖上。增强产业发展活力，给足产业发展后劲。作为村党总支书记、琦鑫专业合作社理事长，丁琪认为“把社员培养成致富能手、把致富能手培养成党员、把党员培养成公司骨干”这是一个非常好的方式。他认准这条道，“组织引领、党员示范、社员帮扶、群众致富”。先后将223名社员培养成致富能手，16名致富能手成长为党员，其中6名优秀党员，已成为合作社骨干力量。

上高桥乡新民村，37岁的汉族残疾青年范天均，就是个典型例子。20年前，他在外出务工时，因机械事故，右上肢高位截肢致残。2013年，一贫如洗的范天均，在丁琪资助下，加入琦鑫黄牛养殖合作社。4年里他养殖的黄牛存栏数，已稳定在100头以上。去年、今年累计出栏78头，收入70多万元。2015年，他走出困境并光荣入党。领着洗马溪村民小组的32户群众，其中建档立卡贫困户16户，成立了琦鑫黄牛养殖农民专业合作社洗马溪分社。经过两年的发展，目前存栏黄牛312头。今年已出栏110头，收入上百万元。范天均信心满满地说：有琦鑫合作社做后盾，有丁书记的带领。我准备将洗马溪、松龙、营上、牛沙洞几个社380多户群众纳入合作分社。大家伙齐心合力再努力两年，每一家养牛收入，一定会实现6万元以上。

丁琪通过4年的努力，在品牌化战略中，合作社所属公司已经完成“琦鑫”黄牛干巴系列的条码、商标注册、QS认证等申请核定，形成清真麻辣牛肉、黄牛干巴、卤牛肉、红烧牛肉等19个系列产品，“琦鑫”牌产品获“云南省名牌产品”称号。合作社先后被评为省、市示范社，省级“科技型经济合作组织”和大关县红色农场示范基地。

丁琪的下一步的目标，是建设草场5万亩，养殖黄牛1.5万头。货卖全国，实现产值1.5亿元。带动周边县区乡镇，3000户各族群众入社。通过养殖黄牛实现增收，将黄牛养殖业壮大成致富支柱产业。

很多媒体的通讯报道，说云南省昭通市大关县上高桥乡大寨村党总支书记丁琪身上有两种味道：一是“穷”的味道，二是本地黄牛肉的味道。黄牛的味道不用说了，但“穷”的味道，是他不忘过去的贫困，精打细算埋头苦干而不张扬，踏踏实实像个老农。其实丁琪身上还有一种味道，那就是责任。这种责任是对家人，是对家乡，是对这块土地。和他打过交道的，即便鼻子不灵，也随便可以闻到。

“那个时候基础条件非常差，也没有任何产业。我经常在想，怎么能够在我们的家乡，悟出一个什么产业来。自己成功了以后还能够带领乡亲父老、各族群众一起发家致富。梦想，一直是我的一个梦想。”

在我采访的笔记本里，类似这样的话最少有三处。这不是大话更不是官话，这是淤积满满于心，随时随刻洋溢的真诚和爱。

丁琪的动作很快，在对当地地理环境优势和市场行情进行研判后，2011年创立琦鑫黄牛养殖农民专业合作社，2013年注册了“大关县琦鑫农产品生产有限公司”。然后又采取“支部+合作社+公司+基地+农民”的生产经营模式。实行“统一品种、统一饲养管理、统一加工销售”。同时发挥党员一对一帮带的作用。让社员学会一门技术、帮扶一批群众、发展一项产业、创办一个示范基地，大力发展黄牛养殖。与此同时解放思想，很有气魄地从昆明引进西门塔尔牛。

西门塔尔牛原产于瑞士西部的阿尔卑斯山区，占瑞士全国牛只的50%，奥地利更多占63%。西门塔尔牛现已分布到很多国家，成为世界上分布最广，数量最多的乳、肉、役，兼用品种之一。黄白花或淡红白花，头、胸、腹下、四肢及尾帚多为白色。皮肢为粉红色，头较长，面宽；角较细而向外上方弯曲，尖端稍向上。颈长中等；体躯长，呈圆筒状，肌肉丰满；前躯较后躯发育好，胸深，尻宽平，四肢结实，大腿肌肉发达；乳房发育好，成年公牛体重平均为800—1200千克，母牛650—800千克。

事无巨细，莫不归之。丁琪主动与群众联系，深入群众讲解，为群众提供方便。对达成养殖意愿的，免费把幼牛放给群众喂养，然后回收。这一举措激发了广大群众养殖的积极性，既给了群众实惠，自身也得到了长足发展。

凡是需要帮助的，丁琪无不伸出援助之手。搭建圈舍困难，给钱给工选地方。初次养殖黄牛，技术支持资金支持。没有饲草饲料，免费发放。为提高农户养殖黄牛的积极性，丁琪还通过合作社统一发放基础母牛。农户养殖两年后，再由合作社回收5000元本金；母牛产仔后，合作社按高于市场价500至1000元的价格，向贫困户购买出栏黄牛。琦鑫合作社先后在新民村、团结村、大寨村推广了这种互助模式，帮助了一大批建档立卡贫困户实现了脱贫。

马勇祥一家六口，以前靠天吃饭，只能勉强满足温饱。2014年加入合作社后，老马脸上的笑容越来越多：吃穿不愁，兜里还有了票子；过去的土草房，现在是砖瓦大平房，刮风也不怕、下雨也不怕。

“支部+合作社+公司+基地+农户”的发展模式，顺应了环境，顺应了民心。目前已实现黄牛存栏4000多头，年生产加工肉制品400余吨，年产值1600余万元，合作社成了“团结致富社”。

丁琪的办公室里，挂着这样一幅字：“奋斗就是生活，人生只有前进。”作为大关县琦鑫黄牛养殖农民专业合作社理事长，即使在病中，丁琪也思考着合作社的发展问题，他说：“我就想做好一件事，做好‘牛’文章、做大牛产业。”

虽然这汉子声音沙哑，显出一些疲惫。但一有电话响，马上精神振奋。一转身，人已经消失门外。

雨，终于停了。阳光柔和地钻出云缝，洒向大地。他办公室墙上挂着的横幅，写照着丁琪今天的形象，心中有党，一心为民。

2016年，丁琪先后荣选为昭通市第四次党代会代表、省第十次党代会代表。

2017年7月，丁琪当选为党的十九大代表。

丁琪以政府两项制度衔接、小额贴息等政策为抓手，进一步争取各级各部门的扶持力度。着力优化箐口养殖示范区，支持社员发展。带动周边群众发展畜牧生产，实现了科技化、规模化的养殖。

另外，丁琪还主动拿出20万元资金作为红利发放给养殖农户；2015年，社员每增加一头小牛犊，合作社就补助其1900元，共计补助19万元。

琦鑫黄牛养殖农民专业合作社，统一拿出南方现代草地畜牧业发展项目资金9.6万元。帮扶17户养殖困难户，新建储草棚1200平方米，种植人工草地450亩。向30户困难社员发放，中央基础母牛扩群项目资金12.16万元。帮助解决养殖基地设施、饲草饲料。先后帮助社员申请农村党员创业致富贷款190万元，发展黄牛养殖。并按每斤28—30元的底价称重，保证每头高于市场价300—500元收购社员出栏牛。实行由合作社统一发放基础母牛，农户养殖两年后，合作社回收的互助模式。先后在新民村、团结村、大寨村，对28户建档立卡贫困户，发放30头母牛，并按高于市场价格500—1000元的原则收购。

丁琪针对没有劳动能力的建档立卡贫困户，采取合作社收取一定成本和人工费用的方式帮助代养。整合整村推进项目资金100万元，每户建档立卡贫困户给予6000元扶持资金。其中3000元用于购买牛种，3000元作为股本入股合作社。按年分红5%的方式，进行分红。与龙堡村164户建档立卡贫困户，签订合作协议。借助农发行发放5万元产业无息贷款的机遇，鼓励建档立卡贫困户按5万元的标准入股合作社。三年一周期，每年分红3500元的方式进行利润分红。

村民周元回因为实在困难，把家中唯一的母牛牵到集市上卖。偶然遇到丁琪，丁琪了解情况后，劝他把牛牵回家继续饲养。并且给了他2000元钱，以解燃眉之急。后来丁琪又拿出4000元，扶持周元回养殖，修牛圈、送砍草机、安电线、装电表……

“我一辈子记得丁琪的恩情，有商贩高价收购我的牛我都没有卖。不管我喂多少头牛，都只卖给琦鑫公司。他是党员，跟他干准没错。”提起丁琪对他的帮助，周远回十分感激。说自从2014年加入了合作社，现在有了16头牛。他家，已于去年脱贫了。他还讲到，2003年，丁琪带领群众实施饮水工程，完善了10余公里的管线，解决了200余户700多人的饮水问题。又讲到2008年上高桥乡遭遇50年不遇的冰凌灾害，丁琪组织抢修队在短时间内就抢通了全乡的农村照明用电。

周元回可能是割草刚回来，粗壮的大手拎着一把湿乎乎的镰刀。高筒雨鞋，蓝布的中山装，整洁干净。最后他说：“丁琪做的好事别让我一个人说，可以去那边，问问放牛的老黄。”

顺着周元回手指的指向，石垭口下，草山坡上，一群群肥壮的黄牛或分散或集中，悠闲地啃食着茂盛的青草。放牛人挥舞着鞭子，正一路小跑而来。

到了跟前二话不说，就气喘吁吁地夸起丁琪：“丁琪是党员，人是相当相当聪明，相当相当正直。他说的我就必须要相信。他咋个走，我就咋个跟着跑。你没得钱，有他支持。喂出多少牛来，谁也不给都是卖给他。他比市场价格高出三五百给你收了。我就不愁这个销路，不愁这个经济，不愁这个收入。”

喘匀了气，他接着说：“我是洗马溪村民小组的，今年58岁，叫黄远林。原本4头牛，受到丁琪的支持和帮助以后，又多了几个。去年有20个，今年就到29啦。往年收入少，今年卖了4头，就有了3万多元啦。现在还有29头，今年还要出栏6头，好好关在屋头里呐。丁琪是个真正的党员，他带头喂牛，还给起我补助。周元回介绍我有钱了吧？其实我俩，都是丁点儿，范天均才是大户人才。”

黄远林说的范天均，前面的文字里提到过，是丁琪帮助发展起来的养殖户。早年他因为外出务工时发生意外，导致高位截肢，生活十分困难。2013年，在丁琪资助下，范天均加入了合作社。依靠养殖黄牛迅速发达起来，2015年就脱了贫。同年，琦鑫黄牛养殖农民专业合作社洗马溪分社成立。黄牛养殖大户范天均，担任了洗马溪分社社长。范社长的一句话，就能看出他的品性：“我受过帮助，也必须帮助别人。帮助是人类语言中，一个善良高尚的词语。所以我要带动村里的贫困户脱贫，义不容辞。帮助了别人，就是帮助了我自己。”

在“天均黄牛养殖农民专业合作社”里，建档立卡贫困户就有16户。像这样的分社，琦鑫合作社已经成立了6个。范天均把他唯一的左手举在额头：“感谢丁书记带着我养牛，让我们过上了好日子。”

目前，琦鑫合作社现有社员1160户，其中建档立卡贫困户634户，已脱贫198户；党员23名，户均年增收5000余元。

六

2014年，为提高农户养殖黄牛的积极性，丁琪通过合作社统一发放基础母牛，农户养殖两年后，再由合作社回收5000元本金；母牛产仔后，合作社按高于市场价500至1000元的价格，向贫困户购买出栏黄牛。据了解，琦鑫合作社先后在新民村、团结村、大寨村推广了这种互助模式，帮助一些建档立卡贫困户实现了脱贫。

目前，琦鑫合作社已实现黄牛存栏4000多头，年生产加工肉制品400余吨，年产值1600余万元。在丁琪的示范带动下，全乡4000余户各族群众中，加入琦鑫农民专业合作社的就有1100多户，入社社员户均增收5000元以上。

全乡4201户各族群众中，加入合作社的就有1058户，超过四分之一的群众参与黄牛养殖。

2013年的时候，大关县琦鑫农产品生产有限公司注册成立。同时，琦鑫公司党支部也被批准成立。由此，支部+合作社+公司+基地+农户的生产经营模式初步形成，公司的发展走上了新的台阶。

琦鑫公司实现了养殖、加工、包装、销售一条龙。公司加工生产的琦鑫系列牛肉产品通过线上线下相结合的方式，在云南、贵州、四川、广东等地销售，呈现出供不应求的局面。目前，琦鑫公司黄牛存栏4000多头，年生产加工牛肉制品400多吨、产值1200多万元。琦鑫合作社现有社员1160户，其中634户建档立卡贫困户，已有198户通过黄牛养殖成功脱贫摘帽。2016年，丁琪因为个人的突出贡献，云南省委授予他全省优秀共产党员称号。

大家有了才算有，大家好了才真的好。丁琪作为一名党员，他心中的算盘，更多的是在为乡亲们盘算。怎么样，能帮他们做更多的事情。怎么样能让家人邻里，把日子过得更滋润。要有舍己精神，不能让共产党员的形象受到任何损害。

丁琪正在谋划新建一条年生产加工1000吨牛肉的生产线，以进一步扩大生产规模，拉动黄牛养殖。为更多的群众增收致富，提供帮助和支持。

丁琪还是那么谦和：我要做好的还有差距，希望能有更多的社员，更多的贫困户加入我们的合作社。让他们真真正正地脱贫。我有一个计划，到2020年在我们合作社里面，发展社员2500到3000户。让他们户均能够增收10000元，让所有合作社里的贫困户到2020年真正如期脱贫。需要做的事情，的确还是很多的。任重道远。下一步的目标是建设草场5万亩，养殖黄牛1.5万头，货卖全国，实现产值1.5亿元，带动周边县区乡镇3000户各族群众入社，通过养殖黄牛实现增收，早日将黄牛养殖业壮大成各族乡亲的致富支柱产业。

为了提高牛肉品质和村民们养牛的积极性，丁琪采取了各种各样的帮扶措施：每个季度进行一次养殖技术指导，每户建30平方米标准化畜圈，每户建30立方青贮窖……目前，新工厂正在建设，预计2019年投入使用，可以提供45个就业岗位；满负荷生产的话，一年可生产牛肉1000吨，带动合作社养殖黄牛增加4000头，能带动2500余贫困人口稳定脱贫。

“我们继续团结一致，走致富的‘牛路子’。让乡亲们，都跟穷滋味说再见！穷，就是一件破衣服。”丁琪说。

7月1日丁琪的党课我没听完整，赶着去昭通殡仪馆，向在扶贫工作岗位上牺牲的王文贵告别，只得摘录一段：“习近平总书记在党的十九大报告中提出，要坚决打赢脱贫攻坚战，实施乡村振兴战略。在我们上高桥乡，在我们大寨村要脱贫、振兴乡村，首先必须要把产业发展起来。今天我与大家交流的，就是如何发展壮大我们村的黄牛养殖产业……”十九大代表、大寨村党总支书记、琦鑫黄牛养殖农民专业合作社理事长丁琪，开始了大寨村新时代讲习所第十一讲——养牛篇。

台下是来自大寨村各个村民小组的50多户黄牛养殖户和贫困户。大家听了丁琪带来的黄牛养殖技术培训，不时提出了在养殖中遇到的疑难问题。丁琪都一一给予了解答。

丁琪，出生于1969年12月，1992年加入中国共产党。创业历程，让丁琪深深体会到个人越富裕，群众越嫉妒，亲情越疏远。作为一名党员，丁琪深感："个人富不算富，大家富才是真的富。"

发展什么产业，既让群众积极参与，又让群众富裕起来。丁琪经历了第一笔资金注入、第一个草料室修建、第一个现代化一体办公用房建立。再到通过系列产品的条码、商标及QS认证，养、产、销一条龙产业链，以致推出系列风味特色产品，年生产加工牛肉制品350吨，产值900余万元。无数个日日夜夜，无数个跋涉煎熬。

琦鑫党支部，多次被上级表彰为先进党组织。2012年，丁琪被云南省供销社，表彰为"两社一会"先进个人，"琦鑫"牌牛肉系列产品，获"中国著名商标"称号。合作社在2011年、2012年荣获市级、省级农民专业合作示范社称号。

2017年10月18日至10月24日，丁琪作为云南代表，参加了在北京召开的中国共产党第十九次全国代表大会。

丁琪常说一句话："商人是为了赚钱，但我不是商人，而是一名共产党员，我就是要真正让利于民。在乡党委政府的领导下，让全乡在2019年全面脱贫，再奔小康。"

坐标Ⅲ

北纬25° 49′ 34.25″

东经98° 51′ 16.30″

怒江泸水市六库镇新城区

天麻天麻，致富发家

一进泸水市，只要一问起产业发展成功案例，我所接触到的人几乎都会说起"天麻兄弟"。

"天麻兄弟"何许人也，我想一探究竟。

听陪同的工作人员介绍，古登乡马垮底村阿尼大底村民小组，有两个“80后”的傈僳族年轻小伙，带领村民种植天麻，而且种得“还不错”。为此，村民还亲切地称他们“天麻兄弟”。

关于天麻，我没有特别直观的印象。味道是麻的，像花椒？形状是不是和三七很像？我很想亲自到天麻种植基地去看看，可惜正在修建美丽公路，再加上日程紧凑，所以选择了一个比较折中的办法，到“天麻兄弟”创办的怒江国计药材有限公司办公室采访。

2018年6月11日上午，我来到泸水市六库镇新城区山水蓝岸怒江国计药材有限公司办公室采访“天麻兄弟”。

很遗憾，“天麻弟”光雄文，在村里担任村委会主任，在村里走不开。只见到了“天麻兄”，曲义华。

眼前的曲义华浓眉大眼，中等身材，肤色偏黑，有些腼腆。

公司打开的卷帘门正对着赖茂河，河水缓缓流淌。空气清新。

在客厅坐下，曲义华给我沏上茶，我们面对面坐着，开始展开话题。

一

“天麻兄弟”是怎样组合在一起的。

1984年出生的曲义华，因家庭贫困，高一辍学后就去了缅甸。在缅甸，他干过很多活：他给伐木工人煮过饭，打零工，还开过索道机。回国后，他又跑短途客运，当过洗车场老板，也倒腾过农副产品。后来他不想再这么四处漂泊了，想家，回家。回家他是有算计的，创业。那创业，干点什么呢？

2012年，在一次赶集途中，他无意间听到朋友说种植业前景看好。他动心了，那到底种点什么好呢？在经过反复思考后，他决定在中草药天麻上试试身手。

上市的天麻，像干扁粗糙的洋芋。比较多的食用方法，是炖在鸡汤里。这是我唯一的体验。药性润而不燥，让人吃起来比较放心。后来知道，天麻可以对肝脏进行调理，专业用语叫，平肝息风，对肝风内动、头目眩晕之症，很有疗效。当然，天麻还有诸多功能。而我感兴趣的是，天麻对头痛头晕同时伴有记忆力减退的症状，作用明显。其次就是，能增加脑血流量，降低脑血管阻力。能降低血压，减慢心率，对心肌缺血有保护……由此，可见一斑。

曲义华属于那种说干就干的人，2012年他种植了20亩天麻。种子，是从昭通采购来的。他像大多数人一样，初期总要有些坎坷。滇西北到滇东北，路途还是很有点距离。由于缺乏经验，人背马驮二次运输，种子破损程度严重，那年基本上颗粒无收。白白扔进去20万，打水漂还能听响声，可他的投入不仅无声无息，还加进艰苦和劳累。20万，这对于农村青年可不是一个小数目。改行，就意味着一切要从零开始。坚持，至少有了失败换来的教训。

纠结了一段时间过后，曲义华忽然想起自己的一个堂弟。堂弟叫光雄文，人性淳朴聪明好学。云南农业大学寒窗数年，眼下正在昆明创业。何不请他回来呢？他懂技术啊！曲义华跑到了昆明找来光雄文，先说这些年在缅甸的艰苦和收益。然后再细细道出，自己要种植天麻的计划。曲义华忠厚，不像有些人只说过五关斩六将，败走麦城避而不谈。最后他说，轰轰烈烈无所事事都是一辈子，但咱不能髀肉复生。

在曲义华的真诚“游说”下，光雄文被堂哥感动了。在家乡创业搞天麻，正中下怀。

于是俩兄弟回到故土，他们要在自己家乡的土地上，干出一番事业。就是从那时候开始，“天麻兄弟”的创业之路，天助一般，顺顺当当。当然小波折是有，吃苦也是必须的。

二

在“牛睡觉的地方”率先种植天麻。

海拔2000多米的地方不仅种不了玉米，其他农作物也种不了。但是恰恰适合，种植天麻。

阿尼大底是傈僳语，翻译成汉语是牛睡觉的地方。“天麻兄弟”种植天麻，首选的地点是，家乡的古登乡玛垮底村阿尼大底小组。

2012年以失败告终。

2013年到2014年，天麻种植成功。但是由于缺少技术，产量不高，基本没有什么利润。

要与众不同，要有自己的特点。2014年他们迈出了大胆的一步，也是关键的一步——自己培育怒江野生天麻。大山给予了他们帮助，大山培养了他们的灵性。他们种植了200亩。2015年又种了1000亩。

问曲义华，2012年颗粒无收的时候，是什么心态？曲义华回答：“我在大山里长大，从小就有一种不服输的心理。当时，我选择这个产业的时候，家里面的老人，村里面的乡亲们都说，在怒江还没听说谁能把天麻种出来。当时昭通的天麻技术已经很成熟了，所以我并不担心。心想人家能够种得出来，我凭什么不能够种出来。”

兄弟俩秉持着这份执着，第一年种了20亩失败后并没有气馁。第二年再加到200亩，到2014年打了个平手不赔不赚。苦心不负，2015年终于获得大丰收。

三

“天麻兄弟”成功在即，助力贫困百姓。

问曲义华，你理解脱贫攻坚是什么意思？曲义华回答：“脱贫先摆在第一。然后脱贫以后，老百姓得自主产业。脱贫很简单，没有问题。现在是政府绑定的人员，包括我们企业绑定。但是我们这些人一撤出来，老百姓马上就会返贫。所以说这个脱贫攻坚，必须要有他们自己的主产业。天天给他鱼吃，不如给他渔网。必须让老百姓，自己能够做产业。”

这还是第一次听说，绑定的企业不能撤。崇论吰议，真知灼见。

曲义华介绍，为了主动承当起助力脱贫攻坚的责任，他们采取

“公司+基地+建档立卡户”的模式运行。许多老百姓，对天麻种植的利润和风险的认识不足，缺乏安全感。为了打消建档立卡户的顾虑，把建档立卡户的风险降到最低，由他们公司花4至5年的时间育种后，提供给建档立卡户。建档立卡户，只需管理一年就有收益。为了提高他们的积极性，帮助他们培育产业，采取两种方式支付报酬：一是充分调动留在村里的妇女和老人的积极性，去天麻地里拔草、挖塘等劳动，每天支付80元工钱；二是天麻收购后，统一进行分红。

“天麻兄弟”如此的运作方式，令人产生疑虑：这是不是“羊毛出自羊身上”，分红的时候原来支付的工钱，还要在里面扣除？种子钱，也要从分红里支出？同一笔钱，只是分两个阶段支付而已啊。然而，结果呢？

再继续听，似乎明白了。成熟的天麻由“天麻兄弟”统一收购，统一销售，然后再给种植天麻的建档立卡户分红。曲义华说：“道理是这个道理，但是老百姓还有一个心理，就是他今天种了今天就要得到回报。老百姓先拿到钱，看到了钱他就踏实下来了。拿到工资了，然后再一分红，又拿了第二次钱，他们就更开心了；就会有越来越多的建档立卡户，参与进来。老百姓有了固定的产业，除了短时间的拔草、挖塘等劳动外，天麻地基本不需要管理。老百姓还可以继续养猪、养鸡，或者外出打工。我们那里的老百姓，脱贫摘帽没有问题。”

曲义华若有所思：“有时候我们也很郁闷，我们带领他们发展产业，但是他们自己不把这个产业当成他自己的，反倒有点像是在帮我们做事情，所以说这是怒江脱贫攻坚最大的一个短板。”

原来如此。看来激发建档立卡户的内生动力，帮助他们培育健全产业，不是一朝一夕的事情。无论是在管理还是在分配上，都要使出“巧劲儿”才行。

在古登乡玛垮底村阿尼大底小组，种天麻成功后。为了带动更多建档立卡户发展产业，兄弟两个要大面积扩展天麻种植。在进行认真的调研后，他们选定了古登乡俄夺罗村。然后跨县到了福贡子里甲乡亚谷村，再到鹿马登乡布拉底村。福贡县鹿马登乡腊竹底村，是3个村子种植点。现在俄夺罗村种植天麻75亩，亚谷村种植天麻60亩，布拉底村种植天麻55亩，腊竹底村种植天麻20亩。成本是每亩投资在一万元，利润最少6000元。一年半能够回本，可以循环往复。一边种，可以一边采摘。现在5个天麻种植点加起来，差不多3500亩，其中有1500亩育种，其余2000亩可以收获。

四

产业有风险，规划要科学。我们确保他的100万元。

做产业有风险。“天麻兄弟”带头，成立了怒江农丰天麻种植农业专业合作社。与种植天麻的建档立卡户签订合同，为老百姓兜底。曲义华说：“我们保证这一点，如果说是他的100万元天麻，什么都没有了。我们确保他的100万的资金，公司如数退给他。所以说，现在我们自己的企业，相对也面临一个大问题，就是风险太大！”

集中力量，做大做强一个产业固然好。但是如果赶上自然灾害，那就一损俱损了。再加上天麻种植的周期长，收益比一般农作物慢。

问他，可以买保险吗？曲义华答：“保险不了。我们也问过。但是保险的话，那减产它不会赔你；只会说那是天灾人祸啊，泥石流啊，人类不可抗拒啊。还有一个危险，就是你的基地被火烧了。这种例子，很多地方都出现过。好像也可以赔偿，但是他无法评估你的那个里面的产值。你种下去到采收的那一天，你都看不见的，它就在土里面自己长。”他笑得很自然，好像早已有了承担风险的能力。“我们企业能保障种植户的风险，给他们兜底。但我们的风险，只能由我们自己承担。”这句话之后，曲义华的笑脸里，还是夹杂了一点无奈。他说，为了增强抵御风险的能力，他们做起了外贸，从缅甸进了一些农产品。用短期产业弥补长期产业，用副产业弥补主产业。

还有一个质疑，海拔那么高。万一5个种植点，同时遇到大雪怎么办？

“天麻不怕下雪，就怕干旱。2013年到6月份才下雨，我们就最怕这3到5月份这个季节。还好，古登乡俄夺罗村、玛垮底村，福贡县子里甲乡亚谷村，福贡县鹿马登乡布拉底村这些点有的在江东，有的在江西。怒江属于立体气候，它江东和江西的这个气候也不一样，几乎不可能同时遇到干旱。我们的副产业，主要做核桃和草果。我们有固定的销售渠道，一两天的时间就可以赚到差价。”

问他：“你实际上需要政府再给你们进行一种投入，然后你把其他那些东西，做好做强大一点；有一天真的天麻出问题，这些企业还可以支撑着你们，是吧？”曲义华回答：“嗯，对呢。”又问他：“所以你现在需要政府的投入，是这个意思吧？”曲义华答：“对。因为我们在做那些事情，就是说我们是以带动建档立卡户为目的。我们公司最重要的缺什么？缺货。因为我们一旦跟外面的人签订合同，就是每个月供20吨、30吨。我们供不出来，我们的每年的产量也就是在几十吨。所以要把所有可能的人带动起来，都去种天麻。一起挣钱，一起致富。这个模式，肯定是可以的。勤劳致富，勤劳致富，不勤劳就是懒汉。你家有几千斤，他家有几千斤。把所有的老百姓的资源整合在一起，你的数量就出来。数量出来了，我们优势就越来越大。”

五

注册自己的商标，销售渠道“走电商”。

令人没想到的是，在这样偏僻的地方还会有商标意识。曲义华很自豪地说，他们公司的商标叫“云岭仙”。是曲义华本人创意设计的。他们已经把商标注册了。其实当时也想了很多名字，但是都注册不了。后来看到怒江峰峦起伏云山雾罩，就想到“云岭仙”。才得以注册成功。北京有一家新办公司，想把品牌叫云岭牛，被拒绝了。原因就是“云岭”二字，已经被“云岭仙”注册了。北京这家公司出了

15万，欲购“云岭仙”这个商标。但是“天麻兄弟”没有答应。曲义华说：“他买了，我就使用不了了。他买走，我就要改。而我的商标，是有45个列表。全盘考虑的，损失大了。但是其中一点，是我把销售、加工、生产，还有一个药品、一个电商，我都注册了。我有7个列表，网上电商我把它注册了，药品我也把它注册了。也就是当时我注册这个商标的时候，该保护的全部都保护好了。”

交通不便，是怒江的短板。为此，“天麻兄弟”把销售渠道，分为线上和线下。线下是批发，360元一市斤，走电商是580元一市斤。每年1到8月份，就开始马上在网上提前预售。所谓的电商就是有专门的合作商。由合作商接单子，抽取8%的利润。在网上接单子这样，销售渠道会更宽一点。

曲义华的下一步打算，做一个最大的怒江电子商务区。打造怒江的30个农副产品的品牌。现在怒江很难达到30个品种，能做起来5个品种就很好了。

六

动员更多老百姓参与，做大做强天麻产业。

问曲义华，下一步有什么打算？他说，下一步还得要带动更多的老百姓，参与到种植天麻的这个事业中。

“2015年我们产量最高的时候，就面临着销售的问题。那时候从怒江拉到昭通去卖，然后说是昭通的天麻才能把它给卖了。你要说是怒江的天麻，根本就不会要你的。那个时候，没有人知道怒江天麻。2015年以后，很多媒体帮我们宣传。然后就是把我们怒江那个天麻的品牌，打出去了。打出去以后，有了点小问题。虽然说是怒江的天麻，买的人比较多。但是我们怒江的天麻的市场价，是高于昭通市场的价格了。即便如此，经过市场的洗礼，我们天麻还是供不应求。主要是我们的产量，比较低。在怒江拼产量，是拼不过昭通的。一个州，都是拼不过人家一个乡。因为我们利用的土地，就这么多。单靠我们自己做那个事情，自己做、自己卖、自己研发，这个是做不到的。我们下一步，还是想把更多的人参召集到这个事业中来。人参与得多了，产量也就多了。量多了，再很好地研发一些产品。现在就是我们的产量太少，我们去外面人家就问你有多少货？我们最多，只能拿出来50吨的天麻。人家说，还不够两个月的呢。他们和本地的一个知名酒厂合作，下一步还要开发天麻保健酒。”

与曲义华交谈了一个上午，把他谈到的关于怒江天麻的特点和知识点，罗列如下：

1. 怒江天麻的天麻素含量很高，能达到0.58。国家规定天麻素达到0.20以上才可以上市。怒江天麻的天麻素含量，远远超出这个数值。

2. 天麻素可以治疗头痛、小儿麻痹、半身不遂、高血压等疾病。现在有一个新技术，可以把天麻里的天麻素萃取出来，而外形颜色不变。萃取过的天麻药用价值，还不如一个洋芋呢。

3. 天麻有乌天麻、绿天麻、杂交天麻、红天麻等品种。其中乌天麻是所有的天麻里面品质最好的，和野生的差不多，但是产量很低，每亩在500斤左右（新鲜的），杂交之后的产量，能达到3000斤左右。乌天麻半斤以上的，是品质最好的。但是红天麻、杂交天麻一两斤重，都是很正常了。乌天麻口感很好，是甜的。红天麻的味道是苦的，在一般的中药材中用。

4. 天麻靠密环菌提供营养。密环菌菌丝生长的温度不能高于25℃，不能低于8℃。一旦一进入5月底，天麻就开始生长。所以说前期3到5月份这期间，就要把它的菌丝提前发好。

5. 天麻有很多种吃法。可以蒸鸡蛋。生天麻切片，蒸十分钟后蘸芥末吃。像洋芋一样可以炒，也可蘸蜂蜜生吃。天麻粉和三七粉，可以兑在一起吃，效果较好。最好的吃法，就是拌蜂蜜。怒江天麻你拿酒泡，都泡不化它。但是拿蜂蜜泡，一泡就化了。干的天麻打成粉，然后拌上蜂蜜。

6. 天然风干的天麻的天麻素，没有流失。用电烘干，是会损失一部分。

一个小小的天麻，就能致富脱贫，这是天方夜谭，是痴人说梦。没有一个灵活的头脑，没有苦干加实干的勤劳，就是地下的金子，也不会发光的。

聿 四

坐标 I

北纬23° 06′ 33.68″

东经99° 24′ 52.99″

临沧市沧源佤族自治县单甲乡戛多村

歌瓦乌，让贫穷滚蛋

一

嘎多大寨村委会的总支书记李金明，热忱又豪爽。他希望把这次的采访，叫作探访交流。这是他带着我的陪同数人和几个村干部，看望了两三户村民之后建议的。

他说："这也是一种创新。"

我答："我也很欣赏。"

他解释，他们这来采访的人太多了，很逆反。还说，曾老师您这样的，还是第一个。

他"创新"的缘由，是刚刚有几个寨子里的老人认出了我，管我叫艾惹。说我三十年前，在嘎多寨子里住过好久。还说我那时是一米八几的大个子，在田里插秧像个大虾米。

李金明极其亢奋："你是回家来啦。别那么端着，一本正经的。随便聊，随便聊。"

我点头。

李金明还是深谙此道的，知道我是为"脱贫攻坚"而来的。他找来了一个，比较典型的致富带头人田国金。并给了一个不是框框的框框，今天只聊嘎多。其他的，明天后天再聊。

李金明，近一米七〇的个子。皮实的身材。深蓝色夹克，迷彩裤宽大。短发，黝黑。左胸别一枚党徽，右手执红皮文件。苹果脸，皮肤微黑；高鼻梁，听风大耳。这样的耳朵先天肾气充足，且智力高，具有很高的学习能力，这是事业成功的前提。

田国金，近一米七〇的身材，花白寸发盖顶，额头宽大。这等人，大多聪明伶俐、心胸开阔，看问题长远，容易成功。这样的人运气非常好，比较有修养，容易得到贵人的帮助。

二人都是三十多岁的晚辈，但李金明先让我说。点名发言，这是他做领导的风范。对于嘎多我能说什么？能说的就是当年那点事儿。更何况，时间遥远，记得也不是太清楚了。

"说嘛，说嘛！曾老师。"

"曾老师，说嘛。不可能忘记。"

对于二人的催促，我先给他们一个心理定位。

我的六十多个生日中的三十四岁，是在沧源佤族自治县度过的。之后，我就进了阿瓦山。

说这话有透露年龄意思，有相距久远的意思。

他俩，没反应。大耳朵（田金国的也不小）支棱着，等待我的下文。

好在从北京出门之前，我做了功课。把我当年写给友人的一百多封，有关沧源有关嘎多的信寻找出来。在我的采访笔记本里，做了摘录。

时间跨度是1990年的，4月中旬到5月中旬。我打开了，比长城砖小几厘米的大笔记本。

从单甲翻两座大山，便进入了原始森林。浓荫蔽日、青竹披薜、树垂绿纱。过江龙青藤绿蔓，把小径上布置成凯旋门一样。有竹叶青翠蛇在竹枝上，攀缠着尺长之躯，小心翼翼地窥视着胆战心惊的路人。

我的向导肖文军驻足，示意我往小路前边看。一条大草蟒盘桓在路中央，像一盘大石磨。他把佤刀递给我，自己抽出手枪。

我说："别，一响枪这林子里的宁静就该打烂了。"它没有进攻我们的意思，轰走为好。

我手边有一树杈，提起时显得沉重。本以为林子里潮湿的原因，细看上边竟也缠吊着一条两尺来长绿背白腹的蛇。

有话道，一朝遭蛇咬，十年怕井绳。说得有道理，但真挨过蛇咬后可能会怕井绳，但就不怕蛇了。

我连树杈带蛇扔向草蟒。

肖文军端着的手枪保险已经打开，我手中佤刀也举起来，如临大敌。悄悄往前蹭，屏往呼吸。

寂静的山林。

它蠕动起来，慢慢腾腾，显得逍遥。似乎从来没有敌视过我们，更没把我们当回事儿或者放在眼里。碗口粗的头扎进路边的草丛，身躯像解开的疙瘩，舒缓地消失在浓密之中。

肖文军说："对付那大虫，可以用棍棒甩出的呼呼风声，便可吓它逃之夭夭。"

不敢苟同，看他当时的紧张状，此话权当轻松打趣之说。

走过那蟒盘卧之处，有凉气杀进肌肤。肖文军竟然跑了起来。

在林中走至中午一点钟，高大的树林开始稀疏。阳光照射进林海，空气里的温度陡增，汗流浃背。

肖文军边给我采野果边告诉我：黄袍果、杨梅、樱桃、木瓜（这里叫"麻桑波"，佤语），并不见他吃，却对故乡显出眩耀和爱：

“那边的芭蕉林，走到黑也出不去。”

我跟定他，也不顾脚深脚浅。

肖文军说：“别大意，这里的蛇更多。”

真是，脚下草丛、青树根，窸窸窣窣的声响向更浓密深处隐匿。

小路阔多了，也平坦，能见猴子在前边的路上跳来跳去，待我们过去又都躲到树上。

有棵大樱桃树果实累累，已经紫了。小肖提议在树下歇息，站身处正有一大枝紫樱桃垂在头顶。折断一杈时，头上有吱吱叫声。缝隙间可见两只小猴子，不吃不玩抱着树干，似乎被我们吓住了。

既然这样，再吓它一吓。我拔出肖文军腰间的枪，举起向一只小猴瞄准。它就趴在树丫上，双手捂了眼睛。见它可怜，别吓坏它，赶紧放下枪。它却从指缝之间，偷偷窥视着我。可能是见我没有敌意，手指分开一道缝，露出一只调皮的小眼睛。

我们在中缅边境175号界碑附近的阿多（嘎多）村寨住下了。那界碑是1960年建的，竖在一片不算茂密的小灌木林里。

边境是这里每一个佤族人心中都有的概念，然而边界却不是很清晰的。界碑南北全是佤寨，通婚多了，亲戚也就多了。相互串门子，如同一个村子一样。所以界碑在那个小山坡上被冷落遗忘，已至半身埋没在落叶之中。

人类心中的界碑，总有一天会消逝得无影无踪。

听说这一带还很乱。有消息说，缅甸共产党在和缅甸独立团打仗。正儿八经，这里常听到零星的枪声。也常有缅共人士跑过界来，难免有独立团军人放着枪追击。这样，寨子里的首领们都有枪。阿多（嘎多）村长背的是一支老掉牙的驳壳枪，地道德国造。他说只有一发子弹，还怀疑是臭子，不如烧火棍子。

这寨子住着上千人口，寨中的山坡上有一棵大极了的盘根错节的大榕树，树上吊着口老钟。村长说，有枪声过了界碑，一敲大钟就吓回去了。

寨中没有电，晚上却有扫盲夜校。

竹制的小屋里点着大汽灯，教师讲得很认真，时时为我解释一些问题。听课的多是十四五岁的姑娘和妇女。

像我们中学，在北京郊区学农劳动住老乡家一样，管人家叫房东。

我现在的房东家五口人，姓陈。竹楼建在山坡上，大龙竹茂密地遮掩，楼底下是牛棚猪圈。因为天阴潮湿，粪骚臭气溢满整个竹楼，牛铃当叮一宿不息。

这里称母亲为“麦”而不是妈。她脖子上挂着茶盘大的银项圈，膝盖下攀绕着藤圈，可塞住挡腿布。

小竹楼向南开一小窗，是草编的，掀起就是竹寨山村梅雨风景。寨坡下是东丁河，河畔有两座孤零零的小山峰，秀美郁郁。说其中有一座叫蜜蜂山，山上多蜜蜂。只是草盛，毒蛇盘踞，无人敢上取蜜。

这个寨子曾一度成为空寨。因为古老的习俗，要杀人砍头祭谷，人们大部分往北逃离。近三十年来才陆续安定，人口也兴旺起来。

还是说这竹楼。

东边是楼梯，陡陡的，中间火塘，西边是各因（父亲）和麦睡觉的地方。我睡在北侧，一人占了一个角落。

旱米饭非常香甜，呈红色。菜永远是煮熟的绿小豆加上发好的罗卜干和辣子，偶尔辅之一种称苦叶树上采来的叶子（三叶苦），烤焦揉碎撒在饭里很是开胃。

这里野菜很多，佤族人不见吃。就说蕨菜吧，漫山遍野都是。实际上鲜嫩的蕨菜很好吃，开水焯一下，口感也好。纤维和叶绿素，都有了。

这天是晴日头，楼下老二为军在铁管子上叮当、叮当砸铅弹，各因在塘边编竹筐，我坐在窗下想记记日记。

老大的媳妇在楼梯口把着孩子大便，家狗在一边吃，吃完又把小孩的屁股舔干净。媳妇安置好睡着的孩子，下楼去了。

寨中几声鸡鸣、几声猪号、几声娃啼。咣、咣，有人在伐竹子。

这里的竹楼一座挨一座，近的连邻楼说话都听得真切。也可能和古老民风有关，若有匪患来骚扰，楼楼相互好有个招呼。

楼下有骚动，咚咚楼梯响。

为军跑上来，喊我拿着装辣子的竹筒。

我下了竹楼跟着为军往东丁河方向跑，冲下坡子。老大为明在和一个希诺（小伙子），劈一根碗口粗五六米长的竹筒子。里边的节节打通，便插到山坡上的一个洞口里。这是一大丛，龙竹根抱起来的土包包。

为军拉我到另一侧的一个洞口，点着干竹叶，洒上辣子面，往洞里煽烟。

烧过的辣椒面极呛人。

“有了、有了，快煽、快煽”为明在喊。

大概折腾了一个多小时，一条大虫爬进了竹筒，还露在外面半米来长的尾巴。

为明、为军和那个希诺，把竹筒子系了几道藤蔓，三人扛回寨子。

后来好几天没见兄弟俩的面，原来是去了百十里外的集市，把大蟒虫卖了一百元钱，乐得他俩什么似的。

白天竹楼上只我一人时，就独自煮罐罐茶喝。那茶是用拳头大小的陶罐，装上鲜茶烤焙干，然后兑入开水煮成，浓酽如茶汁。第一天喝过，一宿没睡着。

品着茶乱想，拿着本本乱记，无所事事。又记：每饭后，家中必有人倒上碗冷泉水给我。原来他们饭后都是要喝的，如同城里人吃饭加点饮料。饭，常是以饭就饭，就是米饭就咸绿豆稀饭。

这里不光是饭就饭，这里的孩子也是以孩子看孩子。七八岁的孩子，背着弟弟或妹妹，一天到晚四处乱晃。转着玩着，自己一点儿也不耽误。大榕树下常常聚合这样的背娃，多有几十人。坐在像灵芝一样的大树根上，玩翻绳。

晚饭后，为军从墙上摘下竹笛对我说："带上你的口琴。"

他说一起去串姑娘。串姑娘就是城里人说的搞对象。

寨子里的石板阶路，在太阳落山后迅速地反着潮湿。吃过饭的和正在吃饭的，都在竹楼晾台上坐着。有人和为军打招呼，他就和竹楼上的人说两句。我见他说着话时笑着看我，就问说什么呢，他说，告诉他们我俩去串姑娘。

我心感觉这不是该宣扬的事儿，何必弄得全寨子人都知道我们去找姑娘串。就不言语了，只顾慢慢数青石台阶。

我们串姑娘的这家女孩叫欧该。进了石垒的院子，注意到有几个衣着整齐、头脸利索干净的姑娘站在阳台上。

上去后，女孩子争着把小竹凳用脚蹚过来。我和为军坐下，她们都站着。靠竹栏杆上，半个脸在看着大山。

欧该十五岁（佤族人讲虚岁），但人很高大、健壮、丰满，发育得像北京的二十岁的大姑娘。

我小声问为军："像我这样结了婚的，也可以来串？"

为军说："男人可以，女人不行！"

看着这些十四五岁小姑娘羞羞答答的样子，感觉自己像个老头子，难为情。也不好意思掏出口琴吹，活像个大傻子。其实这就是我们城市人搞的聚会，或叫"帕替"或叫酒会什么的。性质是一样的，内容是一样的，达到的目的大体也是一样的。

为军大方，笛子却吹得生硬。尖声怪调，引来姑娘们一次次欢笑。谁也不凑近我们。为军说都是我来的缘故，她们才假装羞涩，要不然……

女孩子们并着头在嘀咕。

上边坡子有只狗在狂叫奔跑，为军说是狗咬猫，它们之间有仇。竹楼下石墙外，一个男人喊一会儿唠一会儿。为军说，那人吃醉了。

姑娘们不出声，为军说是假害羞。

一柄松火，在欧该家的竹楼窗上晃了一下。为军说，欧该妈告诉咱们，今儿太晚了，明天再来耍。

翌日清晨，我背了一大竹篓青草和为军来到欧该家。我放下青草，为军从楼底下牵出一头牛来。

借牛的代价是一篓青草，完全是象征性的补偿。

欧该走下楼梯冲我笑笑和为军说话。

去田里的路上为军告诉我，欧该说今晚叫她的漂亮女友叶荣来。不多喊人，就我们四个。

今天的活路是插秧。一大坡镜子样的水田，阡陌上，鸟儿排着队走来走去地觅食。

我读中学时去学农劳动插过秧，活路还熟悉。只不过，没有他家媳妇和妹子插得快。

中午在一块大平石板上烧饭。

吃饭时，狗儿娃儿们全来，热热闹闹。饭还是红米饭，菜还是豆饭菜。

下午再插秧，媳妇让我歇。我就客气，就没人理我了。一直到西阳没了好一会儿，已经晚上七点钟了才收工。

我的腰似乎再也扳不直了。哈着猫着到了东丁河洗了洗，艰难地回到竹楼上。

一宿觉后，身上更加疼痛。爬不起来，只好躺着，看着竹楼顶发呆。

一直到晚饭时人们才陆续回来。

媳妇带回一小竹筐杨梅，我吃了一碗。她七岁的儿子捧来麻子，竟比绿豆还大；扔在嘴里，嗑开壳，仁很香。

阿爸招呼我，坐在火塘边喝罐罐茶。全家人说说笑笑，讽我：身大如牛，干活犯愁。

小肖走些日子了，我今儿也打算返回县。

绿荫的山，让我想北京也该是春风化雨，鲜花盛开了吧。

二

李金明：杉木布勒——这是田金国的佤族名字，我这样告诉你，你在跟曾老师聊天的时候，要针对你长期以来发展的情况。还有一些你做的事情，就是你在带头这一方面的。在没有开展脱贫攻坚以前，你是怎么发展的；脱贫攻坚开展以后，你又是怎么发展的。身边的人，你是怎么带他们的。为什么我说田国金你是带头致富人，因为现在整个岛里，基本上完全可以脱贫了。一就是茶叶，很多茶类都拿到了比较高的价格。也就是说，单单从茶叶价格上，田国金他们的比较高。二就是在做工程这一块，自己做不了的，就请一些小工帮忙做。这也是带着村民一起干，村民跟好他一起赚钱。三就是在发展产业上，他带动村民一起种蓝莓。他可能种的比别人少，但是他统一收购组里的蓝莓，然后又统一销售到价格比较好的地方。今年，他又用班洪的辣子，在本组做了一个实验基地。自己种辣椒，效果比较好。然后他又和组干部商量，组上又种了十亩。下一步，准备种树头菜200亩。

这个我多说两句。树头菜也叫刺苞菜，是山区出产的一种野生菜。外形很像香椿，是一种刺藤乔木的伞状嫩尖。肥大鲜嫩，一般是在春季采摘下来吃。大多在树头、树梢。而施肥浇灌，全是在根部。嫩叶嫩芽，在枝头树梢。吐露芬芳，绽放开花，飘逸在空中，洁净清鲜。

200亩的树头菜，田国金他们现在基本上备耕已经完成。树头菜是我们县移民局的扶植苗，我们出劳出工。具体细节我不太清楚，但是他发展的大体线路是这样走。

可能以前他也没想到，高中毕业后有了创业的想法。以前的话，读不读书，就看你家的经济情况了。高中的时候他就有想法了，当时他就想在寨子里发展个什么东西，让别人看，让别人跟着他学。然后他回来以后，就开始做刚才他讲的那个。从2000块钱的退学费，用来买拖拉机帮人家拉运那些材料。赚点本钱然后又做茶叶生意；赚了一点后面又想到要买车；再赚了一点后面又买一张，第二张一直开到现在。

工程他也一直在做，现在已经做到他都不用开车的地步了。他就在家里联系生意，有人帮他开车。

现在结合茶叶，蓝莓产业和本身是组干部的身份，接触外界的老板及领导。再和岛里组长协商，把他们的情况告诉领导和老板，人家就会来这边进茶叶和蓝莓。然后他们又去和农户去收，刚开始他们是一分不赚。从农户那里收30元一斤，也卖给老板30元一斤。连自己跑腿的路费都不要，田国金就是想让老百姓先富起来。这点小亏，他吃得起。

后来老百姓发现了就主动提出来，你们只要帮我们找销商，上面赚上一两块都没什么。只要有人要，我们就全部拿给你们。高峰期的时候贵一点，就是40到50。到淡季就30块一斤，外面基本卖100块一斤。

岛里组有67户人家，目前基本上已经脱贫了。

从他们的发展观念看基本上已经达到脱贫，但是还有几家没有脱贫。没有脱贫的原因，也就是今天我和老师说的，因学这一块。以前是因为茶叶价格比较低，现在是茶叶价格比较好。他们那里的茶叶有个好处，就是原汁原味的原生茶。包括我们自己种的台地茶，他们基本上不打农药，一直都没有打过。他们的茶，喝起来味道真的不一样，包括我们刚刚喝的这个，就是岛里茶。因为有些地方的茶会打那个草甘膦，会影响茶叶的质量。他们那里坚决不打，宁可产量低一些。专家也来了好几个，来品尝过，说他们岛里的茶可以。

他们呢就是因为茶叶和蓝莓，让自己的苦日子有了转变。还有现在有三个这里的农户，去山上挖那些小野生茶或者找一些种子，自己去寨子里面育苗，然后苗长出来以后他们就移栽到果育林、公益林里面——现在都长高了。一般野生茶，它都要在森林里面长，因为他们是挨着公益林、果育林。基本上栽野生茶的话，春茶就能赚两三万。现在已经到夏茶了，可能还在赚。

从他们岛里的收入看，全村的人均收入已经达到8000元以上。可能也存在一些问题啊，得病的、读书的，这些情况可能会存在一点点，但不多。他们岛里今年完全可以脱贫，这个我们是有把握的。

中共中央总书记习近平，在主持我国脱贫攻坚形势和更好实施精准扶贫进行第三十九次集体学习时强调：言必信，行必果。农村贫困人口如期脱贫、贫困县全部摘帽、解决区域性整体贫困，是全面建成小康社会的底线任务，是我们做出的庄严承诺。

2017年国家扶贫开发工作重点县名单上，全国有592县，我们云南占了73个县——首屈一指，而并列第二名的山西和贵州是50个县；可见，我们云南的压力多大啊。

我们沧源扶贫力度，也是相当可以的。2016年投入扶贫资金，超过1000万元。2017年扶贫资金总额，也已突破1100万元。

岛里那里有66户嘛，有一家准备分户，就67户。农民人均纯收入到8000多元，已经算高了。他们已经比脱贫标准高出两倍多了，脱贫的标准是人均纯收入3200元。他们这边还有一些不想在家里干活的，就到外省打工。回来的时候，有的人都开着车回来了。或者是跟他一样，做生意的都有。岛里人还有一点，就是很团结。再一个，也可以叫攀比。只要你家种几亩茶，我也要种几亩茶。你们家凭什么昨天赚了1000块钱，我为什么就赚不了呢，我明天必须赚1000块。他们就有这种想法。

我们嘎多这边寨子就不是啊。你家在这里赚钱赚你的，我等着吃我的低保。有时候我开展交流会，不用到别的地方去学习，就到田国金他们岛里自然村。学习人家是怎么干活的，怎么致富的。当然，他们岛里又结合着国家给我们的一些好处，基础设施已经基本完善了。现在就是净化问题，寨子的排污还没有做完，然后路灯啦等等。从县城到寨子里面，他们都是柏油路啦。现在只差他们（岛里）到我们大寨这里的道路硬化。然后他们的产业，由于以前他们的土地比较少。为了种地，就占用了几亩公益林，开发了一些水田。现在水田和茶地面积，已经是全村比较大的一个组了。单单茶地，全村只有3000多亩，他们就有1000多亩。那些茶地，有些是不属于他们自己的面积。那些是套种在公益林里的，他们就能受益了嘛，不破坏一棵树。聪明吧，岛里人。

老百姓都是为了生活嘛，俗话说："靠山吃山，靠河吃河。"我们上面就是这样了，只要你不破坏一棵树，你的茶照样可以栽。国家的树照样长出来，我就是有这个观念。

还有两个事没有说，一是蜂蜜，二是石斛，也是他在收购，还有嘎木（野生木耳）。

田金国是副组长，是专门帮组里面做账，登记义务工。要说领导级别的话，相当于村上的主任了。组长是最低一层的管理者。工资好像一年是1600块，组长领得2400块。一年的工资收入，相当于村委会干部一个月的收入。有些当组长的，也是建档立卡贫困户。不是针对干部不干部。只要你家困难，都可以进入。村委会干部，是不能评选建档立卡贫困户的。村民小组的干部，可以进入。也的确有困难的组干部嘛，像今天我们去的干栏式的那一家，他就是组干部了。他是副组长，他家里也不算太困难，只是因为小孩比较多嘛，读书的也比较多。他自己又常年得病，他也是我们的村委员。村委员和组干部是不一样的：村委员一年才600块，然后那个组干部是1600块一年。那个蔡艾那，就是今天我们去他家的那一个，他是2400块一年。他可以领组长工资，因为他是党支部书记，是下设支部的支部书记。我们这里有4个支部书记，然后下设支部书记领的是组长的工资，委员是没有工资的。3个党员以上，就可以成立一个党支部。嘎多村寨有75名党员，今年吸收来5名预备党员，现在（共有）80人了。

我们整个单甲乡，最大的公益林就是嘎多了。这里老树很多，还有倒下来的那些老树，这个季节如果你看见的话，一片全部都是木耳。你在哪里走，都会看见老百姓背着木耳回来。唔，太重了。

岛里，现在车子去不了。刚刚他们都和我说了，有些路连摩托车都推着走。和曾老师我们今天去175号界碑的路一样啊。那老师不用换鞋，就这样吧，一会儿提着干净鞋去岛里。（用佤语对田说）：曾老师想今晚去你家睡，了解你的情况。你就和他说一些你的情况，因为他也是在为我们做事情。应该准备一罐水酒啊，明天吧。28年前曾老师在我们嘎多寨子，爱喝的那种。今天老师提到的。难得老师回来老家一次。就跟今天我们去175界碑一样，要到达那个目的，到达那个地点。不管山有多高，路有多难走，还是要坚持，最后把它实现了。这也是一样，老师好不容易回来一趟，我们也想让他再感受一下，以前在村里尝试过的东西。也让老师回去以后，有个念想。和老师的同事、朋友、家人，吹吹我们嘎多大寨。28年前您就到过我们的寨子，现在怎么样了？可以带他们一起来，包括孙子啦，小孩啦，全部都带来啊。有我们几个在，全会安排得好好的，放心得啦。今年的这个暑假假期，有人打电话说，要城里的小孩到这边体验生活，我答应了。但是具体什么时候来，还不清楚。现在这边社会治安比较稳定安全，吃的喝的也安全。我们的饭菜模样可能不到位，但是绿色的。城里人坐在这里的大氧巴，就是在“治疗”。呼吸新鲜的空气，呼吸别的地方没有的空气。老师随便找个时间来，不说一个月一次嘛，一个季度回来一次总可以吧。曾老师的佤族名字叫艾惹，田金国叫三木布勒。曾老师的佤名，是嘎多老人为他取的。

在党的领导下，可以大胆地干产业，大胆地发挥自己的能力。自由地创造，自由地致富。也就是说没有人阻挡你的致富，现在有强大的国家在保护我们。哪怕是我们在边疆地区，我们也是放放心心的。不和老师以前1990年到嘎多的时候，还背着枪到地里挖地。那个时候我们背着铜炮枪，也不是为了安全，那个时候是为了打猎。现在是没有了，一般我们这边的巡逻边防部队到那边，那边的人不敢出来。他们要来的话，也是秘密过来的。一般要一起到界桩会合，也就是通过我们的外事办还有村里的监务员。监务员就是我父亲，今天我们去的那个175界碑，就是我父亲在维护。他要去那边交流或者谈判，可以到那边找他们的领导负责人。监务员的工作证是有两种语言，缅语和中文。工作证带到那边和我们这边都起效，两边都认这个工作证。如果像我们一般人过去的话就不行了，特别是我们共产党员，是不敢带党徽过去的。我们过去的话，还是要监务员陪着就可以放心地去，人家还会热情地接待你。

三

我叫田国金，田地的田，国家的国，金子的金。抽烟好，抽烟我们说话聊天就顺当。我是单甲乡嘎多村第七小组，岛里人。嘎多村有七个自然小组嘛。岛里，海岛的岛，里面的里。岛里七组。七组那里就是岛里。

我是岛里土生土长的。听说老师您以前来过，那时我才四五岁。我是纯正的佤族，比一般的白一点。我的手很黑嘛，脸白那个是我经常洗脸嘛。老师黑，是经常出去，看到的太阳我看不到。

我家里面有得七口人嘛。爸爸妈妈还有得两个小孩，我老婆自己还有个奶奶。我是高中毕业。小学是一到四年级是在本寨子里面读的。现在没有了。现在已经全部搬到嘎多来了。因为那边的学生太少了，一师一校。五六年级就去县城那个民族小学嘛，是我们沧源最高一个学府。我就住校了，五六年级到初中，一直到高中，都在沧源嘛。生活条件也相当困难。我家有五兄妹嘛。我是排行老四嘛。两个哥哥，一个姐姐嘛，下面是一个妹妹。都上学，我们家孩子的学历，全部都是在高中以上。家庭生活条件慢慢好了一些，还可以吧。只能说还可以，我爸能吃苦嘛。我们这几个子女，也听父母的话嘛。父母嘛很勤劳，起早贪黑。家里相对生活比较好一些，然后就把我们全部都供出来，上学。我从五六年级开始住校。一个月回来一次。走路出去啊。

从我们岛里，一直走到县城。包括支书他们都一样啊，那个时候交通不方便。像我们岛里那里，走路差不多五个小时，他们的话就要七八个小时嘛。民小，就是面对我们整个沧源。所有学习比较好的学生，都到那里读书。以前那个民族小学，都是招学习排名第一的，它的全名叫沧源佤族自治县民族小学，针对我们沧源的三个村，然后扩展到所有的村，就是按分数来排。如果你们这边的分数比较差一点，拿第一名才能去；分数好的，两三个都可以上。然后民中（民族中学），也就是沧源佤族自治县民族中学，它那个就是定分数了：分数达到了就可以读，分数达不到就到别的中学读，比如糯良中学、芒卡中学、勐省中学还有单甲中学。民中和民小，是整个沧源学习最好的学校。也就是说，我们几个以前学习是很好的。（笑）

早上起来从寨子出来，到县城天都黑了。要赶那个晚自习——必须上晚自习，必须到学校——那时候是跑步，下坡的时候基本上就是跑步下去，不想迟到。

还带着今天我给老师看的那种饭盒，里面就装着爪（佤语，佤族的一种凉菜），还有菜饭。饭盒叫ei——汉语没有这个音，无法音译——是竹子做的。这个饭盒，还是比较讲究的。比如我是主人你是客，打开那个饭盒，你是客人你要吃最厚的那一边，我要吃小的薄的那一边。是的，饭盒一边比较薄一边比较厚。厚的那边，多装一点饭，薄的那边是饭盒的盖子，其实是两边都装着饭的。有时候是两边饭装得少点，中间就可以多装些菜，把菜放在饭中间再盖上，然后再用绳子拴起来装在挎包里——佤族自己缝的挎包。没钱的人就用口袋缝，也有的用米袋或者麻袋的，还有的是用复合肥袋子的，把它剪掉一半后，缝成包包的形状就可以背了——这个很简单。佤语叫bei。和“包”的音差不多吧。其实就是bie，abcd的b，我们佤语叫b，佤文是有拼音的。以前我们上学学的，专门开一门佤语的课程。以前佤族是有文字的，后来英国传教士来了以后，设计了一套拼音文字。

大家（佤文）就读ei（诶，读四声），ei就是ei，上面加-，ei

就是大家的意思。

我是岛里的副组长兼会计，岛里有组长、副组长、会计，包括保管、后备（干部）。

田国金：反正我这边做事情，只要能搞钱的东西，我全部都做。在山上摘那个木耳，然后在烤烟房里烘干。以前老百姓烤那个干木耳嘛，一斤可以卖25块，最高就是这个价格。然后我就建了一个烤房，我收鲜木耳，新鲜的，拿去烤房里面处理。第一个它干净，第二个它没有烟味，我就卖了65元一斤。我已经做了4年了。

初中、高中读了6年嘛，读完以后本来我是考起一个专科嘛。我家人对我要求有点高，可能那个时候家里的条件有点好。他们就叫我去重新复读，必须考起一本。我就想，再读这个书，我也是一个人，永远改变不了家里的生活。不如把自己青春，投入在自己的生活上。显然在复读的情况下，我改变不了环境。这个环境还是相当重要，比如当时我改变一个环境，去凤庆或双江（临沧的两个县）复读，而不是在（沧源）民族中学复读，现在的结果一定会又不一样嘛。我向班主任李家清申请了，和他说了一下："老师，我在这里读书，可能是浪费我的青春，要不你退我的学费吧！"他真的就把我的那个2000块钱，退给我。而我，是另有打算的。我抱着钱，就回来在农村生活了。我要准备退学之前，已经和家人说清楚了。他们只是说给我，全看你自己的打算。

我哥是在糯良乡当扶贫干事，他就讲给我听。那个时候核桃相当值钱，我就回去挖那些核桃树坑，挖了400多个。就是种核桃的时候，要先把坑挖了。我一气之下，就挖了400个坑，然后种下去。坑要挖长宽深1米，那个时候是这样的。要挖得深，才能长得好。一般一天能够挖两三个。地况不好的难一点的话，有的（人）挖一个就回去了。

2005年毕业时老师退给我的2000块，我就搞个本子，存在里面。在2007年，茶价好一点。不，不，是那个时候茶价相当好。我就去取那个2000块钱，做我的本钱，收购那些我们岛里种的大众茶——就是老百姓自己揉的茶。

我第一次收的时候，是收了15块钱一斤。去卖就卖25块一斤，这个很赚钱。我的第一桶金是用2000块钱，赚了差不多2万块钱——本来应该是赚3万块钱的。最后一次去做那个生意，吃亏了一次。原来有个老板说给我17块一斤，我回去收的是14块钱，最后贴了一斤3块钱。挖了这么多坑嘛，最后自己也跳了一个，哈哈哈。之前嘛，我赚得很多，最后老天爷就收拾我一次。后面2007年嘛，我赚了差不多两三万嘛，花了三万七买了一张后传动（拖拉机），拉沙子可以拉两三方（立方米）。那个时候我自己有两万七，我去借了两万，就是四万七。剩下的钱我就是考虑到后面车子会坏嘛，还有油钱嘛，我就一直这样做下去。那时候，一边搞茶叶，一边搞运输。从2007年到2010年，我就攒了差不多10万块钱。我就和我媳妇商量了一下，现在我们有了七八万，我们就再借一点买那个大一点的车。真正的汽车嘛，大卡车，货车，买的是力帆车。花了十五万。我本来就有七万块钱，跟别人借了七万块钱。去借那些钱，没有利息嘛，主要是和亲戚朋友借的。开了力帆车，我又赚了点钱，就开始盖房子。盖了房子以后，钱还有了一点。我再买了一张车，就有两张车嘛。东风，货车。第二张车子，好像是2015年，村子里面，就是嘎多嘛。有工程的话，拉沙石料啊，我就去和那个老板协商：能不能给我帮你拉一点。做这些嘛，这几年村里都在搞那个基础设施嘛。从2014年到现在一直在做，一直在帮那些老板拉料。下雨天的时候路不好停工，天气好的时候就接着运输。2016年我进入组干部的时候，寨子事情比较多，我就不开车。专门请了寨子的会开大车的人帮着开，也解决了身边的贫困户的问题。我是耳听六路，眼看八方找活路。给自己，也给那些贫困户。把车子借给没车的贫困户，还给他们找活干。有人叫我致富带头人，其实不是太合适。车是借的么，还是要有点租金了嘛。当然租金不多，大头由司机赚。慢慢地，贫困户通过搞运输就富起来了。田国金：木耳，我就收新鲜的嘛，回去烤干了，再出去倒卖。像一个二道贩子。二十斤能烤出一斤来。水分多的那种，要三十斤到四十斤才能烤出一斤。2块钱收。老百姓烤干了拿去卖，最多二十多块一斤嘛。但卖给我的话，可以赚到两倍的钱。按那个比例的话，四十斤就有一斤，四十块就赚了二十块了嘛。所以老百姓，愿意把新鲜的木耳卖给我。我的那些加工费啊，柴火钱就扣了二十块钱（每斤）。

我什么都做，我最大的就是运输嘛。还有蓝莓，石斛，蜂蜜。老师等下到我家，我还可以泡给你喝蜂蜜。蜂蜜这个相当管美容嘛，特别是女人，睡觉之前你要抹在脸上，皮肤就好看了。三十一斤收购，卖出去是四十。在昆明卖的不是真蜂蜜，还一百多一斤。

哦，艾惹。原来曾老师是个假佤族了嘛。最好一个月来一次探亲，哈哈哈。曾老师，说心里话嘛，我们个人没有多大的能力，没有共产党这个好政策嘛，我们边疆人民也不会有今天。包括我在内。像我们上面那里，174号界碑那里，最接近边境那里，直线只有500米。从我的房子，可以看到缅甸的寨子。对的，我们也有个界碑174号，我们回岛里路过能看到。如果当年国家不强大，我们也没有这样好的发展。政策好了，国家强大了。就是党的光辉照我们，我们就好好地发展。真的感谢党，感谢好政策。

我们回岛里，有两张摩托车。组长也来了，这两天路不行，得四五十分钟到。现在快晚上十点了，如果可以话，我们一起上去睡。连支书一起，明天在上面吃完中午饭就下来。哦哦，支书明天要出去？！哦，那算了。车子底盘太矮，晚上不安全。这个路摩托车去，也许将就着还可以吧。

四

我决定一个人，随岛里也叫第七组的副组长兼会计田国金，去岛里。

实际上同路的还有，岛里组的组长艾绕赛索和一个叫刀崽的村民及田国金的媳妇。田国金的民族名字：杉木布勒央更。

带着一种难以名状的心情上路了。我坐在岛里组长的摩托车后架。几分钟后，我们三辆摩托车就开始在坑坑洼洼的泥路踟躇。没想到，路夜漆黑，道路泥泞，烂泥塘遍布，完全就是一条烂路，极烂的从没见过的路。

路面上，好像经历过无数量钢履战车的碾压。摩托车上，车灯只能照到四五米开外。微弱的光线摇动着路边弯曲的大龙竹，朦朦胧胧。夜空黑蓝，星星点缀。车子常常被阻，或者陷在烂泥里，搅着浑水嗡嗡着不能前行。艾饶赛索不让我下车，但我总得帮他加一个支点。鞋子就一次次湿透，泥巴灌满。

就这样的路况，组长艾饶赛索不急不慌，一直在跟我聊天。

我问：这里的竹子这么多，怎么不想办法利用利用？

他好像诚心躲开我的话题，却又没走远地说起竹子来了。

竹子多，是我们的山乡的特点，但还不够。前两年，我们县建成了150万亩高标准竹林基地，年产竹材11250万根以上，是中国最大的竹子产业基地和竹纤维生产基地。我们沧源，自古以来就有种竹子的悠久历史。群众的生产生活，都和竹子息息相关。这里的气候特别适合长竹子，光分布的竹种就有18属52种，是云南乃至全国竹种最为集中和丰富的地区。尤其以笋、材两用的云南甜龙竹和苦龙竹最为适宜。还是巨龙竹原产地和分布中心，被誉为“巨龙竹之乡”。2011年，我们县被国际竹藤组织授予“中国特色竹乡”称号。我们县委县政府按照“培植优质资源、开发新兴产业、带动农户增收、优化生态环境”的竹子产业发展目标和“开拓市场、培育龙头、带动发展”的思路，制定一系列招商引资优惠政策，采取外出寻商、主动招商等方式引进竹木加工企业入驻，逐步形成“公司+基地+农户”、“公司+协会+农户”的科学发展模式，坚定群众发展竹产业的信心。就刚才说的150万亩高标准竹林基地，年产竹材11250万根以上，年产竹笋37.5万吨以上，竹山平均亩产值达600元，竹山产值达10亿元以上，农民人均竹子现金收入达4000元以上。

老师您觉得我还用对竹子，有什么想法吗？

是不用了。话还没出口，我们的车子停在一段塌方前。艾饶说，估计是在两个小时前垮下来的。

没别的办法，扛起摩托翻越。

就这样，走走停停，停停走走。

杉木布勒嬉笑我们是三辆老牛车。

大约两个小时，我们终于到达岛里，到了田国金的家。

脱掉泥巴鞋子，在他家的大院子，冲洗一番。

已经是十一点多了，宽敞的客厅里还是坐满了人。家中二老都在，热情洋溢。沏水倒茶，弄吃弄喝。又闲聊到凌晨一点多，才上二楼客房睡下。

晨六点起床，这家人没一点动静。也没好出入，在床上笔记。

泥泞的路上，组长艾绕赛索说他本姓赵，父亲是学校老师。他自己的普通话，是在广东打工两年学会的。

悄悄到后院上了一趟厕所，家中还是无声无息。到了楼顶平台，晨雾缭绕，鸡鸣狗叫。

南望对面坡头寨子，炊烟袅袅。这应该就是杉木布勒所说的缅甸村寨了。那沟底下，是不是东丁河呢？若对，再下游就是东丁水库。20多年前来到这里时，只有河，而没有水库。

据艾饶组长讲，50年前岛里只有九户人家。原来是荒山野岭，大部分人都是被召唤来的缅甸人。附近不远处，就是174号界碑。175号界在嘎多寨子附近，昨天由村书记李金明带领我们已经去过。没注意是哪年建的，是不是重建的？上溯到1990年5月，当时的碑文写着1960年建。界碑，在一片不算茂密的小树林里。28年后的今天，我还是坐在界碑前的老位置，拍了一张照片。碑还是那个碑，只不过身边不是那只铜炮枪，而是李金明的一把大砍刀。

昨晚快进村时，遇到塌方。摩托车搬过，人步行。杉木布勒的媳妇，在前边给我打着手电。

晨八点过，艾饶组长来了。我抓紧时间，在楼下客厅继续我们的闲聊。

杉木布勒讲：三岁时最早的记忆，是和十三岁的大哥去割牛草。四岁跟着爷爷奶奶挑牛草。下午和小伙伴玩耍“解放草”。整个就是一个草草草的童年。

他讲：1964年，解放军喊我们过来，形成了岛里村寨。田家、赵家、肖家、陈家，共九户。到我出生，已经二十多户了。那年，山的草籽是飞机撒下来，佤语念“放拉塔。”据说是美国飞机。这种草长得快，没别的用。只可以割下来放在牛圈和牛粪一起沤肥。牛和我们息息相关，儿时的游戏也是用泥巴捏成牛模样，互相顶撞。谁的先烂掉，谁就输了。我经常赢，因为我用解放草缠在里边。摘枇杷，做成推车玩。这种枇杷果不可食用，叶子可以当菜吃。但也就是吃着玩儿，粮食够吃，大米很多。一家一般都有二三十亩地，加上刀耕火种的旱谷子。

我四五岁，跟着父母下田玩。七八岁开始上学。一到四年级在岛里小学，五六年级在县民小。我们这里是东丁河的源头，岛里小学是一师一校，一到三年级一个教室，四年级单独一个教室。

七八岁放牛时，遇见缅甸小孩子，经常动手打架。后来不打了，几十年前我们是一家。

到了沧源民小住校。父亲每学期都要赶牛给我送粮食。当时汉话还不会讲，老师让我找扫把。听不懂，假装找了一会儿说找不到。老师说，你脚边就是。

父亲给我送粮食，路上要走五个多小时。爬安东山，上坡下坡，很辛苦。现在想起来，都酸酸的想哭。学校住宿上下床。每周可以吃一次肉，说是慰劳我们的。因为我们学习特别用功，成绩好。

（艾饶组长插话说：1996年我五年级。进校门才一周，赶上教师节，放我们回家。想家啊特别想家，我们半夜起身，跑到家，天还没亮。)

我是一个月之后才回的家。开学的时候，是父亲送的我。上课了，我也不让他走。在学生宿舍，一张单人床。父亲陪我睡了两个晚上。他走的时候，我放声大哭。爸爸大笑了一会儿，头也不回地走了。我继续哭，同学们也跟着哭。后来都哭累了，开始互相安慰。我不行，晚自习时看着月亮哭。在白白的月亮下，同学们拉着我玩“追人”游戏。追到你就死啦，必须赶紧跑。在篮球场拉木桩，像北京人玩的“木头人”。还有“洋胰子”“打叶子”“乡井”。我们那时的游戏，怎么那么多。现在的孩子，全没人玩啦。一周之后，我才缓过来。

在岛里读书，下午四点左右就放学了。我找牛回家，顺手砍几扛甘蔗回来喂猪。在县民小没活干，不安逸。没法，一个月才回家一次。走回去的当天太累了，干活学习都不了。我每月生活费是十元，爸爸会偷偷再塞给我五元。

不够吃了，买两角钱的小馒头凑合。大的馒头五角。肖锋比我还困难，经常没吃的。煮清汤瓜，土豆佛手瓜当饭。瓜都没有了，就捡人家装馒头的袋子闻一闻，也算一顿饭。回家上学，都是他带着我。就想帮他，他年龄比我大，坚决拒绝。他家病人多，娶个媳妇也病了。人倔，听不进劝。但很敦厚，每天一早一晚，都逼着我们学习。考试成绩下来后，他的最差。放假了，他不回家，守校。有吃的，还可以挣一学期的学费。我要求守校，不准。一次，他骂了勐懂寨子的一个小孩。人家半路断我们，我俩跪着求饶才没打我们。

1998年，县民族中学学生，达到了一千多人。

村下的小组长，是中国最小的官。哦，不说这个。

中学时懂事了，会管理自己，打球、踢球、洗了、刷了，都行。

和我媳妇一年级就是同桌。高中经常写情书。她读职高，叫肖叶到。一听到叶，您就知道在家是老大。您是我们佤族家人，嘎多的寨佬说了，您叫艾惹。

我和我媳妇从小就爱开玩笑。后来写情书，内容不是谈情说爱，是开玩笑或者说学习，再或者寄学习资料。她在职高一年半就不学了，到缅甸佤邦去教书。教小学，一年以后突然得了恶性疟疾，她父亲把她接了回来。我还在读高二。周六去看望她，不理我光说胡话，像鬼一样。我大姐带着他们回来的。到了永和口岸黑天了，八点以后不开放。我大姐跪在地上求他们。我们是中国人，我妹子病得要死了。我们死也要死到中国，死在家里。感动了人家，破例开了口岸。要不然，我媳妇说不定就死在那边了。

我姐姐也是偷渡到缅甸教书的，也是我姐姐在，我媳妇才去的。月收入300元，外加40斤大米。那个年月，谁家有了病人，全寨子出动帮忙。轮流抬担架，一直送到县上。互相帮助，我们是有传统的。盖房子背瓦，全村上阵。一户两片石棉瓦，很轻松。

我那时另外找了个女朋友，肖叶到知道了就开始哭鼻子。算了算了，我就和那个姑娘分手了。

高中毕业，在中秋晚会上，一个文科生因为我不给他瓜子吃，他打了我一拳。我们全体理科生56人去打架。后来又和好了。虽然没打成，但那个气势，那个场面，至今想起来都很感动。

与贫困户在一起交流，教他们致富。让贫困户当司机。2007年，茶还少。我找茶苗给贫困户，又教他们“播插法”。还带领全寨子乡亲，挖种植沟。里边，回填肥土。现在一千多亩台地茶了。原来是100亩。

帮助是一个特伟大的词语。我感受到的不是他们有多高兴，而是我心里的滋味很安逸。人这一辈子，能够时时刻刻享受这种安逸，那应该是最幸福的人了。

我的父亲叫艾西；母亲叫叶荣；媳妇叫肖叶到；儿子叫艾昆；女儿叫叶楠。他们都是老大，都是第一。只有我不是，但他们一定能够感受到我的幸福。祝我的家人幸福，祝我的乡亲们幸福。

坐标Ⅱ

北纬27° 40′ 45.29″

东经103° 36′ 26.30″

昭通市永善县茂林镇甘杉村

我聪明，必做带头人

一

1988龙年，谭德才到了昭通昭阳区。怀揣淘金梦的他，抖擞着唯一一身蓝衣褂。初次走出大山，在新民镇承包了瓦窑烧瓦。

我对烧窑的认识，在童年少年。我家在北京东郊，离家十几分钟路程的菜田附近，有好几孔窑，但都是盆窑。盆窑和瓦窑接近，所以京郊这一行不少。烧窑需要泥土，挖掘久了，地下水翻腾上来，形成了窑坑，俗称坨子。那是我最早的游泳池。再一个是20世纪70年代初，备战备荒为人民烧砖头。如同上学要背书本，在家做好的砖坯不能忘。到校头等事儿，送到学校操场上的砖窑。

谭德才干的是瓦窑。瓦窑上，是男人的世界。当地的老话，好男上瓦窑，好女针线包。不去摸打摸打那些苦力活，简直就不是好男人。

瓦窑如瓮，地下地上各一半。拱形的火门，一人多高。里边的后壁平直，有三个烟囱到火田。圆形火田出了地面，蓄满了水，为瓦窑熄火时冷却用。

烧瓦的泥料，石砾杂物要筛掉。十几挑子倒进去，大池满满当当。泼水浸润，要去踩浆。水不能少，否则土块干燥，踩不动；也不能多，多了过烂，砖坯不易干，影响烧窑的进度。

踩两天，当间醒一宿。特选的生土，就变成塑黏的黄泥，绵软有韧性。经过多次反复踩踏，烧出的瓦才结实。窖火20天，不可断。熄火后数天，让窖里完全冷却，才可出窖。

正儿八经的窑厂，踩泥用水牛，蒙着眼睛，它才不会跟着脚印走。跟着脚印走比较轻松，但里边的土薄，踩不好。经过两天的踩踏，瓦工才上场。干燥之后，就会送进瓦窑。这不仅是体力活，更是技术活。每一摞十几斤重，小心谨慎，防止碎裂。

瓦坯是不能见雨的，因为它薄。也不能晒，一晒就断裂，只能阴干，所以瓦坯要在搭建起来的寮子里完成。制造要手艺，模具比砖模讲究。扁扁的，有把柄，滑滑亮。瓦坯锻造靠师傅的脚趾，粘住泥料往模具上一踩，顺势勾住手柄，就到了手上。用铁割一划，操起模具。退到坯墙上轻放，一张瓦坯齐活。动作那叫一个麻利，看官只能张口结舌。制瓦坯千张，方可下班。

用板车把干坯子送到窑地，十几号人一天把窑装完。窑上人很多，声音粗，嗓门高，很热闹。

靠火门的砖壁叫火壁，叠装得整齐严密，像一堵墙。它直接面对火势，是焚烧最厉害的一面。火壁下正中间留有洞口，直通窑内。火力就从洞口长驱直入，分散到各个方位。最后是封火门，留两个口。上口是叉柴焚烧，下口是扒出火灰。

点火前要祭祀土地。有口气的都要来参加。窑口前摆八仙桌，放些供品，点三炷香，庇佑烧窑顺利。与泥土打交道的人，对土地是敬畏的。

三天三夜烧窑不断，柴草得给劲儿。必须干干风风的，点点儿湿草都不得。这口窑，少了也要备出二百六十担干柴。柴草垛高高，快赶上窑顶啦。

连连的几天焚烧，烧工累得够呛。火灰满头满脸，黑吧出溜。只剩下充满血丝的白眼球，咕噜咕噜地翻滚。

火田上三个烟囱开始冒青烟了，一团团地向上空喷涌而出。窑中火壁通红透亮，洞口如同水晶宫，闪闪发光。这说明瓦煅烧到熟透的程度，窑就被封上。火田马上放水，锄头轻翻泥土，防止渗出。封闭的瓦窑，要处于冷却降温状态。不能透气，否则瓦质变红。一窑的辛苦，就白费了。

谭德才此时出现在现场，把一袋子洋芋倒进火灰煨烤。工人们辛苦啦，先给肚子垫一垫。今天的厨房里，两大锅的牛肉等着你们呐。管够管够。

炭灰里煨熟的洋芋味道香，太好吃啦。只有窑工才知道，那是独一无二的美食。

开窑，最为期待。谭德才的心情，不言而喻。但是这主儿，总要躲得远远的。好像心里早就有底了。窑门一开，果然那个好哈！瓦色青黑，烧制成功！

开窑那天的大清早，拖拉机已经排成长队。不消半天，所有青瓦全都运走。

一般这时候，老谭都在伙房。大锅的牛肉，飘散在整个瓦窑工地。

别人烧出来的是红瓦，他烧出来的瓦青黝黝的。谭德才的名声，一下传扬开了。

一年多的时间，谭德才干出了十来窑瓦。正当票子哗啦啦进账，收益直线上升的时候。谭德才做出了一个让人费解的举措，回家。那时候，他已经有八九千块钱的积攒了。要是继续在昭通昭阳烧瓦，毫无疑问肯定要不了多长时间就能成为万元户。可是，他想家，想念母亲，想念媳妇和孩子。

1988年的昭通城，灯火通明，很多人家都在看电视。家乡的夜晚呢？此时此刻他几乎想象不出来。唯有老人嘴巴前一明一暗的烟火，和黑漆漆的大山记忆。即便这样，那种感情也是温暖的，牵着人心的。谭德才大胆地想象着，想象着用手里的钱给老母亲买一台电视，想象着村里街灯明亮，想象着媳妇和孩子围坐在老母亲身边的笑脸，还想象了好很多，他笑了。回家。有本钱了，回到那个山乡。碰一碰那个穷字，改一改那个贫困。

二

我带着任务去采访，在谭德才家里住下，这才真正认识了他。

认识了他，我却至今没弄明白什么叫八角子弟。但烧瓦、木工、石工、篾工、水泥工、钢筋工，这个叫谭德才的人样样精通。编的簸箕可以装豆浆、打的石碑可以雕龙画凤……

这是天资聪明吗？

当然，我的聪明不是一般的。要不是我受过一次大伤换了血，我会更聪明。

这么不谦虚啊？！

自知之明嘛！

谭德才只读过小学，但这主儿勤奋好学。农村那点实用技术，他是削尖了脑袋往里钻。

谭德才所在的甘杉村，是个高寒冷凉的特困村。最低海拔2300米，最高海拔3150米。老百姓常吃的，就是洋芋、荞子、燕麦、玉米。这些作物产量低，效益差。到2000年，人均有粮仅170公斤，人均纯收入仅340元。全村群众银行贷款和私人债务高达94.7万元。自然条件之恶劣，谁能带领甘杉村民走出困境呢？

2000年“村改”，中国村官第一次由村民自己来挑选，甘杉村民十分上心。想来想去，他们想到了一个人，他就是甘杉村当地有名的建筑老板谭德才。

从47岁走马上任到60岁离任，13年的村官之路，谭德才经历了生与死的考验，也得到了村里巨大发展变化的检验。

谭德才不当村官之后，照样嘀咕怎么挣钱，怎么富裕，怎么继续领着村民在这高寒山区，找到脱贫致富的路子。他说，这是惯性，是习以为常的，积久成性的。

有村民说，谭德才的脑瓜，不是一般的脑瓜。

也有顺口溜夸赞："不当老板当村官，为民谋福干得欢。身残志坚民拥戴，一片丹心照人间。"

"话口有点大。这也是惯性。"聪明的谭德才虽然被如此评价，他也确确实实做得不错。当然，与此同时传递出来的，还有百姓对他地地道道的敬慕之情。

谭德才不是闭明塞聪，他一早一晚听广播。频道只有三个，主要是农业新闻和法律政策性节目。谭德才更不是聪明伶俐，点着右脚摇晃着健壮的身材东走走，西串串。也有时像此时此刻，坐在自家屋顶那把破竹椅子上，望着北面绿葱葱的山坡，陷入沉思。

我说：今天的采访就是听你说。

谭德才问：采访就是听别人说话？

我说：被采访的对象说到一定程度和深度，我就能以身体会，以心感受。这叫"身入"和"心入"。

谭德才说：那就是既要吃透"上头"又要吃透"下头"。既要上情下达，又要下情上达。

没说的，这个老谭太精明了。

谭德才见我没说话，提出个要求：为了实事求是，请使用录音。

看样子他是把我当成新闻记者了，可以理解。我赶紧把永善县文联主席陈永明叫来。永明做事细致，这些家伙一应俱全。

录音机打开，也打开了谭德才的话匣子。

摆起（说到）小时候，家庭就困难了。我是一个很贫穷的家庭出来的。我家有父亲、母亲，两个姐姐一个哥哥，我是最小的。

土地，那时候是集体的，还没分田到户。1953年11月28日我出世。1958年的大跃进，勉强记得，粮食大人一斤、娃娃四两。日子，是最困难的。不够吃么。坚持活着，掺野菜吃。有几天按这个吃下来，都没得了。没得办法，娃娃多的就扯大人的口粮。大人就艰难了，一般都是省给娃娃吃。

1958年的时候，我五六岁，正是困难的时候。哥哥上学了，姐姐和我在家里做农活。我上学之前，家里条件不好。穿的不是穿的，吃的不是吃的。有一次我母亲带着我到大火地去借粮食，人家不拿给。总觉得我们这家人怕是翻不起来，都不愿借。后边找到一个亲戚，才借到一点粮食。亲戚说，娃娃要学习才聪明，穷不起一辈子，以后有了慢慢还。我们太感恩人家了，最困难的时候人家帮助了我们。还有次我姐夫出客（去）借粮食，干了半个月没回来。家里头的人，都觉得怕是饿死在路上。

我这个媳妇，是我父亲带着我去二姑爹家那边借粮食的时候，二姑爹做媒说成的亲事。我十五六岁了，也该找媳妇了。

往回说我读书。四年级了，还在打光脚板。之前，一直没穿过鞋。读书都是打光脚板（去）客，打光脚板来。我摆起这个事情，说起来真的可怜。我后头，镰刀削板板（木板），钉两个耳子套在上面，再垫上羊毛毡毡。我聪明手巧呢！学习用的本子，是祭祀的烧纸，一刀一刀切出来的。我的老师张广银说，你家庭困难买不起？我说买不起。他说，那就用这个吧！这个也用不起，一面写了，又要翻过客（去）写。假期作业没有办法喽，演草纸（草稿纸）没得。我脑瓜灵活，用新鲜的核桃叶子来做。用毛笔在上面写，那个时候不准用水笔（钢笔）。后头，张老师看着我实在可怜，他客买水纸。裁得方方正正的，针线边边缝得扎实好看。我抱在怀里，达（像）做梦一样。我那时候岁数小，成绩都好的么，老师喜欢我。小学六年级的时候，成绩相当地好哪。但是客（去）不起了，家庭没钱供我读书。所以我现在文化程度，还是小学六年级。

我读四年级在甘杉，离家2公里。五年级、六年级，在茂林乡乡里。茂林有点远啊，离我家6公里。全是山路，走公路的话要绕得多。从猴儿山翻过去，就要近些。但走山路那时候有狼，很不敢走。上学就是烙个粑粑，早出晚归。每天天麻初（天刚亮），就要出门。那时候就借钱，买了双鞋子。和我一道的还有三个学生：一个叫谭选友，是我的叔叔；另外一个是谭选良，也是我的叔叔。六年级了，老师叫我们住校。个人自己去整床铺，东扯一块板子，西拽一张席子。再整个三角锅庄，各烧各的火，各煮各的饭，各人吃各人的。我煮的饭，几乎天天一样。丢点荞面，丢俩洋芋，丢几片菜叶子。我们家穷，不能和别人搭伙吃。

我们那个宿舍墙角一转，顺着山墙一人一个灶。锅庄三个石头支起锅儿，柴起火后用锅烙粑粑、煮稀饭吃。那时候锅是自己带去的，柴也是自己上山去捡的。荞面调好之后，就可以烙粑粑了。讲究一点的，再配上炒洋芋丝。一天就做两次，上课前和下午放学后。中午就不吃了。

我们所有食材都是用背篓，一个星期背一次，背客（去）的。记得我读五年级的时候，有个星期没得吃呢。我家母亲客（去）我大姑妈家，拿来三斤荞面。那荞面是慌了心（不小心），被撒上了水火油（煤油）的。大姑妈早早丢在院子里，不要了的。但我生生吃了一个星期。所以我现在闻不起煤油味，一闻就要吐。

那时候住校的学生有30多个，住校的时间内都是自己做饭吃。一天两顿，都是自己做。该毕业了，通知我说（家中）没有钱。我14岁就回家参加劳动。后来我客（去）村上任职后，我还送了一只火腿，给我的班主任老师张广银。虽然没有读书完，但是还是认识点字。他现在都没在了，我最后一次见他是2002年。他在昭通住，我客（去）昭通见他和校长李寿明。说起来那时候的困难，两位老师一直摇头。我辍学后，张老师还带信到家里来说：不要给这个娃娃误掉，要给他客（去）读书。他脑壳够用得很，聪明得很。你看老师都这么说。十岁看大，十五岁看老嘛。

三

没读书客（去），就跟着客（去）做工分。我家俩兄弟，一年能苦几十块钱，家庭就要好一些。读书的时候平时就是家里父母做，我们只能周末来帮下忙。那时候工分成人是9.5分，小孩7分。一个工才几分钱，每天9个工分大概也就是5分钱。上学的学杂费就是2元7角钱，自己买书本、买笔墨。那是借一元钱，都比较难的时代。要苦五六十元钱，要苦到淌眼泪水。进五六十元钱，就够一家人用一年。那时候钱就硬走（值钱），拿上一两元就可以去赶场。工分除了分钱还分粮食，工分粮是四六开。口粮占60%，工分粮占40%。全年的粮食，除基本口粮外你是吃100斤、还是80斤这是固定的。以后工分苦了来，就加给你苞谷、洋芋、荞子。洋芋是五斤抵一斤、荞子二折一（二斤抵一斤）、玉米一斤抵一斤，就全部抵成口粮。

学校修得有宿舍，自己带着行李去。各人自己背着被子去，住的是大通铺。我们茂林中心小学，那时候总的就270多个学生，一年级到六年级。平时上午吃完饭就上课，晚上吃完饭就休息。我们班主任老师，语文、数学就是一个人教，不分科。一个老师，就教一个年级。语文、数学为主，其他就还有劳动、体育、图画。我们六年级的时候才有分数线。副科有英语、音乐，六年级加了一门地理。我六年级的时候13岁，辍学回家时14岁。回家来生产队什么都做，跟着挑粪、捡洋芋做点轻巧的。回来后就定了每天7个工分，一直干到16岁才8个工分。16岁以后，得到9个工分了。我姐姐一天没读过书，直接出来劳动。还有个哥哥，也是读到6年级就没读了。我哥哥比我提前两年，回来做工。虽然姐姐、哥哥都回来做工，但是苦到的工分也只够一家人吃。我小学六年级的时候，已经考起初中了，但是家里没得钱读。我转回家来3年了，莲峰镇中学都还在通知我客（去）读，当时全县只有几个中学。

1994年因为林业方面出席省开会（到省上开会），给我20分钟的发言时间。黄副县长帮我理草稿，理来我都认不得。我凭口说的，说了18分钟，那个掌声不停。问我是啥子（文化），我说我是个小学生，一个都不相信，说你毕竟（肯定）是个初中文化水平。

我长防造林带头干得好得很，1985年就带着群众造林。毛主席逝世76年，我客（去）教了8年的书。在谭家营小学教书，一直是民办教师。等到民办教师可以转公办教师，我已经转回家干生产了。我教书还是很可以的，很厉害的。我们先在羊楼子上，就是下面关牲畜上面学生娃娃读书，后面又客（去）保管室。保管室门有个洞要垮了，我和李寿明社长说：小娃娃在里面读书，有点危险。他说：危险咋整？只有不读了？可我觉得放弃不行，孩子是未来啊。后来刘进福我们两人，组织生产队的劳力，修了两间土墙房。是用小麦草，来盖起的。两间教室，我们两个老师。整个茂林，我们教的学生都是拔尖生。一般情况，要么是马家营（社）第一，要么是我这第一。我教书确实还可以。我一九七几年，还得到过省上的教育奖。1982年土地下户后，我就没有教书了。不仅教书我厉害，我勤工俭学做得也好得很。学生种莲花白，收了以后背到街子上卖掉。孩子的书啊本子和学费，用学校勤工俭学的钱。后来我又用树枝做成红缨枪，给他们练武。我教了出来，整整齐齐的客（去）六一儿童节活动。所以只要你上心，做什么都顺利。你有责任心想着为孩子服务，就能做好一切。你没有责任心，随你文化再高的人，他也不行。教书8年回来后，我想带着群众做一番事业。

我们用的柴，要到10公里外的建立溪客（去）打。一个月要背5天的柴来，才够烧。全是山路。劳力全部花在上面。我1982年当选的社长。1985年我就带着群众把土地收回，连片造了700多亩华山松林子。1985年我们造林的时候，还没有政策。当时乡里面的领导就说你干坏了，你要负责。土地才下户，你又收回来。我说我干坏了，承担一切责任。国家没政策，我自己一个人跳出来冒险干。那时候他们也尊敬我，我人也年轻，气质也好，说干个什么就干。刘俊奎是老队长，来做我的思想工作。老队长依着他娃娃喊我喊二哥。为什么我这个二哥的名号，叫得要多些？就是爷爷依着孙子喊二哥，叔叔依着娃娃也喊二哥。几辈人都喊二哥，是一种尊称。老队长说：二哥，我们200来号人哪？你随随便便，就把土地拿来连片造了林。农民爱的就是土地，以后的生活怎么办？我说：我们谭家营207个人，只要把燃料解决了，以后的生活我会想办法。造了林以后富了，3年以后4年的时候，人进去就望不见了。修下一个星期的松毛，要烧半年。就解决掉去建立溪捡柴的苦难日子了。原来天一亮起来整点粑粑，还要客10多公里，来回就是20多公里。林子护好，年年有柴烧。

1991年我把劳动力组织起来，带着他们搞副业。打沙，给莲峰镇造林。我又反过来评工分。8.5分的、9分的，带着群众干5年。副业搞起来以后除去提起来修学校、干公益事业的，剩下的基本按工分分红。等于1991年至1995年，我们集中来干集体经济，然后按照工分制分配。1993年受灾，被一场白雨（冰雹）打了颗粒无收。救灾，不能让老百姓饿着。我们集体的经济取出来（钱），买了米和肥料发给群众。当时资金是存在银行，取出来买米发给农民，发肥料种点晚秋植物。群众非常高兴，纷纷说这个集体经济真起作用，就是好。

后来我又取了钱，买了几十张永久单车。老百姓一人一张，自行车队，那时候不得了。我是在昭通城郊供销社买的，售货员问我是那个（供销）分社的。我说我买回客，是发给群众的。他说，你好大的口气。我解开对襟衣服，从马褂里拿出几沓钱。要清一色，永久牌单车。一人还买了一件白衬衣，组成一个单车队。崭崭新新，齐齐整整，客（去）莲峰造林。茂林当时，恐怕只有我一个人敢这么干。放大集体经济，从1991年到1995年买米发给群众、买单车给群众，只有我干得起，其他没有谁干得起。那时候我已经结婚了，媳妇是茂林的，是通过媒人认识的。我们这是亲戚朋友搭中承（介绍人）——我家的二姑爹，帮忙成全的。那时候我们客不能看，到她家之后她会爬起来（跑去）躲起。媒人说是什么样的就是什么样的，自己客（去）是见不到的。我们16岁说成，20岁结的婚。在当时属于晚婚，算是年纪大的了。我对这个家庭很满意，我这一生的幸福她给了一半。没得个好的妇人，撑不起这个家庭。我当社长的时候交往的人多，有朋友有亲戚。就到现在，不管领导也好还是社会上各等人员也好，我交往的还是比较宽广。如果说你家里（夫人）不贤惠，带上3次就无聊了。我家现在有两个儿子，大儿子、大儿媳分家了，小儿子、小儿媳和我们老两个一起生活。

我16岁之后和夫人家说定了，每年都要客（去）老丈人家拜年，要经过三回九转。头一回么那时候比较简单，有媒人带着我和几把面条去亲戚家认门户。用红纸在中间包上，有多少亲戚客（去）多少家。他叔叔家、爷爷家一家两把，这样送。我们提着12把面条，客（去）了6家。那是我和我夫人，第一次见面。每年正月都要客，一直到结婚那年不客（去）了。到20岁的时候，就办喜事了。那时候家庭好些了，办了二三十桌。还算可以了。有的办都办不起。那时我手艺也会了，苦也能苦得起了。我20岁的时候，是木匠做门打柜子。还做石匠，打墓碑。兼职的有篾匠、毡匠、土匠（充土墙的工人）。我什么都会，拿到什么干什么。我做毡匠打披毡，就是彝族人披在身上的羊毛披毡。出名得很，我拿过120折（固定宽度反复折，折数越多质量越好也越薄）。一般的，达到80折就不错了。手艺活，我能称得上上等。新婚的家具，都是我自己做的。现在我住的房子，是我自己设计自己修的。那时候，我们人比较封建、保守，和夫人见面都不行，按要求到20岁才能结婚（一副耿耿于怀的样子）。

四

1995年的时候，我们已经走上了共同富裕的道路。1993年，因为当时我们茂林长防林1985年种了800亩（前文他说的是700亩）华山松。1991年又种了连片共计1500亩。现在看看还是很有成就感的。我还因为造林，被评为“昭通地区长防造林先进个人”。那个省防办的主任，坐飞机到昭通。政府的车子，又送他到我这儿来。他看了以后，就把全省的林业工作会议，安排在茂林召开。会场就在谭家营。定在谭家营以前，我就派人到昭通定了12张圆桌。当时永善是王发贤的县长、李绍伦的书记。全省18个地、州、市的林业部门都来了。那时候我们集体经济还是发展的有成果了，还是可以到昭通采购物品了。乡上的领导说，我们乡上还没得你一个社有钱。批200元钱，还要拿着商量，还要签字。我当时就拿着4000元钱，客（去）昭通进货。

1995年的时候，带着大家包林子，打沙（把石头打碎），建筑上就做这些事情。把群众分成5个组，喊核心致富组双层经营。当时还在团转（周围）打工，带着打工组打沙、造林。大家的经济就有一个上升，茅草房就变成了瓦房。这都是集体经济，找来的资金。所以谭家营40来户207人，没有要政府补助就自行脱贫，茅草房变成了瓦房。记得有一年我们一次修了18家人的房子。修房子的也评工分。当时周边还没有谁有这种做法。到2000年村级换届，我当时在帮茂林、伍寨两个乡镇修人畜饮水工程。他们为什么这么看得起我，是因为我不用他们看路线。什么地方修水能到，什么地方是最好位置，我一眼就完成。村级换届的时候，无形中把我的名字选出来。我当时候只考虑带着他们整工程，没想别的。可村民说，你光带谭家营组不行，要带着整个村富起来。我说客（去）了村上，把我的产业丢掉可惜了。我说了几次不客（去），老百姓不答应。当时选举的时候共得1106票，基本算是全票当选。甘杉村村民，共1300人。2000年我到村上任职，那年没杀猪的给点米，给点面。职务补贴只有295元，一直领到2005年。我上来就把无证开采的沙场集中起来，再把洗洋塘的水堵起来发电。昭通地区罗老专员路过来看，说谭德才一上来，发展思路就清晰得很。我说我要修一个电站，给农民解决照明。还有一个就是修电站，我要打起沙来。让村集体，干起一个沙场。他说你这个思路好，我给（协调）你4万块钱。后来，我就去带着群众干。再后来，我去向他汇报了。他说，你怕还差资金？我说就是还差资金，不好意思说。他说我就望着你不好说才问，还差好多？我说还差3.5万。他说算了，我给你翻一半给你八万。那一分钟，我就高兴了。

把电站整起，晚上用于照明，白天带动一台粗沙机、一台细沙机。个个望着我说，这个人不得了。水都望了几千年了，他一晃就把电整了发起。群众那是直接高兴的话。还说，祖辈人都没见过这个点灯亮起来，好欢喜哟。

沙场整起，退耕还林就来了。那个工作（退耕还林）难干，一处都落实不下去。我就站出来报名，我要2000亩。（镇上领导）说怕你这个2000亩，落实不下去。我说必须落实，我还能落实超掉。2000亩我拉线打塘，种得整整齐齐的。省长防办的陈厅长下来看。在工地上拉着我的手说，老谭，你才是个干实事的，太干得好了，明年再给你些。我一听这句话，下县上去找到周副县长。他也是为我好地劝我说，老谭，你怎么这么心厚，给你2000亩，你退得起多少？我说打人不过先下手，我还要。他说你还要多少？我说我还要3000亩。他说恐怕你心厚了，落实不下去。后来我拿回来，冷米也要，茂林也要，我才得到2000亩。我（甘杉村）才退到四千零几十亩。这四千零几十亩，一年一百一十八万，落到甘杉村。这次作为人大代表（第十三届全国人大代表）出席中央开会，我就提出退耕还林，是高寒山区群众致富的好门路，它（高寒山区）有的是地。

用一部分来退耕还林，它有几个好处：一是防止水土流失，对环境也是一种绿化。二是保证了农民不仅有地种，群众还可以把退耕还林的资金，用于创办小型企业、修房子，群众也就脱贫致富了。我发了这个言，省委副书记李秀领夸我，老谭，你说这个实在得很。我说，我亲身经历过的。甘杉我上任的时候，整个村村民70多万的高利息（高利贷）、空仓粮。我说这个怎么脱得了贫，5分的、8分的高利息。空仓粮就是你去他那儿拿100斤玉米来吃，明天就要还他140斤。这些都压在我头上，我不动脑壳谁动脑壳，我不下力气谁下力气。退耕还林补贴的资金，一年118万。整整8年，上千万的资金就落在我甘杉村。你说甘杉怎么能发展不起来。一年一亩240元，给了8年，后期又延长至16年。甘杉村就这样，富裕了起来。群众的高利息、空仓粮，全部摆脱，就帮（贫困）帽子全部摘掉了。

退耕还林退了没有办法，土地少了不够群众种。2003年我组织起群众，由我带队拉了三车110多人，到河南去打工（劳务输出）。带起客（去）到成都，我走到哪儿他们就像一帮羊子，跟在我的后面。他们没见过大城市，害怕走丢。我买从成都到河南的火车票，他们一个都不敢客买。我一个人，要买100多张火车票。售票员说我是倒票的票贩子，说我买了出客卖。接下里，我说领导请您出来看一下我的这帮人，就知道我是不是票贩子。我是茂林的村支书，我带着人来打工的。他们不敢买票，他们一堆团转（围着）地坐着，等我来买票。当时他们穿的不是穿的，可怜啊。和成都（人）比起来就像叫花子一样。我就跟他们说，好好地去苦下，去见识一下。看人家发展的城市，我们的山区还差别人几十年的距离。我们要努力了。我带着两个苗族客（去），苗族同胞胆子小。我鼓吱吱（有点强制性的意思）地把李文秀、李文友喊客（去）。我说你跟我客（去），我负责给你找活路（工作）做。带客（去）了以后，我要回来，村上还有工作呀。两个苗族，就这样抱着我哭。说谭支书你走了以后，怕他们整我。我说哪个敢整你，我知道信了，他脱不了我的找。你安安心心地干。

甘杉村老母坟社的苗族，被我带出客打工在海南，全是把手艺学到了，把房子修起了。全是两层半，都是自己修的。所以说，劳务输出是好事，即学到本事又把钱找回来了。

高寒二半山，一个是产业发展能脱贫，二是劳务输出。要把全劳力往外输出，他才会富起来。这个路子一走上了，原来是四川人包窑子（砖瓦窑），现在被我们云南人夺过来了。（甘杉村）当大老板的就有十几家，都是我带客（去）打工的。先是小工，然后慢慢做到老板。有一家苦到钱，在昆明买了房子。我去他家说，可能要管（值）300万。

通过劳务输出，把甘杉村的基础打好了，脱贫了。政府又给了易迁（易地扶贫搬迁）工程，为60户修建了房屋。所以要听党话、跟党走。要共产党来扶持才会有好日子，撇开了不行。

有的群众说这样不要（好）、那样不要。你坐的地基、走的路，都是共产党来修建的。要教化他们，话不能乱说。在任何时候都要听党话、跟党走。围绕党的政策“劳动，干活”，你才能富起来。

五

劳务输出，甘杉村最高峰的一年，500多人在外面。都是我带出客（去）以后，他们回来，再带走几个。这样就把我们甘杉村第一步脱贫的步伐，迈出客（去）了。所以说甘杉村的基础好，上级有项目群众有钱好落实。没有钱的话，再好的项目也没法落实。我上去干安居工程，我也干够了。所以说群众富了，亏了我自己。我本来是一个建筑小老板，舍去自己的自身利益，为295户群众当好这个家。我和家里说，舍掉自身的利益我是吃亏了。如果再不把工作干好，那就是两头都亏、名声也不好。我再到村上去干，村上的委员被我团结起来。那时候我就把委员集中到村委会，用集体沙场的资金给他们解决了一些生活上的问题。

2000年那时候的委员们就在一起办公，一起吃，干得热闹。就把退耕还林、劳务输出解决了，把甘杉的基础打下去了。群众把地退了，务工也把钱找了。退耕的时候那些老道（六七十岁的老人）的骂：谭支书，一点地你拿着往死里退，以后看你怎么办？我说我带他们客（去）打工。他们说你好狠（逞强）哟，带一个两个么算了，你带这么多你带的客吗？后来通过劳务输出，他们找到钱了。他们说不知道你脑壳怎么想的，会有这么厉害。所以一个家庭的当家人要有思路，一个村这个基层党组织的书记也要有思路。如何给他们（群众）致富，如何找到致富的路子。这样这个村才会优先起来，也才会脱贫。

2003年我的脚因公负伤，躺在家里。我是上公余粮，完成了得到第一名。政府奖励我们村上600元钱，够用得很。我骑着摩托，托着镇财政所的出纳周明红。当时他帮着我们甘杉三社的收公余粮，还差几家尾钱就上去结账。我们副主任李仕军骑摩托，周明红就和他先从龙门寨走下来。周明红就说他的车响得很，我就说周明红么你来骑我的嘛。他就说哪个的车，哪个骑。他就骑在我后面。到转弯的时候，农行的纪委书记开着车回家，就在他家门口把我的脚（腿）撞了。我的脚（腿）断成四截，其中有两处是粉碎性骨折。早上8点钟撞了以后，拉倒医院去我就昏迷了。听说街上的人来看都淌眼泪，说可怜了，怎么会受这么大呢难。后来，徐等田望着势头不对，赶紧拉起走。卫生院叶院长给我吊着瓶针水，跟着送我到昭通。在昭通的第二天中午，我苏醒转来了。我问我在哪儿，他们说你脚被撞了，然后被送到这来呢。哦，原来我昏了一晚上一半天，才苏醒转来。想着，心里怕的不行。我脑壳也被碰到，点点儿伤都是小事。在昭通第一人民医院输着液，我想怎么会吃这么大的亏。输了几天液，昭通市第一人民医院不收了，说我这个腿在他们这医治不好了。喊我转到昆明的其他医院，但是我客（去）不了。我脚伤的这么凶，飞机汽车都坐不起。随便动一哈，命都要疼脱掉。要不得，还是请他们就在昭通治疗吧。后来说了什么人，在昭通第一人民医院，请昆明附二院的专家下来做。这样才解决的问题，不然要截肢了。当时永善的周副县、组织部的张部长，说老谭这个脚（腿）锯不得，一定要给他保住。没锯么得到今天的恢复，也是感谢组织、感谢党。我的腿脚一刀锯掉，那就可怜了，终身残疾。

我记得是2003年10月15日的事情。我苏醒过后，各处的人都来看望我。村干部来了，医生不许我们说工作么。我家庭的事，估计都要他们照顾。他们说工作你不要考虑。镇上派了一个人来做我的助理，帮我整起工作。后来，依了医生的要求，杵起拐杖只能到厕所，哪儿都不许客（去）。

我在医院住了半年，连春节都是在医院过的。有块皮子，老长不好。医生说你出院，怕感染。我要回家客（去）村委会，我要工作。医生没法，喊我签字。我提起笔就写。我说就是死了，我都不来找你们医院，还有撞我那个徐家。回到家来我躺在床上，镇上和村上的来看我。我说领导嘞，我这个脚也残了，还是希望你们重新选个（支书），把甘杉村的工作干起来。领导不放，说你就是睡在床上你都得当这个村支书。我在家里躺着，他们就在我的床面前办公，办了五六次。群众舍不得、领导舍不得。一直到，杵起拐杖能走了。我说不行，长期在我床前办公不是个事。我到村上去，他们有什么事也好商量。我就和家属说，算了，你在家里也做不到什么事；我到村上去，你去村上做饭给我吃。他们要办公、要整什么，不在家里办要恰当些。我夫人二话没说，到村上为我煮了半年的饭。我就在村上坐着，指挥他们。坚持到60岁的时候，我要求政府培养一个年轻人。让他们年轻人去干，我要休息下。当时镇党委张书记说，老谭，你不应该退。即便他任了（支书），你也要再坚持一下。我说，我在村上他冒不出来。我不在，他一主一夺的就会整了。年轻人嘞，多培养两个还是好的。

回到家我想这人光坐家里不行，还是要找一样产业来做起。2013年徐荣富那边要做药材，我说我5月间下（离任），你去整点党参来种起。我们就去昭阳区洒渔乡新立村朝天路，种了100亩党参，当年就见效果了。药检局的曹副书记当局长，和我们的纪委书记张占均，带着甘肃的老板来新立村看我。曹局长说，老谭，你过来还干起产业了。我说，干了，还扎实好。张书记说，老谭你野痴痴呢，永善么不发展，你干的这点来。我说，我在这儿试成功了，我会回客（去）干。这个产业发展，我客（去）甘肃、丽江、楚雄学习经验来，带着大家种。转过身回来，就成立合作社。我这个合作社和其他不一样，其他就是几个老板整。我这个就是（群众）土地入股、资金入股。大伙做来大伙有，包括我也不敢多占一分。你有多少钱，按股来分。我做一天100元，群众一天70元。我耽搁三五天也没有钱。我们带班的六个人一针见血地说，客（去）一天有一天，不客（去）就没有。群众也是一样，上班一天有一天，不上班也就没有。这样干起来，积极性就高了。剩余劳动力和残疾人，都被我收编了。我自己身残了有体会，残疾人他心还是想富哈，只是溜不动。只要有一个人牵头，还是好。我想着我原来是好人（健全的），后来残了，（干活、生活）是比好人吃力得多。我去动员残疾人加入我合作社的时候，有几个流泪说你是个好心人。你来团结我们，给我们牵个头就是好。我们怕好人（健全的）不要我们。有个叫黄柏芝说，在谭二哥的管理下，好的拖带着弱的，一起富起来。我的生活充满希望噻。她一个人，可以苦得一千多块钱。除去人情开支、学生开支、吃喝，还要剩几百。以前她的生活要去走人情，街上买点米都要去借钱或者赊账。她说，这么一来都好了，谭二哥把我统来，真的不得了。

泰友忠是在管理上加上他入股，而得到这个分红。一年收入，不会低于6万元。他入股多入了6万。又带班一天100元，一个月3000元左右。一年带班的费用，就是在36000元。所以他的积极性很高，全力支持合作社。这个事情（指创办合作社）县上、市上，多次来关心和调研。说这个路子是走对了，这个产业发展带动脱贫致富不返贫。

只要有个产业在这里，老的少的都能客。有个学生娃娃放假，他参加我们跟着干。他就有零花钱，也就是他的私房钱。大人每个星期拿点给他，在街上想买点啥子就买点啥子。我看这学生噻，做得认真又听话。买些本子和笔供他们使用，做得好的再给一些奖金。我说当个大人样的，小学生噻一天读书不知道农民的苦。你们来做哈（一下）解决了你们的零花钱，又懂得了农民的艰辛。他们还高兴，高兴是没价格的。所以学生娃娃能干，六七十岁的老人能干、残疾人能干。种这个党参，在地里平齐做。不像高空作业的，这帮人老板也不敢要。

六

如此一来，合作社在就业上，在弱势群体的脱贫上，就解决了一些问题。所以今年我们的计划就是，一个联社必须脱贫50户建档立卡户。这是我们办公（会议）决定的。在用工上，优先照顾建档立卡户和残疾人。这个是我们合作社的宗旨。就是希望更多的残疾人、更多的建档立卡户，参加我们合作社，这是实打实的。几届市委书记：刘书记、范书记、杨书记，都来过我这。说这个经验，可以在全面推广。要把这个事情的平台搭起来，我们成为（合作社）联社。重点就是，我和鲁甸那个点要做大做强。鲁甸我的点，在水磨镇拖麻村，也是种党参。

我一生人世，希望的是大家比我好，比我富。这一生，我失去了三个机会。一是教书的时候有转正的机遇，也是人生最大的一次机遇。为啥我不去要带群众致富？如果当初我继续教书转为正式教师，现在就是退休工资几千块拿起了。当时打了几次电话，代课老师全部都可以转了，为啥我不去？我想的是，我去了，这里比我穷的乡亲太多了，我想把他们带富一下。我聪明，必须做致富带头人。从小到现在，我想的都是让大家富起来。代课教师转正的机会放弃了，乡亲们说机会太可惜了，也有人说我傻的。第二个机遇，就是乡政府能源办招聘我去工作。那是正式干部，我也放弃了。那时，我在莲峰林场带着乡亲们植树造林。我去林场给大家告别准备离开，一帮弟兄们晓得我要走了，准备酒肉为我送行。他们说，二哥，你走了，我们就怕要散伙了。大家都淌着眼泪。看到那种情况，我也就放弃了，留下来继续带着大家干。虽然遗憾，但我也高兴，高兴的是把大家带富了。第三个机遇，我是搞建筑的，那时一年要找五六万块钱。但村上要我去干村干部，我放弃了我的建筑老板梦。放弃了每年5万—6万元的收入，去领295块一个月的村干部工资。

每次转折都太难了，该上还是该下？要得群众富，只有亏损自己。这三个转折，是我人生最难的选择。现在看来，我虽然丢掉了三次机会，但我也不失（后）悔。

在产业发展上，我们合作社与其他的不一样。其他的合作社，都是三五几个当老板。我们这里是大家一起当老板，共同致富。如果我一个人种党参，我的收入每年可以上千万元。但我想的就是要有大伙有，要穷大家一起穷。从当社长到如今，我都是这种一根筋，变不转来了。

有人造（骂）我谭德才，你图个啥子？如果我只考虑我一个人，茂林的首富就是我。那时候，昭通有几个大老板请我去帮他们，我没去。镇上要我，我也没去。我想的，就是留在家乡创业。现在我们这里，家庭条件、住房比我好的不下20户。我心里放下了，真的。小时候穷怕了，我希望大家今天都超过我。

在莲峰林场的时候，我们造林几万亩，我照样每天和大家一起评9分。如果我有点私心，拈点嘴嘴。我的家庭，也不像这样了。如果像其他老板那样，包成7块。我6块，拿给群众干。五年啊，几万亩，那年头是啥子概念？但我没那样做，与大家一起劳动，共同分配，挨他家一样的待遇。

在永兴合作社里，有许多的残疾人，比如洪正才、黄德芝、泰有忠等等。这些是最有代表性的，过去送人亲都到处借钱的。现在不了，是咱合作社发展的最好。都是我帮到拉扯起来的，他们现在过得非常的好。

我从村上退下来，便开始着手发展产业。说到发展产业这个事，我先是阴倒（悄悄）做。种党参，试种成功了，也得到政府的认可。再通过老师这样的宣传，更多的人就晓得了我的事。做产业非常好，让更多的人加入合作社有钱赚。技术要求也不高，也不像专业技术、高空作业，要认人。只要你肯干，七十岁也行，二三十岁的年轻人也行，外出不了的残疾人也行。愿意参加的，我都欢迎。

我们合作社这个产业，带动了周边十几个社的人参加做工。都是在家看屋的、带孙子的、出不去的人。产业带动群众致富非常实在，不是虚的。这些困难群众，一方面有政府的扶持，再加上合作社的带动，脱贫就来得快了。群众自身增收脱了贫，合作社也发展壮大了，这是最关键的好处。这些做法，得到了县里边、市里面的认可，也在全市慢慢地推开了。

习总书记说过，要实施乡村振兴，我觉得就是要发展好产业。靠产业支持发展，带动致富。特别是那些建档立卡贫困户，要在2020年实现脱贫。建成小康社会，我们就要到这些方面努力，努力地做。

我们永兴中药材种植专业合作社，就是通过“合作社+农户”的模式来发展的。群众有了收入，我们就鼓励群众自身发展。给秧苗、给技术指导，把产业做得更大。既输血、又造血，既扶贫又扶志。让群众既稳定的脱贫，又增强自我发展的能力，确保不返贫。

我也有一个梦想。我的想法就是要把产业做出品牌，要把品牌打出去。主要是药材种植、药膳猪养殖。党参藤喂猪，猪粪有机肥再施到党参地。要形成一个产业链，打好昭通党参的品牌。把药膳猪的品牌打出去。药膳猪，供不应求。党参，已经走向香港、新加坡、马来西亚市场。

有了生产、加工、市场，有了品牌，我们的群众就放心了。产业就做大做强了。我最终的愿望，就是达到这样的目的。所以，我这里奔波那里跑，就是要早一天实现这一点。然后，把我们永兴中药材种植专业合作社的联合社发展起来。7月6日中午12点，我们的永善富吉中药材种植专业合作社联合社，就要在鲁甸县水磨镇拖麻村挂牌了。曾老师一定要去啊？好，好，说话算话。

我就在想，群众脱贫了，咋个才能保证不返贫，这个压力是大的。在甘杉村，如果一户人家中10亩党参，喂5头猪。党参收入5万，养猪收入1.5万。这个很简单，来得快，也是脱贫的一条好路子。有稳定的产业，有稳定的市场，有稳定的收入，才能让群众的好日子，长长久久地过下去。

在北京参加人代会讨论的时候，我就发了一个言。这些年，党和国家为我们群众做了几大件好事情：学生读书不交学费了，还管吃管住；农民种地也不交税了，还给农民种粮补贴；贫困户修房子，一户几万的补助，修好了还帮到辗（搬）进去；六十岁的老人可以领生活补助费；看病报销，大病有保险……。党和国家、各级政府关心农民，我们农村群众也要自信自强，要懂得感恩。

1985年造林750亩（一说700亩，一说800亩），1991年造林800亩。（共）造林1000多亩，那时是没有补贴的。我就想，子孙生活在这里，不能老往人家山上跑去找烧柴。我们要自己造林，自己管、自己用。我们也要有自家的青山绿水，所以我们收回到户的荒山荒坡动员群众造林。也有少数群众不理解，不支持。有的还说，你家菩萨板上都怕要栽树子了。我说，屋头是要搞绿化，菩萨面前也可以搞点风景树摆上。优势拿给人家咒，被人家侮辱，我都扛了过来。虽然也受了很多委屈，但林子造上了，荒山也绿化了，现在看来是对的。习主席不是说，绿水青山才是金山银山！

七

我六十几了，组织培养、群众信任，有幸当选为全国人大代表。我也应该，多为群众办点事情。我是小学文化，当支书那会，大部分时间都在村上住起，没转屋头来的。我对家里感到对不起的是，有回我家夫人生病了，重感冒。挨了好久，给我带了三回信，我都没搞赢回家看哈。等我回家来时，我家侄儿子已经接她出院了。现在想来，我都觉得对不起她。那段时间，村里搞易迁工程，又修村委会的办公用房，实在走不开。

在甘杉村，我干主任三年。后边支书主任一肩挑，干了十年。这十多年，自私点说我家庭的损失是大的。也正是我家庭，发展的大好时机。未来甘杉村的发展，为了让大家富起来，这十多年，我舍了小家，顾了大家。

我小儿子大学毕业，现管着沙场，小儿媳是教书老师；大儿子在搞点建筑，大儿媳么也帮着管管家里。四个孙孙，两家都是两个儿子。很想能有个女娃娃，政策不允许了。

小时候的苦难，磨炼了我的意志。就是要苦，要拼搏。人穷不起一辈子，要能吃苦，要撑得起一个家来。记得我母亲说过一句话，我就是穷，没得钱盘你读书。要是盘出文化来么，就有个好的工作了。我没机会再有好的工作，我也要挣起一个家，我也会挣了比其他人好。我苦得起，天不见亮起来。上坡拉一回草回来，人家还在被窝里。我很聪明，又苦得起。还在七六年的时候，我就把自家的房子修成瓦房了。

无农不稳，无工不富。这句话，说得很实在。我们把农业干好了，咋个都要想办法出外。搞点副业回来，增添自己的收入。我的家庭，就是这样挣起来的。

我到村上后，就是按照我的思路这样去做的。带得好小家，才带得好大家。把农业干好了以后，我就带着大家干副业。增加收入，群众才能富得起来。这就是一种理念，没得这种理念是不行的。

对于采访（人），我今天说的是最多的。可能有重复的，但没有稿子说这么多不磕磕巴巴，您也看出我的聪明才智了吧！

这个录音结束的时候，晚霞已经把对面的山林染成红色。一阵风吹来，刚刚走下楼梯的谭德才又返回来说，曾老师十二小时之后，会有一场中到大雨。气温会降到15℃左右。你们常说下雨天，留客天。多住两天嘿，暂时就不要客（去）昭通啦。

这样晴朗的天气，会下大雨？事实证明，谭德才是对的。第二天一早，我们冒雨向茂林镇进发。而且长衣服在后备箱，让我抱着肩膀，哆嗦了一路。

有关谭德才的业绩和聪明才智，下面还要补充一些文字和数据。

1. 早在1985年谭德才就提出：“发展要看长远，山上不种树，生态继续恶化，自然灾害无法抵挡，贫困还会加重。”

当时谭家营社只有几十亩林子，经过耐心说服引导，他把已经分到户的土地又收回一部分。在国家没有任何补助的情况下，集中连片造林1540亩。这可不是一般的胆量气魄。

2. 1991年谭德才抓住国家补助秧苗钱的机遇，又带领群众造长防林1510亩。有人说他是“鬼精灵”。谭德才不置可否地说，其实是我的脑壳不一般。

就像有人说谭德才是个敢吃“螃蟹”的人，似乎形容夸耀他的胆大。其实不仅不准确，而且偏颇。他明明就是，眼观六路，耳听八方，脑瓜机灵。

3. 1991年他在全县开了先河，搞统分结合的双层经营体制。把谭家营社的劳力抽出一半，成立了一个“核心致富组”，由他带着出去找副业。剩下的劳动力，在家搞农业。搞农业的、找副业的都记工分，年终进行一次再分配。

4. 他带领群众白手起家，承包松林、冷米两村的人畜饮水工程，集体收入3500元。这一年他们没有分配，将全部资金用于扩大再生产。

5. 1992年，谭德才带领大家到莲峰林场承包造林。当年收入61383. 53元，用于现金分配35260. 86元。提取现金26122. 67元。其中的2万元，把谭家营小学修葺成石混结构的学校；并用6000元搞了本社的自来水工程。

6. 在莲峰造林，一干就是5年，累计造林3万多亩。队伍由原来的30人壮大到60人，收入由6万多元增加到20多万元。到1993年，社里的积累就达6万多元。固定资产达8万多元，人均纯收入达436. 78元。比1990年增加325. 63元，增长了393%。人均有粮389. 5公斤，比1990年翻一番。

7. 莲峰造林结束后，谭德才组建了一个建筑工程队。还建起了一个规模达1000多只的乌骨鸡森林养殖场和一个砂石料厂。

8. 在稳粮的基础上，兴办乡镇企业。他带领群众，推广地膜单株定向玉米移栽1200亩。玉米种植面积，比原来增加了400亩。玉米单产，由原来的三四百斤，提高到六七百斤。之后又推广，洋芋垄作等技术。使得全村粮食产量，大幅度提升。两年就解决温饱问题，告别了寅吃卯粮的历史。

9.为了降低打砂的成本，谭德才召开村委会。会议通过了修建一个55千瓦的小水电站，用水电取代柴油机。

10.2001年农历二月二十九日，谭德才的妻子病了，家里托人连带三回信给他。由于电站正在筑坝，谭德才脱不开身。等他忙完关键的工程，妻子的病已经好转出了院。妻子默默流泪，谭德才也悄悄把愧疚咽到肚子里。第二天一大早，谭德才起来煮猪食。妻子醒来第一句话就问："工地上那么忙，你怎么还没有走呀？"谭德才听了，眼泪差点掉下来。一个通情达理的贤内助，一个以丈夫工作为第一的好妻子。他惭愧又充满感激地说："你要吃点什么？我给你弄！"妻子说："不要管了，工地上的事情很多，你走吧！我歇一会儿，自己煮点稀饭吃。"

就这样，谭德才放下家里的一切，再次奔赴工地现场。

11.谭德才多方努力，争取到一事一议工程9万元。又争取到县扶贫办，补助雷管炸药钱2000元。用这些资金和炸药，新修洗羊塘一、二、三组和老母坟村民小组村组公路。为了节省资金，把好钢用在刀刃上。他亲自测量，与村民一道挖土凿石。几个月时间，修通了7.2公里村组公路。使甘杉村在茂林镇，率先实现组组通公路。老母坟公路修通后，谭德才又争取一事一议资金3万元，帮助该组修了一个篮球场。

12.2002年，甘杉村迎来了一个前所未有的发展机遇——这一年，国家实施退耕还林工程，甘杉村当年就争取到2000亩退耕还林指标。利用来之不易的退耕还林指标，谭德才带领村民高标准造林。

省林业厅陈副厅长来检查调研后，紧紧握着谭德才的手说："你干得太扎实了，明年再多给你点指标！"

2003年，谭德才又为甘杉村争取到2198亩退耕还林指标。两年累计完成退耕还林造林4198亩。退耕还林政府有补助，头8年240元/亩，后8年120元/亩。

谭德才为甘杉村村民，争取了最大的实惠。同时也引起了少数村民，对他的怀疑。有人说：“谭德才这么努力，他自己不整一两百亩才怪。”当时是补助金折成大米供应，怀疑他的村民派人监视他。说几百亩退耕还林的大米要拉几车，看他拉到哪里去？结果查证下来，谭德才的退耕还林面积只有9亩多。怀疑他的村民主动找他道歉：“二哥，对不起，我们误会你了！”谭德才说：“我当初放弃年薪几万元的老板不当，来当月薪295元的村官，为的就是带领大家一起致富。如果是为了贪这么点小利，我何必来当村官？”干了好事还被误会，谭德才一开始感到很委屈。但他转念一想，村民能有这样的觉悟，对自己这名党员乃至甘杉村所有党员干部永葆青春，或许是一件好事。他没有责怪监督他的村民，而是欢迎村民继续对他实施监督。

13.这一年，甘杉村争取到国家投资90余万元的异地搬迁工程，要在村委会所在地新建一条街。计划60户，每户128平方米。政府补助15000元/户，群众自筹8000元/户。这项工程，当时的市场承包价是240元/平方米。为节约资金，谭德才坚持不搞外包，实行自管自建。同时开工的还有106户安居工程。一时间，200多万元的工程，在甘杉村同时展开。昔日寂寞宁静的穷山野岭，成了一个大工地。机器轰鸣，人声鼎沸。

由于精打细算，严格管理。异地搬迁工程，最终造价为190元/平方米。比外包节约50元/平方米。当时，主管异地搬迁工程的昭通市城建局领导，检查以后对甘杉的工程赞叹不已。当场拍板，另拨9.9万元帮助架设通电线路，解决7个村民组的照明问题。

这一年，甘杉村还争取到上级补助资金3.5万元，翻修村委会危房。修360平方米的办公用房，按当时的市场承包价，至少要9万元才修得好。谭德才精打细算，水泥砖用村办砂厂的砂自己生产；盒子板、支撑木用他私人的，不要租金；砂用村办砂厂的，只收工本费。房子修好只花了7万元，差的部分用村办砂厂获得的收益贴补。办公用房修好后，村委会连一张椅子都没有。恰好谭德才被评为市级优秀共产党员的奖金1000元下来了。他用这笔奖金自己再添50元，给村委会买了3个茶几、2套转角沙发。县委组织部领导下乡到甘杉村，得知这个情况很受感动。马上给村委会购置沙发和3套文件柜、1台电脑、2台电视机以及一些图书。

14.2003年初，谭德才下乡工作，无意中发现退耕还林以后不少村民没事干。老的围着火塘摆龙门阵，年轻的打牌下棋。恰在这时，2002年只身前往河南打工的罗昌华打电话告诉谭德才，河南需要的劳动力很多。洪正宽、陈忠平、蔡国超、林永志、刘仕贤、谭显鸿等，都是谭德才当老板时带出来的能工巧匠。但是缺少点敢到外面闯世界的精神，谭德才动员他们带个头，到河南去发展。先后组织3车90多人，谭德才亲自送他们到河南去打工。

甘杉村外出务工累计达500多人，大部分落点于河南，主要是烧砖瓦，后有不少人承包窑子当上了老板；少部分落点于海南种花、种菜、搞建筑。谭显鸿当时卖洋芋，每年能找七八千元，有点小富即安的心态。谭德才动员他去河南，他还不想去，左说右说才做通思想。后来包窑子烧砖瓦，在昆明修了一幢楼房，价值300多万元。

15.五保户陈朝龙，脑筋有问题。原本是叔伯兄弟供养的，因特殊原因，被赶出家门，住在一个岩洞里。谭德才组织村上的劳动力帮其修了两间房子，还给他送去了锅、碗、瓢、盆等炊具。村里一共有3户五保户。谭德才家杀年猪、推豆花，逢年过节，都要给他们送些东西去。陈朝龙脑筋清醒的时候，对谭德才十分感激。病发的时候，则喊着谭德才的名字谩骂。村民们问：“二哥，你怎么还给他送东西，吃多了好让他骂你啊？！”谭德才笑了笑说：“他犯了病，骂两句有啥子不得了的。人是有心的，心里知道就行了。”

16.谭德才腿病还未痊愈，就再也坐不住了。投资9.9万元的“照明工程”，其他村民小组都建设得差不多了，老母坟的工程迟迟没有动工。

谭德才找来该组组长张文宝。让他给个说法。

原来是通电线路虽然只有1.5公里，但地势陡峭。单靠老母坟组的劳力，10米长500多公斤重的水泥电杆，很难抬上去。

张文宝最后说，我们51户苗族同胞没有点电灯的命，我们认命了！

谭德才有点火了，你说啥屁话，命运不是上天赐予的，而是靠自己主宰。有困难要想办法，哪能自暴自弃。劳力不足，我来想办法。

谭德才把谭家营的组长泰友平和马家营的组长蔡昌金请来，他开门见山："我就不兜圈子了，请二位组长来，有一事相求。老母坟是甘杉村唯一的一个苗族村民小组，拉电的事情，决不允许哪一个民族兄弟掉队。两位组长能不能从你们那里，请几十个壮劳力帮忙干两天？不过你们要给大伙说清楚，只帮忙，没有报酬。"

两位组长说："乡里乡亲，要什么报酬。二哥一句话，我们回去就跟大家说清楚就行了。哪天动工，在家的壮劳力全部上。"

开工那天，谭德才杵着双拐来到工地现场。壮小伙16个人抬一根电杆，再拴上纤绳。12根水泥电杆，80多人干了两天才抬上去。

17. 谭德才以坚强的毅力，忍受着痛苦的煎熬，坚持锻炼。4年后，他受伤的左腿还是不能弯曲，经鉴定被确定为四级伤残。但总算可以成为右腿的辅助支撑。走路虽一瘸一拐，但能丢掉双拐了。

这一灾难刚刚过去，另一麻烦又不期而至。2008年，谭德才又得了过敏性鼻炎。这个病虽然不要命，但却十分痛苦，出行不方便。吃炒个菜只能放盐巴，不能放任何佐料。有一点刺激，喷嚏不断，鼻涕邋遢。头晕目眩，记忆减退。4年时间，前后花了两三万元，还是没有治好。

2013年村委会换届，这年谭德才正好60岁。他主动退出村"两委"换届选举。离任后，又干到8月底。因为在他离任之前，财政拨款15万元扩修村委办公用房。按当时的市场价承包，只能修一层103平方米。村委会其他班子成员的意见是，上面给多少钱，就揉多大个粑粑。谭德才说：修一层，与原来三层的办公楼连为一体，实在太难看了。修两层，我亲自抓。就这点钱，也要揉出两个粑粑来。原来谭德才早就有自己的小算盘——支撑木、盒子板用他私人的，不用花钱；圈梁线回填土方，叫他儿子谭庆贤，从自己的砂厂拉废料去填。运费、装载机油料及工时费全免。可节约1万多元。他亲自抓，管理费又可省去一大笔。横算竖算，谭德才硬是倒腾出两层办公用房来。

18. 在彝良治好了鼻炎的谭德才，又坐不住了。他惦记着，甘杉村有7000多亩耕地，退耕还林退了4198亩，还有3000亩。壮劳力外出打工，许多土地撂荒。得想个办法，让在家的劳动力，也能挣点钱。

他只身前往甘肃考察。引进党参，在甘杉村试种。通过3年的探索实践，终于掌握了党参种植技术。2014年开始，在全村大面积推广。他牵头组建了永善县永兴中药材专业合作社。村民可以以土地入股，也可以以资金入股。第一批7个村民小组86户308人，加入了合作社。当年，合作社种植党参600余亩。亩产400到450公斤，每公斤14元，亩产值达到6000元左右。除去种苗、肥料、土地租金、人工工资等生产成本外，每亩纯收入达3000元左右。比传统种植，提高了好几倍。永兴中药材专业合作社种植党参，洗选和加工党参，主要聘用当地劳力，每小时7.5元。高峰时，每天用工达108人。仅2015年，人工工资就付出去100多万元，户均1万多元。农民把土地租给专业合作社，又反过来给专业合作社打工。租金和人工工资加起来，一年就走上了致富路。

19. 谭德才在任期间除实施了170多户异迁工程外，还实施了400户安居工程。

八

2018年7月6日上午，为了不爽谭德才之约，我在鲁甸采访了半截，就拽着被采访者转到了车子上继续。不仅如此，还得催着师傅开快一些。中午十一点五十分，我们提前到达了拖麻村。十二点准时挂牌仪式开始，掌声四起鞭炮齐鸣。永善富吉中药材种植专业合作社联合社，在鲁甸县水磨镇拖麻村挂牌了。

按一般情况，这种仪式后都是一顿大餐。谭德才不是，谭德才一反常态搞了六大盆菜饭。每人发个大碗，自助餐。这个自助简单至极，连个座位都没有。我只好捧着一碗饭菜，蹲在门外的台阶上吃。如此这般，居然还得到好多人的赞扬。谭二哥啊谭二哥，这在北京就叫玩花活。

花活是花活，也的确新鲜简便，节省时间。

甘杉村的日子不甘甜，光秃秃的山上无杉树。谭德才刚任村主任的时候，他在谭家营造的3000多亩林子，是点缀着甘杉村最大的一片绿色。村委会所在地龙门寨集镇只有10户人家，谭家营集镇也只有10户人家，住的都是茅草房或瓦房。

如今的龙门寨集镇已有100户人家，谭家营集镇的88户，家家住着小洋楼，并且两个镇都建立了宽敞舒适的村级文化活动场所。

在谭德才的带领下，植造的人工林达到了18000多亩。昔日苍凉的荒坡，如今已经披上了绿装。

村民们正高兴地采挖、清洗、加工党参。黄生生的党参，铺满宽敞的院坝。正在劳作的人们，满面红光。他们深信，在老支书谭德才的带领下，阳光与收获，一定会拥抱甘杉村！

坐标Ⅲ

北纬26° 22′ 51.79″
东经100° 02′ 44.57″
大理白族自治州洱源县牛街乡福和村

精准稳固，千家福和

福和村，有高人。

就我的这次工作而言，从一般意义上说，到大理选择采访对象应该在水边。在水边的渔民村，找一个人物聊上几天，是最恰当不过了。但大理正在整治，就跑去了水汪汪的洱源。经过几地的转悠，到了茈碧湖。没得说，湖岸风光，秀色旖旎。可这哪是我要来的地方啊，地地道道就是个标准的旅游区。盲人摸象，没办法住了一晚，翌日来到洱源县委。放弃自己主观想象，请宣传部部长定夺。

有了指示，还是进到山里。在7月24日—25日，我采访了洱源县牛街乡福和村的三个人。福和村驻村工作队第一书记，43岁的扬子赣。和平村主任、党总支书记，52岁的杨吉昆。以及最主要的福和村村民，37岁的杨润斌。这三位都是白族。

一

第一书记说

（印象：天庭饱满，精明强干，平心静气，语速缓慢。大有德厚流光之气度。）

出了云南，知道洱海的人多，知道洱源的人就少了。其实洱海50%的地表水，都来自洱源。

我们是洱源县牛街乡福和村，是洱源县的贫困村。以前进村和村里的道路，都是土路，泥泞难走。现在好了，村里的道路在省、州、县的扶贫帮助下变成了水泥路。村中也建起了文化活动室，还打起了水泥广场。

福和村算是高寒山区。管理着8个自然村13个村民小组，279户1443人。土地面积，40.81平方公里。以芸豆、洋芋、玉米，为主农作物。中草药材，也种植一些。

2015年人均纯收入6316元。截至2016年7月，建档立卡贫困人口还有98户461人。随着全县脱贫攻坚号角吹响，我们福和村这个山巅间的小村落——也不遑多让，甚至有过之而无不及，一点也不逊色——把脱贫攻坚当作最大的事情来做。

房子大了，道路宽了，生活更好了。通过易地搬迁，实现精准扶贫。群众实现了搬出来的搬出来，留下来的留下来。好起来的好起来，富起来的富起来。全村的老百姓的生活，得到了巨大改变。

家庭生活明显改善的福和北村建档立卡贫困户罗炳忠激动地说："党的政策好，帮我们实现了多年的搬迁梦，家家户户都还实现了厨卫入户、人畜分离，生活方便了，信息畅通了，日子也越来越有奔头了。"

为了更进一步的提升居住环境，易地搬迁项目还在搬迁点旁建设了牛羊圈68间。搬迁户每户两间，每间15平方米。实行了人畜分离，集中养殖的模式。

随便选个例子说说，福和村瓜拉坡村民王江全他家，今年种了马铃薯8亩，挖了6亩，收入1万多元。其中的两亩试验田，政府补助1590多元；另外6亩，补助600元/亩。家里还养了猪5头，马6匹，牛2头。加上种养业上政府各种补助，全年增收可不少。具体的，咱就不算了。

针对我们山区贫困村，自然条件差，基础设施落后的状况。我们自始至终，努力争取把项目抓在手上，并落在实处。像进村主干道工程，村内的道路硬化，文化活动中心的修建。加上美化亮化绿化。农田水利建设，及七、八小组基础设施建设项目。投入数额2600万元。还投资50万元在西村，实施生态文明示范村建设项目。大力倡导群众使用清洁能源，每户补助300元购买电磁炉，279套。每户补助1000元，支持50户群众安装太阳能热水器。此外，持续开展洱海源头环境保护宣传教育工作。卫生也不是小事，落实"门前三包"，深入开展"三清洁"工作。

2015年生态补偿123户建档立卡户，均年受益1510元。同时规划福和村垃圾焚烧炉（池）4座，就地无害化处理垃圾。

人畜分离，厨卫入户。改变传统的人畜混居，不干净不卫生的状况。通过大牲畜集中安置点的建设，实现人畜分离。

归纳下来，还做了几点工作。

第一，组织开展劳动技能培训。邀请专家到福和村，开展了两期的劳动技能、种养殖业、法律法规培训。全村共计423人次参加培训，并取得培训合格证。

第二，加大金融扶贫贷款发放力度。广泛宣传扶贫贴息贷款政策，积极配合金融企业开展工作。目前，累计对54户易地搬迁建房户贫困户，发放扶贫贷款和政府补助436万元。其他建档立卡户扶贫贷款，发放达150万元。剩余扶贫贷款和补助，将根据建房进度及产业发展情况，工作队将协调金融部门适时发放。

第三，成立福和村互助基金合作社和福和村农业专业合作社。分别在西村、东村、北村3个自然村，成立互助基金合作分社。预计投入110万元互助基金，已发放28.6万元。解决了贫困户产业发展资金短缺难题。其中建档立卡50户，非建档立卡46户受益。同时成立了，福和村农业专业合作社。优先吸纳缺乏劳动力，无发展思路，发展能力有限的50户建档立卡户入社。通过政府扶持引导，每户农户从农行贷款5万元。通过合作社入股企业，按年分红的方式，从企业获得稳定收入。

福和北村建档立卡贫困户罗炳忠激动地说："政府这么大力帮扶，我们脱贫致富的信心更足了。"

按"两不愁、三保障"的要求，大力扶持山区产业发展。全面加强基础设施建设，着力抓好朝阳沟人畜饮水及11公里进自然村公路等工作。坚决如期完成脱贫攻坚任务。

我们福和村人，科学文化水平较低，因病因残的较多。2015年8月，驻村工作队进入福和村。进村入户，精准扶贫。了解到一些贫困户，掌握了一些情况。交通不便，基础设施较差。经过一年的摸察排查，为早日脱贫制定了一些措施。首先帮助群众解决居住难的问题，然后对村里的劳动力进行了科学技术培训。对外出务工人员，开展了技能培训。请先生也不容易，正式教师，只有一个。生态保护，退耕还林，保护生态。这方面，国家给予了补偿。同时帮助我们安装了太阳能，送电磁炉，节约了很多柴火。宣传教育老百姓，不忘党的恩情的具体表现，就是鼓足干劲，自力更生。

2015年，我们把主干道修好，方便了老百信的生活和外出；进村路修了三条，把山上的灌溉沟渠也修好了。投资了近400万，侧重养殖业，我们基本上不靠天吃饭，修了一个文化广场、一个党建室和一个阅览室。

稳固住房户，21房21户，建房补贴到个人手里，人均二万六。65户，先给六万，稳固脱贫后再予以支持后续。人均环境提升，住房每户八千元。加固房子好的，再补一千五安装窗子。特困户住房用款，全部由政府出资。五保户的住房，一般是40—50平方米。

巩固提升传统产业，种植洋芋有1800元/亩收入。对种植户，还有一定的补贴。保留传统，又不故步自封。

我们到下关、剑川等地，多次寻找好的品种。抓到了，马上引进。好品种的产值2000元/亩到3000元/亩。种子好，外观好。一斤，随便卖到八九角钱。公司免费把种子交给老百姓，成熟后，我们确保五角收购。百姓一般可收入一万元。180天左右一个周期。荷兰豆，每亩收入4000元。我们种了270亩，洋芋600亩。从内蒙古引进的品种质量可以，产量差一些。洋芋每亩补助600元，种了四亩地。

养牛补助4600元。2016年买的一头两岁多的牛，花了5280元，今年就生了小牛。生态扶贫方面，分发了电磁炉，节省劳力。对使用太阳能的，予以补贴。

房前屋后还可以种重楼。种植养殖，引进适合福和村的品种。

外出务工。本村文化程度低，泥瓦工，钢筋工多。所以技术培训很重要。六期，就六百人。每人发放补助60元。

为了生态保护，少烧柴。发给百姓节能灶的同时，政府还要给予补贴2000—3000元。

本村没有一个在外边政府机构上班的，村民的文化水平低下，没到目不识丁——识二五而不知十的地步，但受过高等教育的凤毛麟角。所以对教育这一块，我们也给予很大投入。修建了小学和幼儿园。医疗方面，每人180元内由政府交，在大理州内看病的全部报销，省医院的报销90%。这一下，老百姓的医疗有了保障。

我们村穷，但不能哭着喊着叫穷。再叫穷，连媳妇都娶不来了。

全村141户，有7户没有通过脱贫验收。占3%以下。

现在在做稳固，把以前的稳固下来。继续帮扶没有脱贫的，主要由产业帮助他们发展。

上边还有没硬化的路，基础设施要继续完善，要寻找出路，海拔高的地方可以种中药材。

村里的生活逐渐好起来，外边打工的也回来得越来越多，他们回来基本是做传统产业。

我们比库区好在有地种，再把养殖业抓好，小康的目标不远了。

二

总支书记说：

（印象：个头不高，年富力强。喜笑颜开，克己奉公。脸右侧有烫伤疤痕，以是为憾。）

我2015年5月进入村委会，已经五年了。

以村委会为主导，分了三个面区，三个支部。北村、西村、东村。党建扶贫，双推进。

党员做老百姓的工作，易地搬迁。社会矛盾大，那是相当艰巨的。

所谓的易地，就是甲地到乙地。组建了建房理事会，老党员罗永生为理事长，处理各种矛盾。几十家的地啊，处理起来相当恼火。罗吉泉家五亩多的地，一开始不愿意拿出来。让他到十九户家的地里去选，他喜欢哪一块，就拿走哪一块。

同时我们再去做他父亲罗广林的工作，罗广林再去做他儿子罗吉泉的工作。为什么？罗广林是老党员啊。他对儿子讲，共产党员就要在党需要的关键时刻，牺牲自己保全大局，你难道想让你爹晚节不保吗？！

最终，他家原来村里最好的连片五亩地，变成了几个小块块，零七八碎。从我的心里感觉，挺对不住人家的。

修水渠，把山上的水引进村。

土地置换，搬迁之前，把土地分配好。

选十七家造房。

十九家抓阄。

多出来的三块地置换。

三组户型——易地搬迁点。

白族民居的风格。

人均不能超过25平方米。建档立卡户优惠优先，可以亲属共建，最高补助15.6万元。不是建档立卡户，补给1.5万元。

以前我一根白发没有，现在全白了。矛盾在我身上堆积如山，压力太大了。

我们是拿1.5万元的。

每天早五点起床，晚上八九点才回家。而很多的立卡户，懒散不干活。意见大，矛盾突出。非建档立卡户，又给加1.5万元，最后是3.6万元。不服的，由党员去做工作。

后续的公共设施，全跟上了。

我的两个姐姐在安置房，她们不是建档立卡户。好在如此，否则我就惨了。

打扫卫生，他们都不做。懒得让人没得办法，只好我们来做。对于懒人，我还没想出好的对策。

安置房上面，老党员罗永生，功不可没。

福和村通过支部+基地+企业+农户的方式，对传统产业马铃薯进行提升改造。全村种植2000多亩的马铃薯，产量约3000公斤/亩，产值达500多万元。同时，还引进了大理青松薯业来发展马铃薯。积极发展订单农业，所生产的马铃薯远销到德宏、瑞丽等一带。1530亩优质马铃薯，每亩补助600元。福和村279户1443人均受益。用“基地+农户+公司”的运作模式，引进500亩新品种马铃薯进行示范种植，提升了马铃薯产量和品质。西村、北村81户建档立卡户，全都从中受益了。福和村中药村产业扶持，投入39.4万元种植180亩附子，受益135户652人，其中包括建档立卡的53户265人。此外，还投资2.5万元，种植了50亩当归，旧房子自然村有10户建档立卡户53人受益。

积极帮助建档立卡户，购买大牲畜。123户建档立卡户，每户平均补助6500元。购买肉牛115头，生猪244头。西村每户补助1000元，56户购买羊112头。

随着产业的发展，已兑付到户244.72万元。农行产业扶贫贷款，已发放161户，593.5万元。

2017年的脱贫工作，党员在各个方面，起到了模范带头作用。

很多事，做也得罪一批人，不做也得罪一批人。

我是共产党员。前一次都投我的票，我说下一届吧。所以这一届我就干了。

我们村，因为没有在外边机关工作的。我在县上开会，所有的支书会后都有去处，只有我没地方去。冲这点，我们也得抓教育。福和村的人以后在县里，也当个官啥的。

我们把四、五、六年级，并到牛街乡中心完小。以出人才为目的，我还是跑出效果来了：2014年把三年级的也并下去了，2016年9月全部并到中心小学，同时把旧校址改为幼儿园——设施修好，厕所建在校园内。幼儿园目前是59个孩子，没有辍学的，走上了正轨。十年、二十年就出成效啦，即便他们学成了不回来也没关系，文化改变命运、改变家庭关系。

当归、附子，福和村都给予补贴。6块钱一公斤，300元/亩。公司支付2000元。

用30万元加50万元扶贫资金成立了扶贫互助社，会费方面立卡户交200元，非立卡户交300元。我当理事长。助力老百姓的产业发展。

后来本金136.4万元加会费有140多万元，现在有150万元了。目前为止，一分钱没有支出。借你10000万元买苗子，没问题。敢说，在整个大理，我们做得最好。

当然，我们是依靠大树好乘凉。

洱源县对脱贫攻坚，投入也很大。这里有个资料念一念，我也正好再学习一遍。这个资料，老师您一定要写到书里去。

以脱贫攻坚统揽经济社会发展全局，坚持把脱贫攻坚作为头等大事和第一民生工程来抓，以昂扬的精神状态、扎实的工作作风，团结带领广大干部群众坚定信心、顽强奋斗，一鼓作气、尽锐出战、精准发力，攻克坚中之坚、难中之难、贫中之贫。万众一心，夺取脱贫攻坚战全面胜利。

截至目前，全县已累计投入37.6亿元（其中财政专项扶贫资金3.95亿元，统筹整合财政涉农资金6.87亿元，统筹整合其他财政资金7.38亿元，吸纳社会资本发展教育1.2亿元，贷款资金18亿元，接受捐款0.2亿元）。

在资金安排使用上，坚持精准扶贫精准脱贫基本方略，做到“多个渠道进水，一个龙头放水”，把资金集中到贫困镇乡、贫困村、贫困户基础设施、稳固住房、产业发展等最需要的事业上，有力推进全县脱贫攻坚进程。

加强对脱贫一线干部的关爱激励，注重在脱贫一线培养、考察、识别、选拔和使用干部。2015年8月以来共提拔和调整使用扶贫干部57名，其中提拔31名（正科级干部16名、副科级干部15名），调整到重要岗位任职20名（正科级干部8名，副科级干部12名）；在2016年镇乡党委换届中，从村（社区）优秀干部队伍中择优选拔了6名干部担任镇乡党政领导班子成员。

随着脱贫攻坚工作的不断深入，2017年全县驻村工作队从40支增加到90支，驻村队员从411名增加至489名，做到所有行政村都有驻村工作队，平均每支工作队有5名以上队员，驻村第一书记和工作队长90个村全覆盖（2017年6月至12月，为扎实做好贫困对象动态管理工作，全县又增派了512名工作队员，调整充实到90支驻村扶贫工作队中），实现因村派人全面、精准、精干。驻村队员吃住在村、工作在村，真抓实干、埋头苦干，把扶贫地当家乡、把贫困户当亲人、把扶贫事当家事，始终扎根在基层、奋战在一线，用情帮带、用心帮扶、真帮真扶，用心用情用力推进脱贫攻坚各项工作，推动全县扶贫事业蓬勃发展。同时，也在实战中培养锤炼了干部，打造了一支敢于担当、踏实做事、不谋私利、素质过硬、敢打硬仗的脱贫攻坚干部队伍。

2018年2月被国务院教育督导委员会认定为“全国义务教育发展基本均衡县”。

按照“产业兴旺、生态宜居、乡风文明、治理有效、生活富裕”的总要求，以实现稳定脱贫为基础，以区域发展为重点，以巩固脱贫成果提升脱贫质量为目标，加强扶贫领域作风建设，全面开展后续帮扶和巩固提升工作，提高群众的认可度和获得感，激发群众内生动力，夯实稳定脱贫基础，确保到2020年贫困地区和贫困群众，同全州全省全国同步。全面建成小康社会，为实施乡村振兴战略打好基础。

三

福和村民说：

（印象：细高挑儿，白净脸儿。语言紧凑，磕巴急茬儿。敦厚中藏着天资，残目里含着聪颖。）

我……我……我还是那句话，不……不……不是你要我脱贫，是……是……是我必须脱贫。没……没关系，说……说一会儿就不结巴了。刺梨子长得再快，也得九月成熟。

好……好，好啦。

上小学时，我的数学和思想品德一直都是第一名。六年级就不念了，1996年7月19日，小学毕业（肄业）。因为贫困，因为爷爷中风了，奶奶身体也不好，我跟着父母去赶马，驮柴、驮炭。劳动一天，只挣十块钱。驮的是栎木炭，以前栎木很多很多。

放学回家割草和猪草。前者韧，后者软。老黄牛犁田，苦不动。我就到矿里，背煤装煤。后来有了七八头牛，黄牛，母牛。开始平平安安，生活在穷困线上。

突然一天，丢了两头牛。投石下井，雪上加霜。对家里，打击就大了，日常生活也被打乱了。

2000年，也就是1998年大洪水后，父亲当了护林员，每月400元。这都是政府的照顾。但父亲影响了我，我去找他玩的时候，开始挖药材。最初只是挖药材、卖药材，直至后来变成了一边挖一边收。我的运气不错，卖药材时认识了药材老板。在他的鼓励下，我做起药材的小生意。2014年到2015年，我挣了20多万元。

2013年，我家成了建档立卡户。

我现在不仅收药材，还卖药材。同时带动了周边贫困户，一起致富。

（总支书记插话：这小子聪明，极其注意信息。因为他的信息，我种重楼还小发了一笔。）

我现在给他又提供黄金果信息，他在干。

（总支书记插话：我已发展了十多亩了。还有七八亩是滇重楼。）

父亲一边当护林员，一边看护我的四亩地的滇重楼。

（总支书记插话：我的重楼被偷了，那两个人被判了八年。）

我现在主要做药材生意。农民背来药材卖给我。

（总支书记插话：我的孙子不认我了。瞎忙，顾不上家。）

现在有路灯了，做活路很方便。以前不行，天一黑装车卸车很恼火，得五六个人搬搬运运。现在车子开到跟前，开到家门口，我自己基本就可以了。

（第一书记插话：你说说你的合作社种的什么？）

我的合作社社员，有十三家。种的是紫金萎，独定子，草乌，附子。给他们工资，一天八十元。家家有存款，三十万以上的五家，十七八万的七家。全部都是贫困户，现在全部脱贫了。

我还发动群众种辣椒菜。今年又种了100亩，去年是200亩。我的这些都是好品种。

也发展一些其他的，叫作鸡蛋不要放在一个篮子里。

五岁时，中午吃过饭，我和我的表哥到村口去玩。村口有一口井，上边的青苔很滑。我站在青苔上，用八分钱买的水果刀，削梨子。一不小心，滑倒。刀子，我恨死水果刀了——它竟然不偏不倚地扎进我的眼睛。

邻居杨玉文——是我们小学的校长，他读过卫校，懂一些卫生医学知识，医院方面也有几个熟人——简单给我处理了一下，到村公所赶紧打电话给医院。

我们坐马车先到的洱源县医院，县医院无力治疗，又转班车去了大理，住在下关州医院。

刀子把我眼珠子捅破了，疼啊。医生护士看我可怜，给我饼干、饼子（糕点）吃哄我。在医院，住了半个多月。

到现在，住院的单据我还留着。花了87元，正是1987年，费用大部分都是杨老师杨校长借给我们的。后来我和他儿子一起上的一年级，有的同学骂我独眼龙，杨校长呵斥他们保护我。

（总支书记插话：我的脸也是不到一岁时摔在火塘里烧坏的。）

我一年级在村委会读书，二年级在本村念。一师一校，老师是我大舅。学生有23个。他是民办教师，后来转正了。五年级到牛街中心小学。那一年，洪水把路冲掉了。

我的媳妇叫杨开瑞，今年39岁。她家在福和四组，父亲早逝，兄弟还小。母亲体弱多病，生活极其困难。她作为大姐，撑起了一个家。因为我两家田地挨着，劳动见面的时间多，慢慢产生了感情。开始时，不好意思说话。久而久之，憋得没法，就唱我们白族的歌曲。别看我不敢说啥又结巴，但我敢唱《白月亮》："白月亮呀白姐姐，白姐身穿漂白衣，白绣花鞋穿脚上，白羊皮斜披，白米白面吃不尽，无聊白话莫再提，白天人多难开口，白月亮下来相会。"还有一首《心肝票》是白族最流行的。歌词大部分都是现编现唱。我很聪明的。

我唱：悠悠情，
罗坪山上百花会。
哥为采花赶会来。
哪朵是情妹？
她唱：好花开在陡石崖，
香花有刺扎手疼。
敢问采花小哥哥，
怕疼不怕疼？

第一书记插话，我来唱一个白族最流行的《心肝票》：

心肝票（小心肝）
奴利票处我利票（你也到处我也到）
奴利岩处我利岩（你也去处我也去）
该许桑刷下（就像早早相约好）
奴利岩处替扼冥（你也去处把我念）
我利岩处咪愣朵（我也去处想你呀）
芥彦工替遇桑斗（今日兄妹喜相遇）
桑社董妙刷（结成并蒂花）

我杨润斌也会唱：

心肝票

裙在摆
带在摆
风花雪月帽在摆
袖在摆
穗在摆
红裳粉褂发在摆
呵心肝票

阿妹妙曼儿摆
尺在摆
锛在摆
墨斗曲拐线在摆
棂在摆
机在摆
雕得百鸟枝头摆
呵心肝票

阿哥爷劲儿摆
犁在摆
镰在摆
卡膀背板筐在摆
枷在摆
犒在摆
羊皮坎肩磨在摆
呵心肝票

年丰八碗儿摆
砚在摆

墨在摆
宣纸镇子笔在摆
诗在摆
联在摆
赵潘几案籍在摆
呵心肝票

名邦书馨儿摆
眉在摆
怀在摆
眼里心里情在摆
蝶在摆
梦在摆
阿鹏金花春在摆
呵心肝票

那时候杨开瑞她唱的比我好，我是关公门前耍大刀。后来我跟村里的唱歌能手学习，才打了个平手。唱了好多。我们有传统，好几百年就有。尤其《心肝票》，风靡白族地区。能个的人，见树唱树，见水唱水，见山唱山。杨开瑞她就行，割牛草就唱割牛草，砍柴就唱砍柴歌。我俩一唱就唱三个小时，一直唱了两三年，才把她摆平。我知道她是让着我，但她也知道再唱下去，我们的头发都要白了。

对不起老师，没说您。您的头发白的好看，鹤发童颜。

2000年，我们结了婚。结婚了，再也没唱过。不是我一个这样，大多数人都是。就像很多汉族人，婚前蜜语婚后无语。我们结婚，不外乎就是这个村嫁到另一个村，另一个村嫁到这个村。

找到长辈去提亲。

家族里的一个大爹去的。

四色礼，烟、茶、酒、糖。之后加饼干、大米、饮料、啤酒。后两项，各两箱。人家那边，会各返回一箱。总的礼品，返回一半。

这样搞两次，就订婚。两家老人凑在一起，男方家去女方家，商量结婚时间，选个吉日良辰。再搁置六七个月，有点像公示。一般入冬时居多，农闲嘛。我是当年订，当年结的，12月24日。

杀一头猪，全村都来。在我们那，照婚纱照，我是第一个。在牛街乡政府街子上的照相馆，160元。现收藏在我家，某个柜子里。

结婚那天，媳妇走了三十多分钟从家步行来的——这得点个赞吧。一匹马驮彩礼，20多个小伙子抬箱子、抬柜子：斗柜、衣柜、米柜。女子挑着鸡、挑着板凳、挑着红、绿的大被子，意为：媳妇不能被饿着，不能被累着，不能被冻着。

我给了她妈600块钱。

我有三间房，但是又矮又小，还是土坯房。媳妇没嫌弃。

送亲队伍之前，唢呐吹得热闹。过桥过水沟，都要放鞭炮。媳妇打红伞，男子打黑伞。

进家门前，有案子挡住。摆着猪头一个，公鸡一只，酒一杯，茶一盏。酒要洒在地上，祭祀祖宗。这是入门的仪式。规矩。家里人招待女方家属。吃啦喝的，没什么新鲜了。新娘子入洞房等待。这也不新鲜。

搞对象那会儿，关系还不太明朗。我们常常去村公所看电影——柴油机发电。小学毕业16岁，我留过级。为了等兄弟一起上学，不是学习不好。同班。

几个伙伴朋友，约上几个姑娘看电影。一般都是我鼓动的。在村公所的院子里看。里边还有个供销社，都没钱。

我们这，1997年才通电。

七个男孩子，十几个姑娘，最后成了四对。

电影是《闪闪的红星》。

下大雨，打着伞。后来有大房子了，是五六间房子通开的那种。

看电影，人挨人，人挤人，站着的多。

电影票有一角、两角。

散场了，回来绕小路走。这样和姑娘在一起的时间，会长一些。穿山林，我拉着对象的手。

第一次不是心跳，是我跳起来了。那种滋味，好安逸喔。后来带回家，父母都喜欢。结婚前不能睡在一起，这个约束不好，搂了、抱了，也摸了奶子，还得忍着送走她。

那时候，有三个小伙子追她。她特能干，在外做农活，在家做饭洗衣服。

我现在在帮助她家脱贫。一个弟弟倒插门去了，一个在家照顾老母亲，今年要帮他去个媳妇。再把她老母亲接过来。她家借给我三四亩地种重楼。

我投资在重楼上，有七八十万。两年后，可以更多支持亲朋好友和贫困户。

我也被骗过一次，办驾照，被骗了8000元。2015年收玛卡，赚了20多万元。第二年再种，又赔了十几万。做生意，要讲信誉。做事，我比较稳当踏实。

村里，我是第一个开的小卖铺。

先收购新鲜的玛卡，加工之后一斤可挣到40元。4斤晒1斤。卖到丽江永胜。两个包，一包十万元。住在中玉宾馆，第二天给了钱，老板用车送我回来的。

（第一书记插话：他父亲也不错，人性好，随和。你说什么他都说好。叫杨宝生，踏踏实实的勤劳致富人。）

（小左插话：有了钱，你会不会又找一个小姑娘？）

不会不会，怎么可能。挣点钱，相当艰难。刚开始，药材卖不掉，找了几家，有个叫余小生的，按市场价买了。他也是白族，48岁。以后就找他。再有货，他即便收不了，也帮助我找下家。现在还有往来，成为朋友了。有了他，生意越来越好。三个贵人，这是第一个。

第二个是专业做药材生意的老板，叫李佳森，汉族，30多岁。他父亲叫李锡芬。父子药材店，开在下关，中药材市场，火车站对面。一斤灵芝给我800元，别人只给750元。祖籍石家庄，明朝充军发配来的云南。

（小左插话：发配到我们这个地方来的汉族，比砍头还惨。没有记录。）

生意好，信誉好，有据可查。我的药材百分之六七十，都卖给他家。他还建议我在三营买地买房，我没买。他帮我做生意，人性好。

第三个贵人叫李福喜，汉族，女的。她丈夫是建水的白族，叫李贞照。借我钱不收利息。我开了一个小卖铺，从她那里进货。她是百货批发老板，又做房地产生意。在三营，开发了一个小区。

（总支书记插话：这女人很大方，活泼开朗，能说会道，和我们联系想收白芸豆、干土豆片。）

关系像家人一样。时间长了，她还会想我。

我不是一个人在战斗。

杨玉文之子，杨立平，38岁，白族，务农。是我合作社的社员。

杨瑞宁，36岁，白族。现在做包工头。是我合作社的社员。

杨银光，36岁，白族。放牛，养牛12头。是我合作社的社员。我的堂弟。

这都是我的哥们，当初有六个。还去我媳妇村，打过架。有一次我们在人家的大麦地玩耍打滚，破坏了一大片。罚了60元，正好一人10元。

我们还上山，抓青蛙、石蛙、牛蛙、虎纹蛙，拿回来做着吃。野炊，约上女孩子。

做中药材，我们这里也是有传统的。利用大理地区，在滇藏“茶马古道”长期形成的中药材销售流通的便利。保底收购，生态中药材或者种植，是我们山区脱贫致富的一个新亮点。比原来村中传统种植的洋芋、玉米，挣得多得多。

中药材重楼具有清热解毒，消肿止痛，凉肝定惊之功效。而附子是中药中“回阳救逆第一品”，主治“回阳救逆、补火助阳，散寒止痛”之疾。在冬季，人们常常进食附子或者炖在肉里。这些菜品，都是进补身体的。

来我们这里，一转悠。就看到了，黄灿灿价值不菲的重楼果实和绿茵茵的附子地。种的还有百合、当归……对，还有盛开遍野的土豆花，也好看极了。这些在大理洱源县牛街乡福和村的田野里，都能看到。

杨润斌所说的贵人李佳森，我回到大理时去看望过。在火车站对面的大关中药材市场，几经周折找到他时。才发现自己因为没抱太大希望，竟然连礼品都没带。只好把车里的四瓶智利的干红葡萄酒送给他。握了手，三句话，两分钟，我们就离开了。为什么要去见李佳森，我没细想过。估计我的那几个陪同，也是一头雾水。

为福和村命名“福和”的，是个高人。3600年前出现的汉字早期形式殷墟甲骨文，对“福”的解释是：两手捧酒坛把酒浇在祭台上的会意字，是古代祭祀的写照。而“和”字无踪无迹，只有被后人称为繁体的“龢”。

东汉的经学家、文字学家许慎，对“和”的解释丰满之至。千人一口，同声相应，同气相求，和谐也。“禾”为麻、黍、稷、麦、豆等五谷的总称；“口”为进食的器官和发声的器官。五谷为生存之本，只有五谷丰登、丰衣足食，天下方能和谐安定。五谷为素食，口吃五谷，寓意不杀生。“和”在人和自然问题的认识和处理上，强调人与自然的和谐统一。小时候背诵过老子的，有无相生，难易相成，长短相形，高下相倾，音声相和，前后相随。其中的“和”，就是这个“和”。

“和”的异体字是“龢”。那是指多人一同吹奏乐器，节奏一致，旋律和谐；众口齐鸣，莺歌燕舞。

具体到人与事，则为和睦、和顺、和煦、调和、祥和，是天地人之间的协调与统一。

和平的基础，人人得有饭吃。乐和则谐，政和则平。和谐的声音，就是天籁。

“和”是相安、协调，和美、和谐、和声、和平、和气、和悦、和气，和衷共济、惠风和畅。

如此而已，让我们两手捧酒坛把酒浇在祭台上，再现古人的祭祀。写照给福和村，永远福和。

聿 五

坐标 I

北纬23° 26′ 37.40″
东经104° 40′ 21.31″
文山壮族苗族自治州西畴县城

脱贫攻坚，教育励志

一

西畴县的地形很是复杂。是在云贵高原南部的边缘一带。北部和中部高，东南部和西南部低。走不尽的沟壑纵横，爬不完的山峦起伏。耕地面积19.54万亩，其中有15.4万亩耕地位于25度以上陡坡。全县总面积1506平方公里，其中裸露、半裸露岩溶面积1135平方公里。占西畴县总面积的76.16%。20世纪70年代初，出土了旧石器时代晚期人牙化石，被确定为“西畴人”的诞生地。

既然老祖先站在北回归线上，能给中华民族留下“日出汤谷”和新版“羿射九日”的灿烂文化遗产。那么西畴人，也一定会创造辉煌的未来。

我读书时很喜欢契诃夫的一句话：“只有受过教育的、诚心诚意的人才是有趣味的人。也只有他们，才是社会所需要的。这样的人越多，天国来到人间也就越快。”

被称为“华夏第一相”的管仲有句名言：一年之计，莫如树谷；十年之计，莫如树木；终身之计，莫如树人。

西畴重视教育，重视人才的培养。我掌握的资料里有记录：2017年，文山州西畴县财政投入教育民生资金4098.43万元。同年，还针对性地筹集财政教育扶贫资金570.88万元，用于发放全县符合补助条件的建档立卡贫困户学生补助，其中春季学期补助学生1386人，发放补助资金156.74万元；秋季学期补助学生1973人，发放补助资金414.14万元。

2017年，申请办理建档立卡贫困户子女生源的助学贷款161人，实际发放贷款的有156人，共计112.865万元。确保贫困家庭的孩子不因贫困辍学，为实现我县脱贫攻坚“两不愁三保障”路径打下了基础。

我到西畴的第一天，就听说这里有一所1942年就创建的中学——西畴县第一中学。他们不仅每年独立承担省级、国家级课题研究任务。还不懈努力地“让一般学生变优秀，让优秀学生变精英”。把“低进高出，高进优出”的理念，运用到教学实践中。

县一中的经验，经常会让我眼前一亮，由衷欣慰，由衷崇敬。

他们认真实施，低重心的年级组长负责制。让年级组侧重成为组织管理学生的“经线”，教研组成为侧重教学常规管理的“纬线”。统一构成学校的管理网格。引导学生从“兴趣激发，找回自信”的特色办学思路。从课堂教学的兴趣激发入手，以丰富多彩和形式多样的文体活动为突破口，帮助学生找回自信心，充分调动学生的学习积极性。

其实把兴趣激发出来，进步自然而然，自信自然而然。孔子和爱因斯坦和很多大教育家都说过类似的话：“兴趣爱好是最好的老师。”“知之者不如好之者，好之者不如乐之者。”天才，就是强烈的兴趣加上顽强的入迷。没有兴趣，就没有记忆。学问必须合乎自己的兴趣，方可得益。学习的最大动力，往往是凭着对所学材料的兴趣。现代教育学的创始人霍尔巴特，就是以兴趣为基础，构建了他的教育学体系。

非常感兴趣西畴县第一中学的教学经验，尤其那个经线和纬线的坐标系统。巧合的是，我眼下要写的这本书名就叫《经纬滇书》，正是："言礼之于天地，犹织之有经纬，得经纬相错乃成文，如天地得礼始成就。"

每一个人都应该在生命的经纬度上找到自己的精神坐标。

在茫茫大海上，当船上仪器失灵的时候。有经验的海员，通过星星、月亮、太阳，来确定找到他们所在的位置，也就是被称为生命之度的经纬度。更有意思的是，物体的重力居然随着经纬度的变化而变化。经纬度是一个坐标系统，它是一种利用三度空间的球面来定义的。至此确认，通过经纬度也可以标识空间的区域。让那些高空的探索者，自由地翻转，自由的飞翔，自由的降落。

我们要在西畴第一中学寻找一位自由飞翔、自由降落的人物。

经过努力，我们约好了这个学校的优秀教师李继凤。

七月十二号的下午，走在西畴县城里，迎面习习微风，最高温度28℃，最低温度17℃。路上行人不多，很是清静。

在路边的一扇高大的铁门前，老张停住了脚步。我疑虑，这里是李继凤家？如此之门，要在北京一定是深宅大院。

门道儿，就显得窄憋了。没走几步，上了二楼。

没见到李继凤之前，刻意不做功课。也不去想象她是高矮胖瘦，黑白俏丽。大概什么性格？谈吐是否爽快？只知道她今年46岁。

然而，在客厅里喝茶等候时，她木讷的丈夫一句话惊到我："老师稍等，小儿子太小还不到一岁。她马上过来。"

客厅明亮，几乎向南的一面墙都是窗户。我坐的沙发左扶手边上，有一个竹制的婴儿高椅子。椅子腿上，靠着一只黄脸蓝衣的小布熊。右扶手边上是包装箱，和两个圆墩凳大小的木质茶叶桶。

我喝了一口茶，咀嚼着留在嘴里的茶叶杆儿。

李继凤出来时可能我脑袋走私了，或者背对着屋门。什么意识也没有，她就站在了我面前。

她把一盘子水果，放在我面前的红漆茶几上。好像也没怎么寒暄，就坐下了。

似乎也没有什么可寒暄的，她就自然地聊起来。她的大方，让我精神振奋。

李继凤，宽松的红衫，肥大的黑裙子。言谈举止，仪态端庄。浓黑的头发，在脑后卡成一缕。垂过后背，垂到腰间。不仅普通话相当标准，语言逻辑也相当清晰。她一开口，我们几乎没有插话的机会。

比如她说：我的家乡在西畴县鸡街乡牛厂坝村委会者迪街村，是个偏僻、贫穷的小山村。

陪同我的老张插话：牛厂坝全村有耕地总面积3232亩(其中田727亩，地2505亩)，人均耕地0.62亩，主要种植玉米等作物；拥有林地15621亩，主要种植经济林果；其他面积18789亩。而者迪街，是其中一个自然村。可以想见她家多么穷困了吧！

老张是冲着我说，但数字在语言里对我毫无概念。他说完了，我无话回应。

李继凤很有大将风度，微笑地看着老张抑或钟老师，最后看着我。我只好打破沉默：诸位，等李老师讲完了，我们再提问题。

李继凤微笑着，微微点了点头，微微耸了耸肩，微微调整了一下坐姿，微微抿了口水。

二

1972年出生到1992年工作期间，我吃的都是玉米饭。只有逢年过节或是家里来了贵客，才会吃一顿大米饭。刚上小学时，我很羡慕村子里在县城工作的一个伯伯。觉得人家有文化、有本事，是榜样。一种“穷怕了”的思想，坚定了我走出大山的决心。那时候读书的目的就是：走出大山，摆脱贫困。

我家有五个兄弟姐妹，我是家里的老大。习惯性迁让和照顾弟弟妹妹，成了我的秉性。当时小学是五年制。我在村子里读到四年级（10岁）时，由于班级人数只有8人，就把我们与牛厂坝村委会小学并到一起。我们走路去上学，一般需要1小时。8个孩子，每天早上都是出门前，吃一点头天剩下的冷玉米饭，就赶路上学。中午不回家，要一直挨饿到下午放学，撒腿就跑。40来分钟跑回到家，有什么吃什么。吃完晚饭，还得去放牛。

读书期间，老师对我的评价是听话的孩子，读书非常认真。班上30多个同学，我的排名前十，深受老师喜爱。小学毕业上初中时，需要通过分数筛选。者迪街村里有8个毕业学生，只有我与另一个男生被初中录取。其他同学，要么辍学，要么复读。因此村子里的老人也很看好我，鼓励我。

小学无疑是个好的开端，但关键是初中。很幸运是遇到好老师，改变了我命运。记得到鸡街乡读中学时，教学楼全部是新建的。老师分配来了两个：一位是现在一中的冉中武老师——当时教我们数学，另外一位是英语老师。他们对我的帮助很多，特别是读书的过程中他们的关爱与激励。当时我还不是班委。班上就一个班长和一个学习委员，是两位男生。他们其他成绩比我好，英语就与我差不多。初一上学期一结束，全班谁的英语成绩都没有及格。后来老师说：“谁能背通最长的英语课文，就加试卷分10分。”我背过了，当时一加上10分，我就及格了。及格的就我和两个班委共3个人，心里很受鼓舞，就认为自己是班上女生的第一。

当时我背的功夫挺厉害，从那时开始，我就把英语重要的课文全背下来。在上课时，老师会让我起来回答问题，并给予表扬。表扬之后，我就觉得信心十足。这不仅使英语逐渐成为我所有学科中最感兴趣的，也使我深受启发——老师对学生的表扬后果，是不可估量的。

中考那年，我们西畴县英语单科最高分为88分，我考了84分，与我们班当时的学习委员并列全县第二，英语成了我的亮点。

以往鸡街中学考取中专的每届只有两三个。我们当时那一届由于遇上好老师，就有14个人考取了中专。当时鸡街镇中学考取的人数，仅次于西畴县中学。连续三年全县排名第二，名气很大。当时学校的老师，一直到现在都受到大家的尊敬。每次谈起都是感叹有加，也为我想成为老师埋下了种子。

当时读初中从学校到家里，单程要3个小时。周六早上降旗仪式时，我们就早早把书包放在操场边准备好。仪式结束后，就背着书包跑回家吃午饭。星期日回学校时用背篮背十几斤玉米交给学校食堂。每星期交一次。吃饭就是交什么吃什么。以玉米饭为主。吃大锅菜，偶尔也吃肉。遇到特殊的节日，学校才会统一吃一顿米饭。在这种艰苦和文山州急需各方面人才的背景下，考取中专就像鲤鱼跃龙门。政府包分工，毕业就可直接参加工作。我义无反顾，选择了文山师范学校。

到了中等师范读书，学校有补助每月发33斤饭票。菜是家里出钱（每顿5角钱就够了），学习生活压力小了点，女生吃不完的饭票会分给男生。

我读的是普师（小学语数老师）。对普师的要求虽是面面俱到，但因小学没有英语课程，师范学校就没有开授英语课；而我又不想放弃我最好的学科，放弃很可惜，我就开始自学。当时有个亲戚在县一中读高中，我就向他们借英语书看（假期时）。在读师范期间，我就自学完高中所有的英语课程。遇到不懂的问题，就写信给初中的英语老师请教。因为从小生活在大山里，眼界不够开阔。到文山师范学校，让我最开心的就是去图书馆。那里的图书很多也很丰富，都是我需要的知识啊。就像一块海绵，掉进了水里。我在图书馆里，也发现一些可以自学英语的工具书。平时一攒到钱，就去书店购买英语方面的书。英语基础知识，打扎实。因此临近毕业时，我在我的简历中，特别注明了这个亮点特长。那一届毕业生，改行的同学有好几个。另外托关系，分到县级或者乡镇一级学校工作的也不少。而我们没关系没后台的这一群体，就只有听天由命了。

1991年7月15日，如同我的生日一样记忆犹新。这一天，我回到西畴县教育局报到，心里一点底都没有。摆在我面前的，只有两条路。我猜想自己可能会分到哪个完小，或者是回到自己的老家务农。当时我小弟还说："我们者迪这么远又穷，是否想想办法，能不回去就不回去。"不知道，什么都不知道，没有任何办法，听天由命只能等。

最后，意想不到的美事从天而降。我太幸运了。我被分配在西畴县新马街中学。哦，那几天我觉得自己在天堂上一样。新马街那个地方，我虽然从未听过。但中学校址，一定会在乡镇上。

在我的记忆里，从出生到小学毕业唯一一次到鸡街乡，是因为生病要到乡上卫生院打针。那天光走路，就走了3个多小时。看病一结束，还央求着母亲带我上街转了转。到中专毕业，因经济原因和学习压力较大，只去过鸡街、西畴县城和文山县城。现在分工到乡镇一级的中学，也可以好好逛逛街了。我对当时的工作分配非常满意，家人也很为我高兴。这都是我自己努力的结果，更是英语这个亮点，照耀帮助了我。

三

我这人有一个最大的优点——爱学、肯学，并一直保持到现在。当时我到中学后，所任科目就是梦寐以求的英语。去之前新马街中学已有两位从湖南省特招的英语教师，我把他们当作我的老师。一有问题不能解决的，就向他们请教。

刚来新马街中学时，我负责初一年级三个班的英语教学。虽然学生的教材和我读书时还是一套，有点得心应手比较熟悉。但我却一点不敢大意，认真备课、讲课、批改作业、收集整理重难点、批改和讲解试卷一步一步来。我站在讲台上的那天是9月1日，而我的生日是9月27日，当时还未满18岁。学生中有比我年龄大的，也有小的。感觉跟学生之间就是朋友关系，学生下课会围着我问学习、问新鲜事物，课余时间还一起到山上走走，一起背英语，气氛很融洽。当时我给自己定了个目标：我的第一届学生，这一仗一定要打得漂亮。而实际情况也如我所愿，确实打了个漂亮仗。在乡镇同级别排名中，名列前三。但这个乡镇名次没有让我满足，我要争取取得更好的成绩，那我首先得提高我的学历和知识。

因此，1993年至1999年的时间，我报名参加了云南省教育学院的英语专科、本科函授班学习。利用假期给自己充电。读函授六年时间，我没有缺席过任何一节课。只要是学校开的课，我都会认真听课，按时完成作业。当时住在一起的几位同学，有时她们不愿意去上课，我就说："那你们好好在宿舍把热水打来，等我上课回来告诉你们作业做什么。"有同学说："读个函授怎么那么积极，能考得文凭就行了。"我就觉得我交了学费，为什么不积极呀。我一个学期省吃俭用攒下来的学费，必须要学回来。否则，我就吃大亏啦。而且从不同的老师身上，我也能学到不同的教学风格。

在整个函授过程当中，也在不断地提升自己。同时，在学校任教期间，如果会议上校领导说去哪里学习培训，我都是第一个举手。我的好学、抢着学，给我带来了很多学习机会。学校领导认为：嗯，李老师，外派出去学习很积极。学习成效也很明显，不像别人得过且过！所以学校已给了我很多学习机会。如教师培训、教材培训和各种研讨会，基本都有我的名额。通过学习，扎实的理论基础知识和激励式教学方法，使我的教育教学成绩越来越好。

1996年，我24岁担任班主任。当时新马街中学，一个学校考取中专的只有一两人。到1999年，我带的那个毕业班，就考起了8个中专生。所教的英语平均分，比西畴县的平均分还高出22分。这些数据并不是说我需要领导的表扬，但对我自身绝对是一种激励。

我对自己的教学总是不满足，在2000年的时候，想现在我学历知识水平提高了，不能老教初中。不然时间长了知识就荒废了，要学以致用，我要到高中教书。同时，我在心中对自己说："我没有读过高中，但如果能站在高中的讲台上教书，对我的教学能力绝对是一种挑战和肯定。"再加上，与我一起分到新马街中学的一位关系较好的同事，也调到县上工作。就更加影响迫使我，要面对一些现实的问题。在新马街中学也有8年多，孩子刚好3岁，也该上幼儿园了。要为他创造一个好的教育环境，我想到西畴县老街二中教高中。你要努力，老天都会帮忙。刚好有一次去县上开会，恰巧碰上二中的校长。他问我："你能教高中吗？"我想都没想就说："能教。"校长说："那你写个申请交到教育局。"就这么简单，申请一交，当年8月底，就调到老街二中了。新的岗位很兴奋，可一上班，学校就交给我一个高一班和两个初二班级（一个快班、一个慢班）的英语。没问题，毫无怨言。我住的是30平方米左右的宿舍，和孩子的吃住做饭，全在里面。白天，经同事介绍请了个老人家，帮助接送孩子上幼儿园，一天给1元钱。傍晚吃过饭，就让孩子在院子玩，我就认真熟悉高中教材，一边识记一边看孩子。

经过一年的努力，校领导看到我的确能够胜任高中英语课程。就把初中的课程分给另外一个老师教，我又接手了两个高中班级。事实证明，一分耕耘一分收获，2003年从高一教到高三的班级，英语成绩考得比较理想。从那以后，我就成了专职高中英语教师。但过了几年，我感到有点力不从心了。又要上课，又要带孩子，又是两地分居。生活压力很大，比较苦。2005年，我又有了到州一中或县一中教书的想法。

那年，是文山州教育综合改革，老师只要能通过笔试、面试就可以直接竞聘到文山工作。西畴一中有部分优秀教师都竞聘到文山学校了，我也想去试试。

7月份的一天，我把简历准备好，计划着这几天交上去。那天的气温很高，但我居然心里很凉。为什么呢？是我想起州一中校园好大好大，我若是去上课，孩子怎么办？老胡还在董马乡镇府，离文山更远。我是忙带孩子，还是忙教学？真到了州一中教书，我根本没法生存。作为女人，从事自己喜欢的职业极其重要，但还要有一个幸福和谐的家庭。

所以，我在操场上走了几圈之后，最终决定不去文山，回来西畴县一中竞聘。就是在那个假期，我以笔试第一、面试第一的成绩，被县一中录用。为了静下心来教书，我在孩子开学的第一天，领着他走路上学。并交代好上学、回家的路线和注意事项。那之后，我再也没有接送过孩子。孩子还挺懂事，不管天晴下雨，从来没有要求过我接送。他现在，在临沧科技学院读大三。

四

2005年9月开始，我就安心在一中教书了。但刚过两年，教育综合改革，大批优秀教师流失（竞聘到文山学校工作）的负面效应凸显出来。即因为优秀教师外调，大批优秀生源已跟着转到外县（主要是文山）读书。虽然，期间从校长到每位教师都尽力了，但从2007年开始，连续三年一中高考成绩出现了高考一本为“零”的历史最差成绩。那几年给我的感觉是黑色的，带着校徽出去都不好意思。也是在这年8月份，学校压了一个重担给我，即当任高一年级的年级组长，当时压力是很大的。一方面是社会舆论不好，群众开始不信任一中教师的教学能力；一方面是初中好的生源都被州一中挖走，只要是分数达到的一个没留下。一些有关系的学生家长也都想办法把孩子送到其他县市去读。在这种情况下，我领着年级组的老师想尽一切办法，把西畴精神全搬出来用上。脱贫攻坚，教育励志。稳住学生情绪、激励学生志向。同时，根据学生基础差、留守生多的情况，我们年级24位教师抱作一团。利用周末和假期，免费给学生补课。这也是西畴一中历史上，第一届从高一一直补到高三的年级。并从此高一开始补课，成为一中的惯例。在进入高三后，分别有县政府分管教育的副县长、县政协领导和县教育局领导来学校视察时，给我们这一届定的目标都是：考起一个一本，突破“零”的禁锢。

西畴县第一中学全体教职员工，全力以赴。拼搏，似乎不合适，我们就是全力以赴。

喜悦的捷报，是2010年6月24日传来的。那天开始查阅高考分数，学生查分后都要把成绩汇报给班主任。我晚上把班主任喊到学校门卫室集中汇总。一数有9个学生考取了一本，其中一个学生还考了603分。同时，也创造了一个西畴一中历史记录：246名学生，专科上线率为100%。我第一时间把这个成绩汇报给了校长，校长也是很高兴。还买来鞭炮，燃放庆祝。后来，有个别一本专业下降录取分数线。最终，那届录取一本的学生有14个。紧接着从2011年开始，西畴一中的一本再也没有出现过“零”。专科上线率，都保持在95%以上。“黑色路途”终一结束，学校办学质量越来越好。也因此，我当任年级组长，一当就是10多年。我是一中在职年级组组长时间最长的，先后经历过四任校长，教学生已是第四届。

现在想起2007年至2010年的那三年工作，还是历历在目。想起学生的刻苦努力，记忆犹新。记得2009年高三第一学期的时候，俩哥弟转学来西畴一中读书，一个叫程国灿，一个叫程国杨。他们哥俩的学习经历，就更传奇了。从这哥俩转学来读书到毕业，我只见过他们的姑爹，从没见过他们的父母。哥俩以前在山东读书，后来因父母离异，母亲改嫁，母亲就把哥俩托付给远在西畴的姑妈、姑爹看护。程国灿学习好点，程国杨要欠佳点，他哥俩都讨人喜欢。但有一次，他们的姑爹来说：“家里出了点事，更加没钱了，现在在学校读书都有问题，即使以后考取大学也供不起。”我听了后表态：“这两个孩子在一中读书，你能出多少是多少，剩下的不要你操心。一切学习、生活问题，我来想办法解决。”我当时立马给校长打电话汇报情况，10来分钟，校长就给我答复：“学习费用可以减免，生活费可给予助学金补助。”我跟他们姑爹说后，孩子就留了下来。过后我重点了解山东高中教材与云南教材的不同，发现有两个科目的部分章节不一样。在上学期结束放寒假时，我就把他哥俩留在我家里住了几天。把相关教师，请到家里来针对性辅导。辅导结束后，我发现程国灿的书包爹线了，就领着他们去买新的；但他俩不要，说书包是从初一开始背的，已经有感情了。我明白他们是怕我花钱。这哥俩太懂事了，又很节俭。只有领他们去缝补好书包，又给了一些车费钱。让他们高高兴兴，回姑爹家过年去了。后来，下学期学习已很顺利。高考时，程国灿考得603分，被南京东南大学录取，现在在安微工作；程国杨考得低点，被南京职业学院录取，现在在江苏工作。

到现在，我高中教学经历已有13年。13年中我的目标只有一个，就是尽可能地通过我们教师的努力，让孩子考取大学。因为，自己是老师改变了自己的命运，我也要成为改变学生命运的好老师。为此，每一届高一班级的第一次家长会，我都会向家长讲述“教育改变三代人”的话题。也就是孩子通过读书考取大学，可以改变自身的命运；当孩子工作了，有了好的条件，又可以改变老人的生活质量；等有了自己的孩子，又可以让其接受更好的教育和提供舒适的生活水平。现在我们教的农村大部分学生都是留守孩子，父母大都常年在外打工，他们跟着爷爷、奶奶，或外公、外婆，或姑姑、姨妈居住，家庭教育是一个短板。我们年级开家长会就有个要求：所有学生必须有大人来，即使是亲戚都可以，但70岁以上的老人不准来。因为，70岁以上的老人自己都有一些昏昏颠颠，老师说什么他们根本记不住，更理解不了，又怎能转告父母或教育好孩子？另外在班会上，我会讲述自身的学习成长之路，我认为我的学习成长经历本来就是一个励志的故事。通过这些途径，激励学生自立、自信、自强。

作为英语这门学科，因为家庭、教育和生活环境的不同，许多学生的英语学习非常吃力，成绩差而影响不能升入好一点的大学。所以在这个学科上每届学生我会灌输一些好的学习英语的方法，我已感受得到，学生能从中学到学习的方法，培养起学习英语的兴趣。像2016年毕业的学生王永正。他家住在西畴连花塘（乡镇名称），家境已不是很好，父亲在连花塘乡上就近打零工，母亲在家种地，经济收入单一而又少，他还有一个姐姐，当时姐姐在读专科。所以从王永正平时在学校的吃穿都看得出来，家境不是很好。他本人中考进入高一时，其他学科成绩都很优秀，但英语才考得50多分。后来经过激励、引导和自身努力，帮助他建立一套适合自身的英语学习方法，他高考时英语考了90多分的成绩。现在在昆明医科大免费就读临床医学专业，且签订了就业合同，安排在西畴县兴街中医院。

五

多年的工作经验，我发现女生小学时病的较少，大学时身体已好，基本不病。就是初中、高中病多，一生病又引起生理紊乱，不是肚子疼就是头疼，影响学习。如在县医院妇产科的骨干医生李明翠。1996年在新马街读初中时，父亲过世了，家里只有母亲和哥哥，经济收入很微薄，她又经常胃疼，三天两头进医院，本来很困难的家庭就更拮据了。她就产生了厌学情绪，多次想收拾被褥回家。了解情况后，我先骑自行车到家里去做她母亲的思想工作，用读书改变人生命运的故事做通了母亲的思想工作。母亲又和我一起做她的思想工作。但她呢，还是不想读书，我为稳住孩子情绪，就与校长说明情况，向其他同学解释清楚，买了一个煤油炉和小锑锅放在宿舍，胃疼了就熬一点稀饭吃。生病了，我会及时把她送去医院治疗，且垫付医疗费。可能就是如此，她也不好意思再提退学了。但在临近中考时，她想着家里的情况，考取了也读不起，又打退堂鼓了。我又骑着老式的永久牌自行车到她家里做工作。最后她母亲说："孩子，你看你读书，人家李老师这样关心你，你不能说回来就回来，你就当读书是帮李老师读，考试是帮李老师考，但要好好呢考。"后来她参加考试，被文山卫校录取，学校已给予一定帮扶，毕业后就被分在新马街医院工作，她本人工作很努力，前几年就调到县医院上班。

又如在县一中时，有个叫诺友桂的女生，现在大学毕业在深圳工作。她读高二时，三天两头跑医院看病，当时我是年级组长，又教她英语，她就对我说她身体不好，差不多每周都要跑医院，她想留级。我说："你不能留级，你一留级身体会更差。"她回答也干脆："如果这样，那我就不读书了。"我说："这更不行，你不能因一时的小病，拿你一生的命运来交换。"过后，我及时把她父母喊到学校，首先了解孩子在初中时的身体状况，又分析现在的情况。孩子之所以常生病，主要是学习压力太大，她只要坚持下来考取大学，就不会经常性生病。到了高三，为了稳定她的情绪，同时也为了照顾好她，我直接让她到家里来住。早上，我把药熬好，让她喝了再去读书。中午和傍晚回来，她可以一边看书一边用电磁炉熬药喝。吃饭的问题就全由我的老婆婆（丈夫的母亲）负责，这样高三第一学期，她基本没发过病。第二学期开学，她想着住在老师家，让老师和爷爷奶奶关照自己，挺过意不去，就搬回学校去住。但搬过去没到一个月就犯病了，我又把她接来，叮嘱她："以后不准再打任何歪主意，安安心心住下来，好好学习，认真考试，考取大学就是对老师最大的回报。"当时还有一个情况，在读高三下学期时，有一个复读的学生叫王世美。她因为是复读生，压力更大。经常头疼、肚子疼。说不读书了。有一天她父亲来学校接她，准备回家了。来到学校门卫室时，刚好遇到我。我就问什么情况，听了情况，我当时就把孩子接到自己家里住，让她跟诺友桂一起上学回家，刚好作个伴，又开了一些中药来熬了吃调理身体。就这样，两个孩子顺顺利利读完高中考取了二本，王世美考取云南玉溪师范学院，诺友桂考取云南中医学院。

六

这么多年，对待工作我是兢兢业业。对待家庭，同样是尽责尽力。刚分到新马街中学任教时，学校与乡政府紧挨着，也没有围墙，每天从宿舍到班级上课都会经过乡政府的球场，当时我不认识老胡（她丈夫），但他好像通过其他朋友，早就认识了我。我们真正认识时是1993年，当时我有个和我同一年一起分到学校的男老师和他关系较好。那个同事领着他到学校找我玩，也不说是找对象。后来他俩，就隔三差五去找我。一个月以后，就变成他一个人单独去了。我当时不想刚参加工作就谈恋爱结婚，老胡不下十次向我表露想和我谈恋爱，我都拒绝了。不过他还是不气馁，照样厚着脸皮经常去找我聊天。这男人在谈婚论嫁的时候，是很有心机的。我呢，有时候要骑着自行车做家访，回来时天色大都是黑灯瞎火。小姑娘还是要结伴而行安全些，但学校没有适合人选，就叫他陪着我去。时间一长，就被他的一片痴心和男人的责任心所折服，与他开始谈起恋爱，1994年就结了婚。不过因工作需要，老胡1995年被调到董马乡政府工作。1997年有了儿子后，儿子都是我一个人领着。直到2006年老胡调到县人大工作，一家人才结束了近12年的两地分居生活。

在家庭中，为父母分忧，管教弟弟妹妹是责无旁贷的。我是家里的老大，下面还有三个妹妹和一个弟弟。当任老师多年来，我最大的成就之一就是在家庭中，把四个弟妹全部带出来读书。三个都有工作，弟弟在搞运输行业养家糊口。当年，我被分配到西畴县新马街中学任教时，分别把二妹、三妹带过去在我的班级读书。好管教，吃穿都是我负责。两个妹妹很争气，都考取了中专，毕业当老师。四妹和弟弟，也带到后来任教的学校读书。平时要求他们在学校，必须叫我老师，不准叫我姐。在学习和劳动等方面，要求都比其他学生要更严。现在四妹参加工作了，小弟也有事做，成就感很强。我带出了老二、老三，参加工作了，我们又一起供老四和弟弟。这样一个带一个，一个踩着一个的肩膀上去。不过，最大的遗憾是没有把弟弟带出来。因为家里只有一个儿子、四个女儿。父亲就想女儿终归要嫁出去，儿子终归要留在家里，儿子能读书出去更好，出不去也无妨，所以平时很娇惯弟弟。我在弟弟的教育上是用心用力了，学校开校会点名批评违纪学生，弟弟都在其列。为此，我打过他，但始终替代不了父母的教育。最后，三弟差了10多分没有考取中专。就把他转到鸡街复读。复读还是没考取中专，我说让他去读高中，但弟弟选择了放弃，我没有反驳。现在看到他的同学出来工作了，我很后悔。如果当时我逼着他读书，他应该是能考取中专的。现在几姐弟互相帮助，买了辆大货车给弟弟跑运输。弟弟生活还可以，且已经结了婚，孩子都很大了。而在老公公这边，老胡在家里也是排行老大，家里还有两个弟弟妹妹，只是他家条件比我家好一点。但同样我们都是一个带一个，互相帮助。今年还有个小侄从乡上转学到县城读书，就住在我们家里。

出来工作了，但我从来没有乱用过一分钱。中国有句老话：笑脏不笑烂。小时候我穿过补丁衣服。现在工作了，工资已高，但我始终认为：作为老师没必要奢侈，要在学生面前树立榜样。几千块衣服是穿，几块的也是穿。而且作为老师，关键是要有气质。气质是内在的精神和力量，站在讲台上像像样样的。如果老师穿着上千元的衣服，露胳膊露腿的。站在讲台上像个什么样子，符合教师的形象吗？会对学生的心理有影响的。

从事教师工作20多年来，工作都是一丝不苟。像上边这些事例还有许多。我之所以这样做，就是因为我个人也是因为遇到好老师的缘故，而改变了自己的命运。一个老师，对学生潜移默化的影响太大了。那现在我当老师了，我也要做这样的好老师。只要自己多关心一点，鼓励一下他们。改变的不仅仅是一两个学生的命运，改变的是他们家庭三代人的命运。同时，他（她）们也能在村里成为青少年的榜样，榜样的力量是无穷的。这些年，荣誉证书也得过不少。其中有省教育厅发的先进个人，有四次州委政府发的优秀教师，县上的就更多了。每次发证书，奖金也有几百元，但我不在意钱的多少。我就把证书作为一种精神的提升，既是上级对自己的肯定，也是自己鼓励自己。就像我对年级组教师说的：老师其实是生活在一种精神之中，这种精神是纯粹的、大爱的、无私的。特别是十八大以后，党的政策更好了，教师待遇上去了。社会上一些单位的隐性灰色收入被斩断了。教师们一些不平衡的心理得到平复，教师职业变得炙手可热。

脱贫攻坚，教育励志。如今，我们站在坚决打赢脱贫攻坚战，全面建成小康社会，实现中华民族伟大复兴梦的历史时期。作为教师，我个人的理解是：教师虽大部分时间、精力是放在教育教学工作上，但只要我们本着“不等不靠不要、苦干实干加油干，大爱无私、不抛弃不放弃”的精神，多教出去一个学生，就是减少脱贫攻坚工作的一份压力；多有一个学生毕业就业，就是为脱贫攻坚工作多做了一份贡献。

李继凤，秀外慧中，风行水上。洋洋洒洒，神流气畅。说了两个多小时，没喝水，没离开座位。她坐的是一个没有靠背的方凳儿，身子板儿照样挺直。周正的脸上还是微笑，似乎她长的就是一张笑脸。似乎这就是一个教师，应有的仪容姿态。

坐标Ⅱ

北纬25° 53′ 16.80″
东经99° 0′ 18.55″
怒江州泸水市老窝镇银坡村

我是脱贫攻坚一士兵

一

重楼种植致富的带头人肖志军，让我陷入回忆。

要去采访重楼种植大户，我一下搂不住神儿，掉进回忆。

回忆一般都是这样开头。1990年4月19日。在滇西北，怒江大峡谷……这么一来，有点慢慢说的意思了。

实际上，记忆的碎片纷纷扬扬，捅了蜂窝一样。它是怎么在我身体里定居下来的？是慢慢降落？还是拐弯的阳光抑或破碎的纸片飘飘摇摇？

记忆是自然智慧的基础。记忆使每个人独一无二。记忆是人脑对经验过事物的识记、保持、再现或再认。它是进行思维、想象等高级心理活动的基础。这类理论，都和我此时此地的记忆没有多大关系。

原本以为我的大脑壳，容量还成。但几天来半睡半醒，天灵盖炸开了一般，乱糟糟的。沉静来沉静去，剩下的都是珙桐花瓣。哦，正是鸽子树花开的季节。

1892年，也就是法国传教士田神父，在云南一个叫朱苦拉的地方，试种咖啡成功的这年。荷兰有个军医叫杜布瓦，在爪哇岛上，发现了人类化石。这家伙命好，比那个老在古墓寻找的考古学家温克尔曼福气多了。杜布瓦一次性，就收获了头盖骨、下颌骨和大腿骨。其中的头盖骨，被估算出的脑容量大约有900毫升。特想知道我等普通人呢？答案是1500毫升。其实这是颅容量，是从颅腔的容积上说的。

记忆的存储若用TB为单位，大脑的容量，相当于7.6亿TB的数据。

大脑本身是没有感觉，一切为二也不会感到疼痛。

人脑的神经细胞回路，比今天全世界的电话网络还要复杂1400多倍。

人体触、嗅、味、听、视，5种感觉器官不断接受的信息中，仅有1%的信息经过大脑处理，其余99%均被筛去。

人脑子储存的总信息，相当于美国国会图书馆的50倍，差不多是5亿本书的知识。

数据枯燥乏味，但可以让语言文字的想象，飞扬一下。

二

重楼的初次尝试在怒江。怒江的石月亮下，一次生死遭遇。

这些文字数据，一下让我冷静下来。碎片有了筛选归纳，最后竟链接成镜头。画面一幅幅地被展开。可以跟，可以推拉，也可以全景。有时还有蒙太奇、特写、叠加、画外音之类的。主要人物就是俩：一个是我——人称曾老师，一个是民间音乐人阿邓。后来还加入一些傈僳族老乡和意味深长的酒歌。

高黎贡山，碧罗雪山，隔激流黑水相望。峡谷险要，深邃蜿蜒。

雨，渐渐停歇。

坡沟，水流浑浊。

放晴。公路上两个骑单车的人，沿岸溯江北上。

水湾回转，泥石塌方。

人车互驮，走走歇歇。

几雨几停，无处藏躲，尽管湿淋。

峰峦，瀑布，桐花飞白，绿鸟啁啾。

曾老师画外音：那一年的春天，我要去石月亮下边的山寨考察。给我做向导兼翻译的，是怒江傈僳族民间音乐人阿邓。

太阳西移，穷途末路，戛然于悬崖绝壁之顶。

有长长钢缆一条，牵挂激流两岸。抻拽不赢，耷落出软软弯弧。无依无靠，摇曳碎浪氤氲。

风吹散了曾老师的长发。他有些犹豫。

阿邓：曾老师，这就是过江工具——溜索。

又催：快上去吧，天色不等人。

说完，阿邓抢过曾老师的双肩背包，拢在自己身上。

曾老师画外音：我也是活该，断绝退路。谁让平日，轻狂张扬，尽显天地不怕，生猛豪放形象。

曾老师苍白的脸。只得硬着头皮，掩饰着怂孬。系紧绳襻，再无半语只言。

阿邓说：只看对岸，甭管别处。没有多远也就百十来米，眨眼就到。说完，再不给曾老师片刻思虑时间。三拽一推，撒了手爪。听凭曾老师，向江心溜滑而去。

曾老师画外音：离了阿邓，离了江岸，像告别了世界。风，似乎很大，却不敢闭眼。生死攸关，维系单绳。

曾老师头顶上，是惊慌闪躲的乱云，屁股下是咆哮翻白的江水。

（镜头俯瞰）：溜索上的人，如同蚂蚁。

曾老师画外音：滑轮如果突然卡住，我半半拉拉悬挂江上，又该如何？

话音还在抖颤，曾老师的双脚，已经踏上对岸的土地。

阿邓过来。如同天降飞人。身手轻松。

阿邓问还在打愣的曾老师：你的挎包呢？

曾老师摸摸脸，摸摸腿脚。

阿邓：我问你挎包哪去了？

曾老师愣了一阵，倏地大梦初醒：挎包——管他呢，人过来了就行了。

阿邓：看样子掉到江里去了。里边有什么啊？重要吗？

曾老师如弃草芥的架势：不外乎亲人的照片，数月的日记，两盒糖果。

阿邓：嘚，汇入了萨尔温江，甜美了安达曼海。

曾老师仅仅回望了江水一眼，屁股落地，抽烟不语。

阿邓酒壶仰头三口，拉起曾老师。

二人开始爬坡。

陡陡的江岸，青竹几束，矮草多多。

（特写）：

湿乎乎倒伏的草叶覆盖的陡坡。

滑巴出溜打着独龙绑腿的大脚。

趔趔趄趄的身体。

军鞋拿不住路面。手脚并用。

（特写在重复中）

阿邓：真他妈恨不能再长出几支胳膊。

曾老师：我需要增加几条腿。

阿邓：说话走神儿。别大意。

一不留神，二人接连出溜进一个草坑。

几爬不出。

阿邓嘟囔着脏话，伸手来拉曾老师。自己站也不稳，脱手摔倒。

曾老师揪他，没头没脚，双双滚入坑底。

再努力，又是滑下去。

四肢并用再爬，一直滑到坑底。

没戏了，没戏了。

阿邓说：这回我们要在坑里过夜了，要不就得有人来救咱。

说着，他索性坐定，转过腰间的酒壶又问：你没事儿吧？

曾老师答：没事儿，只是小腿皮伤，丁点儿疼。他抬腿展示。

阿邓看后惊呼：不好，是长虫咬的。吓得身子已经缩成一团，眼睛却盯住坑底草丛。有蛇数条，钻来钻去。

“快跑！”他俩一同喊到嘴唇，人已窜上坑沿。

再远远跑出几步，阿邓倒地翻开腰包。取出药丸，递给曾老师，辅酒吞服。他自己也一粒，含酒嚼软。挽起曾老师的裤管，在伤口拍敷，又粘牢胶布。

都完了事，阿邓咽着酒喘着气：咱这是搅了人家巢穴。只啃一口，算是客气。亏我有备而来，昨晚就装好治疗蛇伤的土药。

曾老师：说得如此可怕，我的腿已经红肿疼痛起来。你的土药如果假冒伪劣，我必丧命江岸半途。什么教育扶贫，什么兴建希望小学，都将成为泡影。

阿邓酒壶离唇，笑出黄牙：祖传重楼秘方，红心放进肚肠。

二人继续攀爬陡坡。

曾老师嘟囔着：重楼，重楼。

一条小路，草间隐藏。细软泥泞。

（特写）：

加厚的鞋底。

沉重的双脚。

阿邓闻了闻摇了摇空荡荡的酒壶自嘲：来了一趟石月亮，人也长高两寸长。不再埋怨泥泞路，回家告慰爹和娘。

摇头苦笑的曾老师。

慢步沉甸甸的双腿。

汗水淋淋的面颊。

阿邓在身后说：这路窄憋又陡，扶不能扶，背不能背，拽不能拽，全靠自己啦。

曾老师咬着牙。几乎是在挪着脚，蹭着地面走。

一双泥泞的大鞋，重叠着陡坡的江岸。重叠着温暖的火塘。重叠着平坦的大道。

曾老师站上了一个坡头，猛抬脸，高喊：有寨子啦。

炊烟。竹楼。鸡鸣。狗叫。一个典型的傈僳族村寨。

阿邓摆摆手：不歇不歇，这是依祖寨。加油，再一个钟点持之以恒，可到巴金寨子。

曾老师鞋底厚泥，高跷不稳，腿脚哆嗦，挪移艰难。就喊：在此住下。在此住下。

阿邓诡笑。

曾老师：没酒了，你能走路？

阿邓七寸被击，一脸怂样：住下住下。

回望怒江。

江流滚滚，像条裹满泥浆的大鳝鱼。

寨子，坐落在怒江西岸山洼，九户人家。

竹楼小窗撑起，倾听涛声愔愔。

竹楼离地架空数尺，分隔几处，灶间、卧房、贮藏室。

竹篾地板下，一牛，一猪，一只鸡。有风兮兮，牲畜哼哼。

墙壁如席，竹皮儿拼叠。火塘四周地板，厚铺两层竹席。

屋顶野草覆盖，檐沿茅芦。

茅芦草，在覆雪的山地边缘摇曳。柔韧，垂舒。

背篓、斗箩、摇篮、筐簸、水筒、水槽、酒杯、饭碗，甚至火钳、烟斗、拐杖，均是竹制。

（画外音效）：百鸟鸣叫。悠长的，短暂的，尖脆的，嘶哑的。滴溜溜的，上了云间；喳喳唧唧，落满屋顶。

云山雾罩，细雨斜飘。寨子四周，一蓬蓬粗壮高大的龙竹。稍儿，修长零乱，摇曳散漫了阴霾。

阿邓振振有词：翠绿爆炸，嫩风湿漉。呼吸大捷，畜粪骚叔。滴酒没得，难展宏图。

一个小孩子跑上楼梯。阿邓从他怀里拽出一瓶酒，边喝边灌酒壶。

雨停了，日头似有似无。楼台水汪，灿烂金黄。

阿邓仰头山巅，有怪石通透，裸露蓝天一盘。云缕丝绦，飘荡出入。

房东阿妈说：那是“石月亮”，有传说，几千年啦，跟黑水悠悠。

小孩子把找来的零钱，塞在曾老师的枕头下。

曾老师，翻身醒来。伸伸懒腰，却不能站立。

曾老师伸展着红肿的腿，龇牙咧嘴。

阿邓双手扣嘴如喇叭，招来了众位乡亲。乡亲们听说有人被蛇咬了，纷纷送来碧罗雪山的野生草药。

曾老师：什么草药？

阿邓笑答：重楼！路上给你吃的药，就是重楼。

曾老师疑虑：虫子的蜗居？

阿邓挺起腰板，字斟句酌摇头晃脑：烟雾锁重楼，春浓雨厚。把酒言欢，奈何愁更愁。

阿邓念毕，低头不语。有液体两溜，从面颊流落。抑或是泪，疑惑是酒，更疑惑是口水。

砸碎重楼，泡在木桶中。姑娘给曾老师洗，之后小媳妇再给敷。

斗转星移。石月亮的清晨。石月亮的傍晚。

阿邓装酒的家伙，是个大号的军用水壶。他靠着竹席墙壁拧开盖子，抻仰一下疙疙瘩瘩的细脖儿，眯起眼睛摇着脑袋慢条斯理地说：一天五六次，连着三四天啦。再洗，曾老师的腿都要洗细了。

曾老师消肿的腿。

曾老师光着大脚，在竹楼楼梯上下走动。走着走着，变成打着绑腿穿着军鞋的大脚。

阿邓和曾老师，向石月亮攀爬。

二人背着柴火下山。

二人在农户家访问。曾老师做着笔记。

二人在竹楼凉台上采访。

曾老师站起身：考察结束。（然后，向竹楼下，围观着的大人小孩作揖。）

阿邓摇头晃脑：我要给大家唱支歌（然后用傈僳语又说了一遍，竹楼下有了掌声），我要唱我们的酒歌。

阿邓摇晃着身子，唱起来：

阿里当里当子勒，当子勒
阿里落里落子勒，落子勒
撒洁来波撒洁来，撒洁来
尼池来波尼池来，尼池来
它腊几死波哦
噶捏死来波哦
弩哇腊一嘎捏斯
哇弩念嘛撒

曾老师说：虽然我一句也听不懂，但猜也能猜出八九不离十。既然是酒歌，离不开酒好、酒香、酒中仙……

阿邓仰头又灌了一气酒：不是的，不是的，我的大哥我的老师。汉语的意思是管他怎样就怎么样，无论会怎么样就怎样。是说，要不顾一切地喝酒，不管发生什么，都不顾一切地喝酒。下边几句更好解释，意思是快乐啊，真是快乐啊。开心啊，真是开心啊。不要回家去啊，再多玩一会儿啊。你要回去了，我就不好玩啦。

曾老师：考察已经结束，不回家干吗去？

阿邓拧上酒壶盖：你的命是乡亲们给的，你的命是重楼救的。

他一边喝着，一边唱着。最后倒在凉台上。傈僳酒歌变成了：重楼啊重楼，重楼啊重楼……

曾老师过去扶他，他舌头僵硬地命令道，你也唱你也唱……

曾老师一边把他扛进屋，一边唱道：重楼啊重楼，重楼啊重楼。

三

肖志军出生，四岁被押长。回到自己家，不像自己家。

1969年10月5日，在云南怒江州泸水市老窝镇银坡村五家山的山洼洼里，一个羸弱瘦小的男婴出生了。

正是下午六点，太阳在西山尖滑落。微风习习，虫鸣一片。山路上清静，地里劳动的人还没有收工。

落生的啼哭，没有招来惊喜，也没有出来进去的忙乱。虽然床上床下，哥哥姐姐好几个了。他们屏住呼吸，没有一丝热闹的气氛。房屋后墙的山包包那面，村里大喇叭的广播歌曲，也嘤嘤愁愁：我们走在大路上……向前进，向前进……那扇三块板拼成的木门，悄无声音地开了又关上。妈妈抱进木柴，生火做饭。

这个羸弱的新生儿，妈妈叫他天灵。天灵混血，汉族和白族。

天灵长到四岁，被家人押长了。押长，就是过继给没娃娃的人家。他是押长给了舅舅家。虽然押长了，但是爸爸，还是给他起了一个地地道道的汉族名字，肖志军。

肖志军12岁时，舅妈生了表弟，他就回到自己家。

回自己家的路上，肖志军走了一天。要是往常，他早就蹦蹦跳跳连玩带摘野果子，两个小时跑到家。

那个新编的山调调故事，差不多说的就是他。

回到自己家，不像自己家。这边一个家，那边一个家。两边都是家，却没人照管他。有他没有他，日子里的家，谁也没得空暇。只是多了份筷子碗，增加了一块睡觉的榻。三不管的他，满世界去玩耍。怎么三不管？舅舅不管，爹妈不管，老天更是不认识他。东山跑遍，日出日落。西山滚爬，夕阳西下。

肖志军笑哈哈自嘲：咱个子矮小也好，躲在草丛看书报。没人瞅来没人瞧。包括，虱子和跳蚤。我是大山的孩子，我要向大山乞讨。大山不嫌弃我，大山不骄不躁。大山让我自信，大山让我比山高。

肖志军，十三四岁找营生，就是和大山打交道。在大山的豁达上奔跑，在大山的博大里睡觉。耳鬓厮磨，情同手足，莫逆之交。一片枯叶，一棵绿草，一粒石子，一条小道。大山告诉他：清醒的山岚，也有云山雾罩；混沌的山峰，也有霞光万道；百鸟朝凤，必有披麻戴孝（说笑说笑）；悬崖峭壁，必有百折不挠；沟壑万千，必有风雨潇潇。大山给了他品格，大山给了他知识，大山给了他疯跑。大山给了他伙伴云崽，还给了他救治疼痛的草药。

（我给肖志军做了一个小时候的重现。）

“云崽，那个不是，这边才有呢。”

“志军，重楼到底啥个样子嘛？”

“你，这里客。我采到了，七叶一枝花。”

“那是八个叶子嘛？！”

“对。但这就是，地地道道的云南重楼。已经两层叶子啦，就是两层重楼。”

“肯定能治疗蛇伤？”

“百分之百！”

“哎呦，好几棵呢。干吗都挖掉？你是怕被别人采走？”

“是重楼怕，它怕水。你没看到这里地势低洼，马上要下雨吗。水多了，它会烂掉。”

“你咋啥都知道啊？”

“书上讲的。”

“你六年级都没上完。”

“小学肄业生，读书足够了。”

肖志军听完摇着头却说：差不多噻。

那几天雨多，六库下雨，泸水下雨，银坡上也再下。看着稀里哗啦的雨，我们也出不去门。抽着烟我逗肖志军：你说的重楼治疗蛇伤，是真的，我能证实。我给你讲讲我的亲身经历。

肖志军笑道：别了，别了大哥。您被蛇咬又被救死扶伤的故事，怒江峡谷流传着最少三个版本。除了溜索和稀泥烂巴的山路，傈僳族老乡如何照顾你，以及你的那个同伴酒鬼和石月亮之外，剩下的都是您抄袭来的。老师老师，不消这样子。

我学着当地的口音：咋的抄袭？你得有证据噻。

肖志军说：这原本是一个神话传说。我来给您摆一摆龙门阵？

我掩饰着得意：尔格亲力亲为，咋就成了抄袭？把你的龙门阵，摆来。

肖志军口才不错，他站起身，一手掐烟一手比划：很久很久以前，高黎贡山里住着一个青年人叫李云河。他父母早逝，又没得兄弟姐妹，只能靠上山砍柴为生。

一天他正在收拾柴梱，被一条毒蛇，在小腿杆狠狠咬了一口。

他不知道怎么办，我知道啊，可是我不能穿越时空。没得办法，他只好昏迷，人事鬼事跑丢。

历史上，砍柴的樵夫多艳遇。还有一句，做人做事，天看着。你看，来了。七仙女脚踏彩云，来我们怒江的七仙女湖洗澡。洗澡，是洗澡，莫笑。她们早就看到昏倒的李云河，高瞻远瞩不是碰巧。恻隐之心，你我他都有。对仙女来说，救李云河的方法很多。但她们偏偏各自取出香巾罗帕，像花瓣，拼搭在他的伤口四周。曾老师，您知道七仙女湖吗？

我摇头。

就在匹河东北不远，我们怒江福贡县的匹河乡。碧罗雪山中，七个湖泊，犹如七面明镜。四周是雪山白白，森林绿绿，草场花海，怪石林立。这七莲湖，也叫七仙女湖。老家嘴里的传说，湖中的蛤蟆比磨盘还大。

赶巧，王母娘娘也祥云驾到。此情此景，心中明白。便拔下碧玉簪，放置香巾罗帕中央。仙人仙气仙香帕驱散了蛇毒，李云河苏醒。微风阵阵，让他彻底恢复了神智。就在这一刻，他身上的香巾罗帕碧玉簪一同飘起。飘过了清澈的湖水，落在湖畔的土地上，即刻变成了7片翠叶，托着一朵金花的野草。

李云河惊呆了，仿佛一场梦。再看看自己的小腿，伤痕都没得。他晓得，是这棵美丽的仙草，救了自己一命。

下山后，他给村民们讲述了自己的遭遇。也教村民们认识了这种仙草。众人采挖此药，并且获得神效。当问起这药草的名字时，李云河看了看说：一层叶子一层楼，一层开花一层秀。就叫“重楼”吧！这就是今天我们说的，云南重楼。

我大笑：肖志军啊，你不仅是正儿八经的抄袭，还进行了篡改。

这时候，儒雅帅气的泸水市宣传部副部长李云何说话了：肖总，你说的故事里的小伙子，就是我啊！

肖志军掩饰着微笑，一本正经的样子：人家是河水的河，你是何必的何。何必对号入座。

四

攻坚两个事。一个是经济效益，一个是社会效益。

肖志军的重楼种植基地的山路对面，几间大屋连接成L形。钢塑大棚，覆盖了门前百十平方米的空地。这应该是工人们的休息室。六月的山风细雨打着斜，从我们面前的小地桌上掠过。

泸水市老窝镇的党委副书记普春林，提着个凳子过来，凑在地桌前。一脸严肃：我说几句吧。肖总呢，应该这样讲，小而强大，小而精干。一强呢是人品。二强呢是志向很大。三强呢是社会责任心很强。还有一个强呢，是党性很强，把党性放在最前面。原先呢他做了这个产业，兼着总支书记。

这个普副书记，是银坡村的上级领导。长得气派周正，说话也气派周正。

普春林清了清嗓子：2016年的时候他回来，专职做重楼种植产业。做着产业的同时，他还做着另一台事情，就是挂钩帮带银坡村的建档立卡户。

我们集体，包括建档立卡户的产业扶持资金。都是与村民专业合作社合作，逐步推广。一呢降低了市场风险。二呢它的初期投资初见成效。现在是肖志军的利润回收期。他与我们合作呢，和村委会合作呢。市场风险，包括技术风险，全部可以排除。现在只有一个，就是承担社会效益的责任。现在我们扶贫（脱贫）攻坚有两个事情要做，一个是经济效益，另一个是社会效益。

没错，他这是要长篇发言的架势。我赶紧问道：肖志军这个公司的名字里，有个春灵，什么意思？

普春林：这个与肖总有关。是灵气的灵，不是林下种植的林。我是怒江人，普通话说不好。碧江出生的，古登人。曾老师，您再采访肖志军肖总之前，我插上几句嘴，让我一气呵成。刚才我说到村集体经济，为什么要做这么一台事。在全国的第三方交叉检查的时候，我们大家都认为产业扶贫，是单纯意义上的建档立卡户的资金扶持。

我们扶贫攻坚做到今天，剩下的建档立卡户，很缺乏自身动力的。如果他有能力自己致富的话，在统一联产承包责任制实施的那几十年，他们早就应该实现小康了。这在我们老窝，实际是不存在的。因缺乏收入而贫困的情况，应该确切地讲，是因为没有社会意识。更明确地讲，是没有发家致富的意识导致的贫困。或者是，特殊家庭情况（因病、因学等）产生的贫困。所以，我们针对这么一个情况，综合了我们银坡整个建档立卡户的情况，开始与肖总合作。同时，他还帮带我们一家五保户。是动态，就是兜底户。为什么？因为是他与他挂钩的。你说这家五保户，难整到什么程度呢？我去给他送米、送被褥。他说，感谢老天把你派来给我。然后，烧了三炷香。吓得我，我是共产党派来的，搞什么迷信。我大会小会都在提这个。经常面对这样的老百姓，我们的这个扶贫（脱贫）攻坚这个方式，我们还得多途径。就是挖掘本地企业的社会责任，来解决脱贫攻坚的最后问题。真正需要社会兜底了，国家是做不了的。我们的社会救济，当然是很好的一个措施。但是贫困户，必须要有自我生存能力。有些人有些家庭，面对自我生存，没有能力。怎么办？我们就需要肖总这样的，有社会责任感的企业，来帮扶建档立卡户。第三方检查的时候，我们也说到这个了。建档立卡户，去年有73户。现在还剩4户了。就是说，银坡村提前脱贫了。

肖志军：我插话。老窝去年就脱贫了。

普春林：没有，今年还有三个村的。

我说：我插话。那剩下的没脱贫的4户，怎么办？

普春林：托底了嘛。我解释给老师。建档立卡、扶贫（脱贫）攻坚，是保基本的一项工作。是让咱们老百姓，在真正意义上过好生活。或者是过着富足的生活。实现乡村振兴，才是最大的一个措施。这个过程，需要一个量到质的转变。我把这个人拉进来，改变他是不可能的。再过2到3年的时候，3年以后吧。我们要面对的是什么？我们要面对的是如何提升人居环境？如何实现产业扶贫？如何实现老百姓钱袋子鼓起来？长久性的输血通道如何畅通？这才是根本。不能再返贫。国家中央的政策已经说得很明白，2050年实现乡村振兴，小康社会建设就在那个时候。现在我们做的是什么呢？改革开放这么多年下来以后，老百姓需要发掘内生动力。我们解决了他的基本，那其他怎么解决？就需要企业。我不是做企业的，我不懂产业。我觉得我每个月的工资是很好的。但是你要让我有做老板的能力，同时又要具备在会议桌前夸夸其谈。可能性不大。

我是公务员。但是有个问题，术业有专攻。可能动笔杆子我没曾老师行，这是肯定的。挣钱嘛，我没肖总行。刚才我为什么提了四个强？我跟他认识的时候，他是总支书。但是磨灭不了，我和他之间的关系。党给了我们一个平台。他是党员，我是党委副书记，我是管党建的。不把他拉上，那就不行，是吧？老窝镇从去年开始，我们党建扶贫双推进。

我们云南省的书记、陈豪书记说了四个强，叫组织强、党建强、产业强、效益强。我普通话说得不好啊。这四个强，其实跟我们脱贫攻坚是环环相扣的。组织强呢，就是说我们需要一支能干实事的队伍。我们老窝镇呢就针对这个，着力发挥四支队伍的作用。一是我们全体干部职工；二呢是我们驻村扶贫工作队；三是我们基层党组织；四呢是基层党员。我一个乡镇党委副书记，必须要履职，要一岗双责，一个岗位两种职责。我的岗位是副书记，我是抓党建的。党建的首要，是抓住党风廉政。还有我的职责问题，两个职责。我分管党建、分管宣传、分管工青妇、分管扶贫。我管的是家庭和睦。还是接着上边的话，我讲的是产业强。党建强，就是需要发动有致富能力的党员，积极地投身到脱贫攻坚一线。他们才是，基层一线的总抓手。我可以说，王建林是有钱，但是王建林，不会帮助那些拿锄头棒棒的老百姓。这个，我们能做到。我没必要去考虑那么长远的东西，我只要把眼前的教会。再一个是产业强，我要寻找一个具有长远目光，可投入可产生经济效益和社会效益、生态效益的这么一个产业。那么产业强大了以后，怎么实现这个效率强？

我给他香烟，他摆摆手。我自己点上一支。普副书记半秃头厚嘴唇。戴着一副精致的眼镜。眼镜的细腿，压迫着略微发胖的微黑面颊。有人说，他是典型的倮倮族形象。

普春林：肖总都不抽，我怎么能抽呢？！怎么能让效率强，实现（似乎什么也打断不了他的思路）？考虑社会需求的问题及其供需的问题，就要把整个链条传动起来。只要长期有市场，市场份额就会提高。如此，你这个企业，在市场就有话语权了。我们银坡村的建档立卡户，每年分红都乐呵呵。整个泸水市的重楼种植，肖总是大户。

在采访肖总之前，我先与曾老师您交流一下思想。他这个企业，在我们镇里是如何定位的？我们镇子里的人，是怎么看他的？的确，他这个产业，是我们镇里的发展希望。主要是想介绍这些，然后你们再访问他。细的我谈不来，术业我谈不了，术业由他来谈。术业有专攻，我在这方面有专长，肖总在做生意方面有专长。我说我包里有1000块，我都觉得很富有。只要我媳妇不来搜我的兜，这1000块怎么用都是我说了算。

我问：媳妇会搜你兜吗？

普春林：我不藏在兜里。我知道，我的幸福感在哪里。肖总的幸福感，就和我不一样。他拿着100万，都不一定高兴。我拿着20万就很高兴了，先跑到六库买一套房子。

肖志军：我插话。我没想那么多的钱。

我说：我也插一句。普春林说话的表情非常丰富，应该抓拍几张。

普春林弯了一下腰：我的我汇报完了啊，我的汇报就这个了。

我说：好的。这表情也很好。普书记的风采存照了。谢谢！

五

30万血本无归，一而再再而三。灰心丧气是正常的，但要站起来。

肖志军，半袖蓝衬衣，黑色西服裤，寸头，大耳朵，抬头纹三道。个子矮小，却很爽利精干。那人灵活得不得了，从基地休息住房到他的种植大棚，不管是坑洼还是沟坡，一会儿在前一会儿在后；蹦蹦跳跳，身体稳当得很。要说他也是一个快五十岁的人了。

第一次进重楼种植大棚，清新豁达中夹杂着一种莫名的喜悦。不知是为他事业的蓬勃，还是为他善良勤劳的做派。大棚估摸有几个足球场大的土地，分块分片，井井有条。三四个一组的工人，仅有那么两拨。像在分苗，像在整地，也像在闲聊。轻松又投入，对进来的我们毫无反应。而肖志军，兴奋的如同进了家门。介绍这个，介绍那个。一会儿挖刨着土壤，一会儿指点着重楼的茎叶。从下到上，似乎一尺多高的重楼，转眼长成了一棵参天大树。他说：我是做事业的，自己没做好，我怎么去帮别人，对不对。

肖志军完全是一个专家了，讲的我是晕头转向。从种子直播到育苗移栽，从土壤选择到整地施肥。什么适时遮荫，什么追肥补肥。重楼有上面开花，下面茎块就膨大的生长规律。一般6月中下旬到8月生长最快，要在6月初重施追肥。

看着瘦小身材的肖志军我说：你是不是也该追追肥啦！他恍然大悟似的回答：呦，我们中午追肥的饭店还没搞定。老师想追追什么肥？我只好随着他臭贫：火锅肥牛肥。他就回头冲后边的人喊道：中午追肥，肥牛肥猪肥尾巴羊，重楼饭店，七叶一枝花单间。

去饭店的路上他说：我是有很多话要说，我说不完了嘛。那你们可以用我的那些资料。我们家从历代以来，都很贫穷。我13岁，就不上学了。因为家里贫困，很贫困嘛。我有兄弟姐妹9个。我六年级读了几个月，就没上，就出来自食其力了。

我问：你有兄弟姐妹九个？那你算老几？

他有点尴尬：我算……

我也感到这句话别扭不妥，但有意识不言语。

他大将风度地没跟我掰扯，举起大小拇指：老六。

六

说起这个老六，就说起身世。我这个人是很复杂的，我妈妈和我爸爸结婚，是带着孩子过来的。

孩子多，但她们的感情很好。我四岁押长，这老师您知道。离开了父母，过继给舅舅家。我们云南有一些地方，是这种风俗。一去就是八年，抗日战争都胜利了。当然，我还是姓肖，随爸爸的姓。

我知道但还是不想让他走话题：八年后又回到自己家。

肖志军一说起过去的日子，眉毛就紧蹙成疙瘩：回来以后呢，我从14岁开始挖草药了嘛。当时我们这有收草药的，几毛钱一斤。

我挡住他的话：所以我给你小时候，挖到第一棵重楼的场景做了重现。比较真实，比较准确。

他使劲摆着手：十三四岁的我，就知道三黄，黄芪，黄连，黄精。那时的日子都是昏黄的，不懂得重楼。

我大胆地尝试着说：这后来的那段日子，你也给我重现重现。

肖志军没拒绝：放牛到18岁，就找媳妇了，就结婚生子了，就在20岁时生了大姑娘。呵呵。

我只好鼓励：很棒，继续。

肖志军微笑：我早生孩子，但不会生九个。只有两个。我21岁就分家了。因为我们汉族白族，是超前的。我从出生以来，就是很贫穷的。人家吃得起，我们吃不起。我就早早地，开始自食其力了。我21岁分家，我这个小女孩还没有出生呢。大女儿在昆明，28岁了。这是小女儿26岁。

肖仲良在后边探过头：爸爸您说话就不会学学拐弯嘛？永远都是吊桥上打招呼，直来直去。姑娘的年龄，是应该保密的。

肖志军回身伸出大拇指：人要实嘛，对不对？曾老师就是实在人，一见面我就知道。老师让我重现当年，当然我要实事求是。客观客观，不客观，你客（去）了也看不见什么。

我点头：你客观重现。一个画面一个画面的来。

肖志军端了肩膀：好的。

1. 28岁的肖志军，在大山上赶着马。那是一匹健壮的枣红马，脖子下边铃铛叮叮当当地响。

2. 马上驮着木料，还压着一个小姑娘。（他笑了）她就是我这个六岁的二女儿。

3. 二女儿在马上睡着了。我怕她摔下来，抱下来背起。背起，她也不醒。好重啊！像背一坨米麻袋。

4. 一年赶一年，这样的日子，赶了八年。闯社会客（去）嘛。

5. 后来在坡坡上种这个玉米。太阳搁在头顶。肖志军脑壳上是汗，脸上是汗，脖子上也是汗。汗滴禾下土了嘛。

6. 媳妇问我拿点钱客（去）供销社买盐。娃娃说拿点钱客（去）学校读书。

7. 我呢？两只手一摊，没得。

8. 钱没得，家里莫法生活。我就东凑西借客（去）六库打拼，做生意。

9. 有点本钱，弄个车子拉木料。开到2000年。

可得？曾老师。

我回答：像你刚说的本钱，就是票子嘛。画面里，应该出现一沓一沓的人民币。

好的好的，明白啦。

10. 朱镕基总理在天安门前说：树子不能再砍了，水土流失嘛。2000年开始封山。

11. 我们拉料子的车子停在山下一大片。不听不行嘛，他是我们中国的总理嘛。

12. 我回家在屋头数人民币嘛。一沓一沓的。

13. 我家墙上的日历从1998年翻篇，翻到2000年。我苦了30万块钱。装进一个大箱子。

14. 石缸河打矿工地，我把那个装钱的大箱子，交给矿山老板。

15. 可老板选的矿洞，出产的都是石头。亏得我血本无归，一无所有。

16. 我垂头丧气在山上走来走客。日头落下都能再升起，我咋不能？

17. 我行。我挺直腰板走回家。

18. 继续搞运输。运不了木头，运沙子运石头。

19. 2006年有了点积攒，我要第二次起家创业。就回到银波村五家山了。当时林地还没有改革，承包后种了千亩草果。2010年吧，不是人祸是天灾。气候反常，种了四年的草果全部死掉了。这次的损失，一点都不亚于矿上的投资。

20. 我坐在草果地里，开始疑虑我是不是不是干好事业的材料？夕阳往西了，第二天太阳没看见升起来。第三天太阳照旧没露面。

21. 偃旗息鼓是什么意思？我翻找着女儿的字典。竟然看见的都是反义的，兴师动众、重整旗鼓、轰轰烈烈。而偃旗息鼓的解释是，无声无息。

22. 我不兴师动众，我慢慢积攒，总结经验，稳扎稳打。

23. 自掏腰包，开始挖路。不着急慢慢来，为了下一步的打算。一直挖上来，从公路到村里。挖出了一点小名堂，挖出了一些好名声。我就被推选，当了银坡村的主任。工资740元。

普春林插话：到现在为止，村三委的工资是一个痛。1440块钱再加上1200的绩效，再加一年十块钱的工龄工资。这种收入，在我们当地是很低的。就是一个人去打工的话，也比这多。一天是70块钱，管一日三餐，包吃住。

肖志军：我还是继续我的重现。

24. 草果失败后我不甘心，又种了重楼。因为没经验大部分枯萎了，两年的辛苦白搭了。

25. 2013年，我做起我的产业。没有产业，就没发展。

在村里面，我责任心很强。不做，我就不做。你叫我办一台事，我能办我就一定给你办掉，办不掉我就不办。我在村里，还是很被认可的。这种认可，让我更加情愿为老百姓做事。

我赶紧说：肖总，肖总。历史重现，画面，画面。尽量有画面感。

好的，老师。

26. 在村委会，交养老保险嘛。我家的邻居大妈说：主任我交了保险钱，就没饭吃了。我说我给，200块够不够？不够，再给。

27. 这样的情况还不少，我就一个二个地给。反正不能让我的乡亲饿肚子。

28. 日历打在2012年的12月18日。

29. 村委会门口。来领导了，我去握手：胡主任好，辛苦啦（胡荣才，原州扶贫办主任）！再一个：周主任好（周捌迪，原县扶贫办主任），请坐请坐。

30. 我说：给村里面一点扶贫资金吧，让老百姓得到点实惠。

31. 胡主任说：我们到了你基地调研后，向领导做了汇报。经过上级批复，决定给予你15万块钱的资金支持。周主任说：你这基地各方面还可以，路也修的不错。但可以更上一层楼，把基地的基础设施搞得更好。

32. 我说：二位领导，这15万元我不能要。傈傈族村寨11小组住户，搬迁过来以后生活比较艰苦，至今没有能力盖房子。都给他们吧。

33. 二位领导握着我的手。肖志军，好党员，好干部。

34. 傈傈族簇新的村寨。人们欢欢喜喜，升起了国旗。

我说：肖志军，不难为你了。随便说吧。暂且当画外音了。

肖志军说：没关系，只要实事求是都行。我倒挺喜欢学习新东西，随时随地咱们再变成历史重现。咱们现在还扯那15万元的话题。你可以把别人的钱，揣进自己的腰包。可工作还咋呢么开展，做人还咋呢么做。比我穷的人还有很多，我的路可以小跑，可以慢慢地再发展。但是很多老百姓，人畜共住怎么可以。我们分土地的时候，傈傈族不在，他们是后期来的。一个人要有一个窝，首先住好了，再去找吃的。当然。15万建一个新村不可能，是政府又加大了力度。

其实我们家的房子也没修。他们叫我修房子，我不修。他们说那是给肖主任的，你得要。我说我不要，要的话我早就揣包包里面来了。很多人去争这个项目啊，闹得很不像话。很多人，我们不说了，心中有数就行了。你当领导你有朋友，我也有当领导的朋友。2013年就是“十三五”，十八大开始了，对不对？我这个人，敢说实话了。以前我们去办事，特别的难。2010年办那个公司去注册登记，光那个本本，我就花了8000块。以前的项目书，非常复杂。第一次交了5000块没过。后来又交了3000块钱，才给我注册了公司。所以十八大以后啊，好多事办起来都顺畅了，太好了。你去办事，就是没办成。他也不会不接待你，还会客气礼貌。

2013年我要了很多项目，我跑到省里面要的。要给老百姓了嘛。就像雪梅老师说的，我也会要得很委婉。

挂钩我们的是省人大了嘛。他去协调了嘛。我说领导，我们要发展什么嘛？有了发展，老百姓才能脱贫致富嘛！我把想法说了以后，他们就报上去了嘛。我老在他办公室出现，他就用心了。就会在百忙之中，多关心我们嘛。有省人大相助，我提现金30多万元。到了2013年，我书记主任一肩挑。我说我不干了，干不了。我想干自己的，我有私心。干不了，会议太多。我要供起两个大学生，得苦钱啊。那时候，我老婆还病着。

原来我是有钱的，2004年我就在六库有个车队。运石头和建筑材料。就是新城区，那个六库城区。那时候，赶上州县扩建嘛。我都攒到2000万了。但是，我回到村里两三年，就折腾没了。没钱，我就贷款。陆续的，我们还做些生意嘎。2013年干到2016年，这个村干部，我绝对不干了。真的不干了，退下了。因为我没有实体，我怎么带动老百姓。

2016年泸水市地震局的局长平叶鹤帮助了我。他那时挂钩帮扶，是在片马镇片四河村。就是一个干部挂钩一个村么，必须要给挂钩村镇单位出点子嘛。这位平叶鹤，我们在老窝的时候就很熟悉了嘛。他一出马，再加上市委宣传部的李云何，两家就把我们引进去。

地震局是整体挂片马镇的，公司+农户了嘛。他们要求很高，我不仅免费做事情，还要每年补助给他们一点生活费了嘛，注入式的。

种重楼，以前我不会。我经过了这七八年的打拼，最近这两三年，很成熟了嘛。种草果死掉，我又种重楼。因为没经验，两年的重楼大部分枯萎了。第三次打击后，2012年，李云何带起我们一块到了鲁甸学习重楼种植。他当时是老窝镇的党委副书记。2012年，我女儿刚刚高中毕业。我也带起她和我们的员工十多个，开始干起来了。还带着女儿，到处去取经了嘛。

我问：女儿叫什么名字呀？

肖仲良：肖仲良。以后我的孩子，可以叫肖重楼了。

我说：好哇。“不见重楼好，谁知昔日尊。”虽然此重楼非彼重楼。但就更上一层楼的含义，也是励志。更何况，取谐音为霄重楼，云霄之高楼。得过且过，随便说说，别当事儿。

肖志军说：肖重楼好。为了重楼，我们到处学习取经的嘛。取了真经，回来就重新种。开始只是能种活，长出来就不错了。现在是已经长好了，下一步要增收了。前后，用客（去）了三年。李云何带我们去考察回来，当时还被好多人笑话。说他疯了，社会的议论了嘛。转回来到2016年，经过多次的考察，多地方的考察。尤其到片马考察以后，技术，经验，操作程序，基本落实在我心里了。知识少，文化低，就得到各处学习考察。我们本省不说了，上海、浙江、广东、深圳、珠海、北京，最远我到过黑龙江。

跟老百姓宣传，李云何也客（去）了。他是宣传部的，要宣传嘛。特别要提的是，地震局也客（去）了。以后他们挂联单位的职工，帮扶老百姓了嘛，我就无偿提供给他们苗、技术。并且三年之内，每一户给他300元钱。说真的，我们没钱，我们贷款。但我为什么要这么做呢？第一就是，我想走这个公司+农户的模式。怎么加，这个模式还没摸清楚。第二一个呢，一般的老百姓，他肯定有些想不开了担心嘛。无偿提供幼苗多了，我给不起，就签订协议。只是一个带动示范，全帮扶我们也不行。我无偿地给你这个技术、给你苗、给你补助。但你卖的时候我不扣成本，要按市场价卖给我，我又销往白药厂。因为我和云南白药厂定了很多订单，我拿不出手现在。怒江的重楼，他们就认可我。这个是我们的优势。

七

我是农民我知道熟悉土地。持续发展，百分之百有收获。

我们现在建档立卡的贫困户，都在海拔2000米以上居住。它种不出来高产值的农作物，所以他永远脱不了贫。我是农民我知道土地，对不对。但重楼可以种。500到3000米海拔都行。我们重楼虽然投入有点高，周期有点长。但投入高，不种一亩种三分也行，成本就低了嘛。你每年种两分、三分，三年后你就有一亩了不是？一亩重楼价值最低也得20万元到30元万，多到50万元到80万元一亩。这是我们现在卖着的，我也看着他们卖到过这个价格。我们看到的大棚，去年有人给我600万，6亩100万元我不卖。里边培育起的苗很多嘛，可以分几种层次去卖。有的领导说，这个是富人产业，这个产业不能做。我说不怕领导，最终满足老百姓，让老百姓过上好日子就行。穷人产业是什么？种瓜、种菜、种萝卜、种洋芋。这还不是在一个穷字里面打转转。政府号召的那个叫什么？叫脱贫攻坚战。到战场了，就得有战斗力。我个子小，没参过军。可我现在是脱贫攻坚战的一个士兵。现在的老百姓，吃的不愁了。实在的，怎么叫可持续发展？要长远性的嘛。不要返贫，这个很关键。

我们把重楼种下去，当然是三五年才成。但我让你踏实，我把房子给你建好，你就安稳了。你持续逐步的发展，百分之百地就有收获。挖一百斤重楼，就2万块钱了。200块1斤嘛。对不对？洛本卓那些高山，老师您也到过了嘛。我去考察了八个乡镇。我们县有九个乡镇，八个乡镇找我有合作意向。我这人，说了我不怕，做了我也不怕。共产党给我那么好的一个平台，我在红圈里面坚决不要跳出去。像那个孙悟空一样。我怕穷，你问为什么？因为我穷怕了。我们怒江的优势很多，集中了很多大产业。我做不来，我要做精。我要用我们当地的产业，因地制宜。要给老百姓以引导。你看我客（去）片马，2017年一种，就风风火火。90多户啊，90多户。我们负责108亩，他们是80亩。我带动起来了。今年他们又种了100多亩。我一过客，就给了他们支撑。买的买，挖的挖。在头顶，鸟儿一群群掠过，白云一片片飘过。有人说，那就是钱，就是票子。我们怒江，应该说是脱贫攻坚的主战场之一。脱贫攻坚的利器是钱，脱贫攻坚的战斗力是人。实在的好人掌握好钱，脱贫攻坚战就一定胜利。我只是脱贫攻坚战的一个士兵。

老师您还没到过，很多领导都到过片马，去参观那个片四河。苗苗都是从我这里拿客的嘛。我买来，送给他们。给他，教他，给他钱。持续3年了，每1个农户都给。你种两亩也好一亩也好，我先给你300块。

老百姓有个特点，就是他要得到实惠。你不能骗他，对不对？你要引导他。每一个人或者每一个地方，他有他的好，我有我的好。我有我的缺点，我也有我的优点。如果他有优点，他一定有他的缺点。重楼，它为什么每年都在上涨，就是周期长，风险是有的，优缺点很明显。所以说，我带动老百姓致富，我不代表政府啊，我只代表我个人。只要老百姓愿意跟我合作，我都客帮他。已经八个乡镇都来找过我了，今天还来一个。有学习的有参与的，下午还要接待一个，是来这儿学习。整个村子都来。

来吧，没问题。他们需要我，我很高兴。跟你说实话，他们其实就是片马的。就是种植一百多亩的那个。现在又发展了一百多亩，总的就300来亩了。我们公司今年在这里面种植，我也带（去）900多人。这个钱从哪里来？珠海东部帮助西部，注入我们公司的。他们找到我们公司以后，给了200万元。但你要保证这个资金不能流失，以后每年要给他们分红了嘛。100万元，每年拿出85000来。说白一点，就是利息了嘛。这个我们就说实话了，但是政治上不能那么讲。只能说是分红，900多人。

我们银坡的集体经济有100万元，每年都是5%的交给他们。交给他们，他们不留下。5万块钱，也注入公司。他们还拿出60万的8%，分给建档立卡贫困户。每年都给，好事啊，六八四万八了嘛。因此，去年脱贫了73户。

我还有一个模式，就是老百姓来认种。苗钱先赊着，你先不用付。地我也给，你只能种重楼，把它管好。一般的防盗等等零七八碎的事情，我来参与，给你办好。现在我有好几个模式。还有一个模式，就是老百姓今天有一家来起苗，苗给他种，但我们有个协议。我提供苗、提供技术。你如果有困难，你可以提前预支。我贷款我也预支给你。谁家大学生要上学了，今年我给你3000元，明年给你5000元，但是你要记账。当你回收的时候，要扣分红的嘛。我有这个模式，这个模式真的现在还没人敢做的。

我有个奖励机制的。我给你签协议的时候，是五五分成了嘛。不管你种一亩也好，种两亩也好，收入一人一半。你要有能力，三年就可以割脉，我只要30%。四年割脉，我要40%。我跟老百姓讲，老百姓很愿意找我。但你不能种多。要种少种好了嘛，品质要好。这个我们敢推广。人家说这个说那个，流言蜚语，我不相信，我相信我的。我有我的市场调研，我有我的专家团队。我们请中科院的专家，给我们化验。有白药厂的订单，还有很多私营单位了嘛。德国的一家，要跟我们合作。材料的简介里有的。他们已经来考察了，是从上海来的，这两天正在商谈，是来发展药材，做护肤品和保健品的。所以说你要做了，要讲诚信，不要骗骗赖赖的，什么人都可以。

我们现在这个重楼销售，根本没问题的。截止到现在，我们这将近1200个人了。下一步就是要发展，马上签协议的古登。洛本卓还没找我。称杆、大兴地、上江的，也找我了。

我为什么这么做？为的是那么多老百姓农户相信我，愿意来跟我合作。没问题，我可以赊给他苗。我见不得穷，是我穷怕了。这种穷早就应该扔进怒江里了。

八

穷怕了，破裤子成了游戏的道具、妈妈的泪水。

我都上了六年级了，可是就为了五毛钱交不起，没读下来嘛。我读书是很厉害的。那时穷得没有鞋穿，捡哥哥的破裤子，屁股后面是两个大洞洞。破裤子也得穿，要去放牛、放猪嘛。屁股蛋子露着，羞死了。因为放牛的，大部分是小女孩和大姑娘。妈妈说了好几次，说给我补上。说补好了跟新裤子一样，她就是总没时间。也是，一天三顿饭，都靠妈妈东淘换、西借借。后来我自己拿绳子，把裤子的破洞系上。这样一来，那些淘气的小伙伴有事干了。他们经常偷偷地溜到我背后，把捆绑的线绳拽开。为了不让他们看见黑屁股蛋蛋，我就得疯狂地跑。这样下去哪成啊？我琢磨出了个主意，大家都认可。后来就把尴尬，变化成一个游戏。我的破裤子成了道具了，我就有好裤子穿了。老师您说好玩吧！因为最后穿破裤子的孩子，绳子被拽掉，罚他一直穿到日落西山红霞飞。什么？对，尴尬均摊。后来我妈妈要撕下一截裤腿，补屁股漏洞。求了她半天，才原封不动地还给我。游戏继续，小伙伴的兴致很高，一大早就跑到西大洼草地。最后，整个五里山的放牛娃，都来了。游戏一开始，老牛们也不客吃草了，围在四周。就在那天，我们的游戏队伍，已经发展到九个人了。云崽穿着破裤子，漏出半截腿。他挪拿蹦跳的麻利，把追截他的整个队伍摔在草地上，像个大麻花。众伙伴一骨碌爬起，再连接到一起。而云崽真像云娃娃，一会儿蹦到左一会儿跳到右，飘忽不定。伙伴们正奔跑时，被背着猪草的妈妈看见了。开初她一直在笑，笑得很开心。云崽也发现了，赶紧把破裤子脱给我。妈妈跑下山坡，跑进草地抱起我往家走。一边走一边哭，说的话我也听不懂。游戏没玩够的放牛娃，团起一撮在后边起哄："驮着猪草抱着娃，细看原来是我妈。"到了家，妈妈也不做饭了，冲了一碗糖水给我，就忙活开了。妈妈把她的一条蓝色宽脚旧裤子拆成布片，拉过我，比划来比划去，剪裁来剪裁去。穿针引线，先在门口，后到窗口，再到煤油灯下。就连哥哥姐姐做晚饭，妈妈也没停下手里的针线。夜深了，家人都睡着了。只有妈妈，还在灯下缝缀。炕桌那边是妈妈，炕桌这边是被窝里的我。她摘下包头的发髻松散了，一绺头发搭在她洁白的脸颊。我清清楚楚记得，我美丽的妈妈，眼角已经出现了三条深深的皱纹。后来，我睡着了。小肚子憋起，跑到门外撒那一碗白糖尿。妈妈竟然还在油灯下。那时我才晓得一个大道理：对于我们来说，吃穿都不容易。那天听到鸡叫，我就起来了。家人都睡得很香，只有妈妈不在。我从炕桌上拿下新裤子穿上，走到门外。朦胧的晨雾中，飘出背着一大捆猪草的妈妈。像在梦里。

妈妈不仅打来猪草，还采来了山茅野菜。是的，加上一些荞子面，就可以煮一锅。这就是全家人的早餐。还有一种野菜叫绵口茶，它跟山药是一样的。吃它的根部，黏的。

还吃过水麻花。水麻花开得红红的。摘回来。吃花和花籽。

我说：刚才你讲的你和妈妈的故事，我很感动。

肖志军说：我女儿有文章，写的就是她和我这个当爸爸的故事。穷人嘛，家长里短，相互照应，相互温暖。我们穷，更多的时候靠这个过日子。

我问：你不得了啊，你要成仙。生活箴言，随口而出。是因为吃了茶根？吃了鲜花？吃了花籽？

肖志军答：很难吃呦，我的老哥。你要多来，要不然我怎么说得了这么多普通话。我的普通话，还可以不很恼火吧？！我给我女儿说过，不要看不起穷人。做人要平等，要诚实。像曾老师一样，和蔼可亲没架子。你不算富二代，离富二代远着哪——是怒江到北京的距离。但你比起我们以前，好多了好多了。读书工作，要往好方面想努力做。你把知识学会了，做什么都行。我两个女儿不仅很听话，而且非常朴实。

穷，是吃不起，穿不好。放牛，下雨光脚板去，光脚板回，脚上刺也戳了。抓破了，走在雨水天里太难在喽。有细菌嘛，化脓。一到六七月份，放牛远远地客（去）。没有一双好脚板是不行的。有毒气嘛，羊粪、牛粪啊。脚就痒嘛。羊粪牛粪里面有毒啊。细菌多，细菌专染那个抠烂抓烂的脚板。生疮了，好路都难客（去）。虽然我们是60年代的人，但过的是四五十年代的生活。我们主要是吃那个，玉米、豌豆、蚕豆、麦面，煮吃那些。我们就是不够吃，一年不够吃三四个月。妈妈就到处买到处借，就是淘换嘎。和那个杂粮、野菜熬起吃。还有洋芋，大豆，跟那个南瓜闷起。大豆就是四季豆。那时，我们全家十来口人，经常只有一碗米做稀饭吃，加上野菜也能成一锅。这几年粮食家家富富有余，种地还要给你土地补偿。

我问：你这个身材，是不是因为小的时候吃不饱？吃野菜，没长起来，营养跟不上造成的？要不然，你有可能长1.7米以上。

肖志军笑答：也许，但主要还是基因。我们自从改革开放，那时我们很小对不对？1991年结婚，1998年出来闯社会，就刚刚出来20年。我今年49，接近50岁了。我生孩子的时候20岁嘛，先上车后买票。所以等一下我给你一个，我小女儿2012年，刚刚高中毕业的时候写我的一篇文章。她虽然是口水话，但是写得很朴实。

我为什么现在这样做？如果不是共产党，我连媳妇也娶不到。我要跟随党，是我的宗旨。特别“十八大”以后，我们做事相当好做。最起码，你办个事情人家会理你的。“十九大”以后的脱贫攻坚，历史几千年来，不是几百年了，哪个像现在那样给修给你房。这个真的是很了不起。

现在我的目标，到2020年，凡是在怒江适应种重楼的地方，我的种植要达到两千亩。现在我已经有七八百亩了，再一千多亩就是发展到这个地方。我再跟上“一带一路”，要往缅甸去发展。中缅边界。我们这些种苗，就是缅甸进来的。今年我进了一百多万块钱的苗。

我问：苗是从缅甸那边进过来，现在又来了一个回马枪，杀到缅甸去？

肖志军：不仅我的种植要去缅甸，出口还要到德国去。下一步，我要找到很高级的专家研究重楼。后期，还要提升很多用途嘛。现在有很高的科技，对不对？所以我不是要赚多少钱，我要提升我来到这个世上的梦想。现在钱，说白点我们够用了，我们用不完了。我只抽烟，不喝酒。当然，老师来了我也可以喝一点点。我女儿都是大学毕业，她们真有福气。就是我们常常说的一句话：“儿孙自有儿孙福，不必为儿孙做牛马。”人大不了你就活个七老八十，你活不到一百岁，一百岁很少。但是在这么好的一个社会，这么好的一个环境，我们要提升自己在这个社会、在这个世上的价值。特别有这种想法的原因是，我以前被别人看不起，真的。因为第一我不识多少字，第二没有亲戚当官，没有朋友当官，所以人家看不起你。所以在2004、2006年，我就上来这里做项目了嘛。到2013年以后，才得到项目资金的。以前我根本得不到。

我赶紧问：你说过2003年那时候，有人看不起你。能不能讲一个比较具体的事情？

肖志军：有嘛。我去政府楼办事，他就说办不成。对，政府职能部门。哪个部门就不消说了。你咋解释，他就说办不成。我说你们领导打过电话，注销一下就好了。他还是说办不成。怎么，还得让我贿赂你啊？我可不干那事。很简单嘛，就是我办了一个营业执照，不用了要注销掉。明明是他们领导打给我电话的，简简单单，就是不给我办。

（这时，路边一辆车子停下，里边有人探出头。和肖志军打完招呼后，开走了。）

肖志军说：他们客（去）上面。就是客（去）基地。就是我带动他们种重楼的，三年以后就出来了。还说刚才的那个事。后来我又到村里找这个找那个，费尽周折。再下去到政府办公楼，说还是办不成。我说哎，那好嘛，我就走了。想一想，我说怎么现在还有这种事？你们领导打给我电话了，二楼的。怎么会15号以前不能注销，他说那你等一下，那个人没来。那我就在那里抽烟了嘛，等。他就骂我了，说你抽烟，滚出去外面抽，这里不许。我说，你别狗眼看人低了，什么是滚，叫我睡起去滚还是蹲起去滚。你是不是看着我穿得脏一点，就狗眼看人低？你们是拿起共产党的钱，为我们服务的。我们没拿多少，我们几百块钱照样干事。你不要弄错了，现在是谁来执政，是共产党。我直接给他话说，你能不能站起不要动，我给你拍一张照片。我说，我是老百姓。前面我也没有不文明，你也别说难听的话。你看着我小一点，难看一点，衣服穿脏一点是吧？我明告诉你，我也是办事的，我也是管着几千人的，我也是个主任的。拿什么材料才能注销，说清楚点。我有了脾气，吼了他。他们领导从后边出来说，不用，你就那么一点事。现在就可以办。果然，一分钟就办完了。

我要供起娃娃读书，还要把村里面的事情搞好，否则我……那个时候我也没有一个助理，我老婆又没有文化，她读二年级，我读过五年级。现在我有我的资源，顾不得。把自己的事业做大做强，比什么都好。不赌那个气。现在，大家都有钱挣，偷偷摸摸的也没有了。

我们重楼就是得防盗的，这个相当恼火了。前面几天，老窝镇村荣华的，就抓掉一个了嘛，偷重楼。

九

自己有，心中不慌。只要做人实在，吃亏上当都认得。

肖志军：我的产品很简单。不用深加工，烘干就卖了。生的也可以卖。但是生的卖出去，人家又去吃一道钱了嘛，对不对。实际上，如果我这个产业做起来。我就要跟科研家，大医院联系。我们也要研发新产品。有自己的产品，心中不慌。做成护肤品，肯定要好。另外，腮腺炎，搽（抹）上去，就把病撵跑掉了。有个疮毒什么的，搽上去，就会好。

我说：那你就搞一个类似于重楼膏之类的啊。

肖志军点头：对对。

我说：那价格，就得翻番了。我觉得很简单，收购一个牙膏厂，换换内容就齐活了。

肖志军笑了：我们现在有啊，像云南白药药膏。

我说：云南白药是有人家的，但重楼膏搞出来是你自己的。就搞重楼膏，你跟他不一样了，这就是你的产品了。

肖志军笃定：我们下一步做。

我说：那现在实际上是针对创伤之类的吗？治疗什么肿啊，脓啊，还是有一点儿差别的。你竞争云南白药竞争不了，但是你来一个重楼粉、重楼膏什么之类的你就有可能。

肖志军举起拳头：下一步。

我有点得意：好，那咱们就说一说你下一步还有什么更宏观、更伟大的了不起大的一些想法，梦想。你不能说发展到缅甸去就完了，跨界了就完了，你后边还要有一些持续的发展。

肖志军很坚定：持续的发展，进入高端。

我说：进入高端，把这些东西让它成为产品。你把原料运过去，你赚的少。你要是成为产品，就可以直销出去了。减少中间环节。

肖志军轻轻点头：对呢，现在跟澳门、广东、珠海在做。对接了嘛，研发它了，研究更好的产品。还有中科院的，也找了三家大医院来共同研发，我们也参与了。到时候我们出原材料，共同来搞这个产品。最大的好处，是德国这家公司。他们到我们的基地看了。还有缅甸那一片也看了。地理条件气候，基本一致。一发展起来，我这个量就远远不够了，还有云南白药厂的订单。还有别的药厂，中国好像有180多个，用重楼嘛。不管多与少，它都要用重楼。我们中国的重楼，远远还供应不上中国的药厂。德国，主要还是依靠西藏、老挝、缅甸、泰国，这几个地方进口。但他们的药效，没我们的好。所以说，我们这次要逐步地把怒江，搞成云南省的第二个药材之乡。现在云南省的药材之乡是鲁甸。丽江市玉龙县的鲁甸乡，就是我们取经的地方，那是2012年的事了。真的我们比他们，十年二十年都跟不上。他们地理条件好，海拔2900米，很平很平，条件比我们这好。我们是气候好，他们是地理条件好。我们的地理条件差，但我们这温差度对药材长势很好。雨量，气候也比他们好。各有各的优越条件，利用好了，是金子总是能够发光的。只要把这个土地利用好了，我们种就行了。在这里借曾老师妙笔生花的文章，感谢农业科技推广学校校长尹宝青同志和玉龙纳西族自治县科学技术协会主任赵红芬同志。

我问：听李云何说你首创了春灵一号？春灵是你的小名？

肖志军一脸的祥和：是，像我的娃娃。春灵一号，药效很好，产量也很好。我的小名叫天灵。我是天字辈。老天帮我，政府帮我。所以说我这几年，得大干。因为村里面，耽误了我许多时间。当然也不全是，政治方面，是在村里面学到的。如果政治上不好好学，可能搞不好你会犯法的。

我说：看样子，当主任这些年，掌握了政策，学到了法律常识。干起事情，心里都有谱了。哪个地方可以迈进去，哪个地方抬起脚退半步正好。

肖志军笑眯眯：大哥，对极了。所以说，没有钱是万万不能的。但不要把钱看成是万能的。你要把钱看成万能了，那迟早你要走岔路犯错误，对不对？

我说：是，你得把钱用好，把这钱用完了以后，让大家高兴。你把钱花了，人家还不高兴。到头来，你心里也不痛快。这钱，花的就是瞎钱。有了这个秤杆，即便是斤两付出，都让他高高的。

肖志军举起大拇指：老师说到我心里去了。三严三实，当时我们学习，太理论化了。这样实那样实，我说我们只要做人一实，就什么都实了。不用多，我总结了一个比方，我骗你一次二次，一般的人家就不会再上第三次当了。但我这个人在社会上，就完了。特别是网络相当发达的今天，随时臭翻天。

实事求说我目前的经济状况，我还是负债累累的。负债500万。但是我的产品，大量的还没卖。

我说：从李云何那知道的信息，肖总的固定资产，价值已经远远超过了5000万元了。

肖志军：如果谁跟我说，哎，给你5000元万，那我是不干的。我花了12年的功夫，卖给你我干什么？等死肯定不行，叫我另做一行更不行。再花12年，我就多大岁数啦。我还有独龙牛100多头，放养在大山上，那是野放的。养着一群牛，也是我小时候的一个情节。

我问：野放，那它得有围栏吧？

肖志军答：没有。

我再问：那不就跑回缅甸去了？

肖志军攥起双手：以前就是从缅甸赶过来的。一年四季360天都在上头，它没家，大山就是它们的家。我喜欢那句话：吃的是草，挤出的是奶。

他们给我产业资金，我是不想要的。因为我是当地人。

我没有明白：说着牛，怎么又有人给你资金了啊？

肖志军手指交叉胸前：注入，不是给。村集体经济。产业资金，帮扶老百姓的资金。这些，不能直接给老百姓。我们公司注入了200万元，这个要和保证金捆绑在一起。

我问：保证什么？

肖志军攥起拳头：保证金，本金嘛，本金一定要在一起。不能用掉了，就不还。注入你公司，以后带动老百姓分红。但我又分红又从另一个途径，给他们推进。

我疑虑：那你200万元还不还？

肖志军胸有成竹：还，当然要还。

我真的不明白：噢，那和贷款有什么区别啊？它没利息？

肖志军从指甲盖里抠出泥土：不是，它利息比贷款还高。这个不能这么说了，要考虑社会责任这点了嘛。贷款是六厘的利息，他们要八厘。当然那个是给老百姓分红增收的，对不对？所以说我们投资，肯定资金量要大对不对。刚才那个副书记说的，我现在随便一卖就是几千万，那是资金流失。

（有人按喇叭，和肖志军打招呼。）

肖志军问：妹子，你哪点客（去）？

开车的女子答：我送娃娃。

我模仿着地方话：送了娃娃。大棚里客（去）？

（送娃娃的人又按了一下喇叭，过去了。）

肖志军笑得前仰后合：外人，或者看这文章的，以为你在挑逗人家玩。

我惊奇不解：怎么个说法？

肖志军还在笑个不停：你约人家小媳妇去大棚干嘛？我们知道是种重楼的地方，外人可晓得？

我哦了一下：那赶紧告诉人家。

肖志军还在笑：老师您客（去）大棚解释吧！

我说：不用了，已经解释完了。

肖志军手擦着脸：我的解释必须的。您看，我们有9个乡镇，8个乡镇都来找我啦。做一个人，不要只看见脚下，那叫鼠目寸光。我们几个一同共事嘛，难免你对我有看法或者口角了。但我不能为你一个人，误了大家的事情。我这个人可能提意见不恰当，说过一点伤感情的话。别在意，以大局为重。今年通了一条大沟，20多年没通。是我跑了几次，跟上边汇报后，项目马上就到了。

我问：哪一条沟？

肖志军恢复了常态，脑门上的三条褶皱发亮：岩子上的。我有这点资源，有这点能力。我跟老百姓讲了，领导不关心你这个村，是他很不了解。一个市委书记、市长，那么一个大盘子，有事情要靠下面的汇报嘛，对不对？举个例子了嘛：有个一百万的项目，给你这个村干也行，给我这个村干也行。凭什么给你啊，哪个先跑到，就哪个先干了。一样啊，你哪个干得好，就给哪个干。爱哭的娃娃，有奶吃嘛！

我重复着：爱哭的娃娃有奶吃。哦。但这个娃娃是病了呢？后边的话我在喉咙里给挡住了。

肖志军：所以只要你为公为民真正的办事，不要把那个钱吃掉。做好了，把它摆起。我相信每一个领导、每一个共产党员都会认可的，对不对？我们要起到输送带作用。我们这有个水泥厂，是县上最大的也是唯一的一个水泥厂。是我做书记的时候干的。那时候，把我干得睡不着觉。当协调组组长的李云何，还多方面帮助我，都差一点把我折磨死了。

放心，这个水泥厂对环境影响不大。嗯，以前那个老的就不行了。有时候睡到晚上十一二点，还打来电话，我们又要去协调。堵起来，不让你过。因为，这事和老百姓的利益挂钩嘛。公益事业好做，沾上经济利益就难啦。我认为苦一点、累一点，很充实。但要做到要大家认可，就舒服了。你看我们家到了第七代，才出了大学生。以前，初中生都没得。什么原因，共产党领导得好，改革开放得好。以前给地主放牛是那样，现在给我放牛的是这样。他们可以随随便便，和领导围坐一起吃饭。每顿都是肉，15天就杀一头猪，两三百斤的猪。只要你对人平等善良心不要偏，大家就拥护你。在管理上，我要定位发展模式。第一，产业资金注入的多，我就多带动老百姓多分红。由我们公司来对接，风险就小了。第二，像这些地方种核桃，它就不行了。它得讲气候，热了就很危险。你种下去几年再挖，它就长虫了对不对。今年的核桃价格不行，很不挂果。大理是漾濞核桃最好。这几年核桃，很不行啊。从未来的十年看，都是发展林业的。但银坡的产业，坚持种魔芋、种重楼。汉族白族的意识，还是很超前的。我看我们9个乡镇，要逐步发展。一口吃成个胖子，是不可能的。刚开始，你一下种个几亩是不现实的。可以先种个三五分，逐步逐步地种。你开支，就是支出去了。而种重楼，等到三五年后，一亩重楼就几十万了。发展，就是过程。

十

有关肖志军的11个归纳以及女儿的信，并其他。

2006年肖志军坚决地选择了回乡创业，回到老家银坡村五家山，承包了集体林地，并进行了千亩草果种植。万事开头难，当时公路不通，都是靠人背马驮来运输。由于气候反常，导致种植了4年的草果种植失败。2010年初他自己掏钱，把村里到基地的公路挖通。之后，他选择了种植重楼。但由于缺乏经验，种植两年的重楼大多枯萎。屡战屡败，可肖志军并没有放弃。寻找问题所在，发现问题处理问题及时纠正。问题就是，我们没经验没技术，不懂重楼的习性。于是在2012年，肖志军公司组织多个技术人员，到丽江、大理、鹤庆，考察学习重楼的种植。经过考察学习不断地努力钻研，将基地重新改造。搭上遮阳网、做好种植箱、挖好排水沟、建好浇灌喷水设施、建造大棚等等。基地状况，逐步得到改善，并有规模地进入了正轨。慢慢地重楼长势越来越好，面积也在不断扩大。

2010年5月，肖志军当选为泸水市老窝镇银坡村村主任。在任职村主任期间，他一心一意为村里办事情，努力争取项目让村民受益。

1. 肖志军带领工人种植千亩草场，无条件让村民自由自在来放牧牲口。

2. 积极为村里修农田水利、水渠、开通机耕路。

3. 为村民建造种植蔬菜的蓄粪池，方便了村民的种菜浇灌。

4. 他拿出部分钱款，带领各组组长和代表，去外地考察学习乡村建设和种养殖业。增长见识，开拓眼界。先后到丽江、大理、德宏、保山等地考察学习。

2013年的选举换届，肖志军被村民们高票选举为泸水市老窝镇银坡村村书记、村主任。两个职务，一肩挑。任职期间，他不负众望，全心全意为村民办事情。哪里需要，就出现在哪里。

5. 肖志军为了把村里建设好，积极向政府各级部门领导献言献策，争取项目。2013年初，硬化村组公路10多公里，使村民出行，更方便、更安全。

6. 他看到傈僳族村寨搬迁过来以后生活比较艰苦，没有能力盖房子，就将州县扶贫办领导给他基地的基础设施建设费，转给傈僳族乡亲村寨；并在各级领导帮助下为他们完成了新农村建设，让11组傈僳寨村民住进新家，过上了幸福安定的生活。

7. 他自筹资金，修建了四个分支部党小组的活动室。

8. 他积极为村民争取了500多吨的肥料，减轻了村民的负担。

9. 在任职期间，他自掏腰包买材料，硬化了九组、十组的入组公路。

10. 自从进入村委会以后，肖志军每年都自己掏钱，给银坡村的文艺组活动经费2000—3000多元。

11. 在省人大同志的引导下，为了银坡村发展集体经济和高原特色农业种植，肖志军公司自己掏钱，挖通了7公里的公路。

在种植过程中，各级政府、有关部门和许多好心人，都给予了肖志军极大的支持。他将大家的关怀记在心中，时刻不忘回报社会。他把自己多年积累的种植技术和经验，通过走村入户举办培训等方式，无偿传授给周边村民和前来参观学习的群众；并从经济、社会效益等方面，与种植户交心交底，算明白账。同时，他鼓励农户们，实行科学化种植、规范化的精心管理、密切精准的配合，共创效益。肖志军对有种植愿望的无资金农户、建档立卡贫困户，来者不拒，并优先考虑免费提供重楼种苗和种植技术，帮助他们脱贫致富。

经过长期的调研、实践，肖志军对帮扶的片四河村的情况有了更为深入的了解，在脱贫攻坚阶段，比较注重探索，积极转变脱贫思路，力求走出扶贫的新路子。肖志军认识到，扶贫需先扶志，治穷先治愚。针对贫困户存在的“等、靠、要”的思想，农村散漫的生活节奏以及悲观失望的传统观念，他主动找他们交心谈心，认真分析致贫的原因；同时鼓励他们，致富要自主发力不断努力，才能摘掉贫困的帽子。

片马镇片四河村，123户444人。2017年5月，肖志军公司泸水银坡春灵种养开发基地，带动他们种植重楼91亩，面积为188亩，其中非建档立卡户42户，面积80亩；建档立卡户49户，面积108亩。公司采取的经营合作模式是公司+基地+农户模式（建档立卡户优先），即由公司提供种苗和种植技术培训。公司在基地，先把种苗培育成商品苗（5—6年）。农户拿出土地，负责管理，最后由公司负责回收。

肖志军公司奖励的原则为：1.奖励种植比较规范的重楼种植户。2.奖励非建档立卡户中的困难的、残疾的、规范种植的、供大学生上学的、自发自愿的。3.奖励给建档立卡户和带头致富及规范种植重楼的标准户11名。

奖金从1000元到300元不等。

公司与云南白药签订收购协议，保证有销售通道的同时不会让农户利益受损，公司后期包回收。

在养殖方面，肖志军还免费为农户起羊圈。免费提供种羊让养殖户养殖；三年后，只回收成本和羊粪。期间所有出生的羊崽儿，归养殖户所有。

肖志军公司成立以来，共带动三批的养殖户。期限为三年一批。养殖户对他的这种做法，都非常满意。

谈到创业的艰辛，肖志军总是诚恳地说，没有党的富民政策，没有各级政府各有关部门和许多好心人的关心指导，无论如何也不会有我今天这样的成果。饮水思源，富而思进。肖志军表示，在今后的发展中，让更多的老百姓富裕起来共同致富，是他的最大目标。

肖志军的女儿肖仲良，写了一篇文章——《我的爸爸叫肖志军》：

爸爸是一颗星星，陪我展望未来的梦想让我有追求；爸爸是一把伞，为我撑起一片天让我健康成长；爸爸是一面湖水，包容我的无知和无理取闹让我自由快乐；爸爸是一座桥，陪我走过曲折的道路走向光明。爸爸的爱就像一股清泉，永远流淌在我的心中……

爸爸我爱你。

爸爸的标配是矮个子，因此他的外号还真不少："小个子""小志军""小老倌儿"。但是在我看来，爸爸小小个子，承载着大大的能量。爸爸有着用不完的力气和满满的智慧。在我心中，爸爸是个人格伟大的人，是值得我三生三世敬佩的人。有这样的爸爸，我骄傲。

记得我初三毕业那年，因为成绩太差分数太低，没有被高中学校所录取。害怕回去爸爸骂我，就拿着成绩单躲在房间一直不敢出门。晚上爸爸回来问我考试成绩怎么样，有没有被录取，我才心惊胆战地出来，把成绩单给他看。当时的我十分害怕。可是父亲看了之后并没有骂我，而是非常淡定地告诉我没事，还可以再来。但是自费家里没有那个经济，如果愿意复读可以去补习再读一年。我当时也没有回复他。过了一个星期，我想好了，主动告诉父亲我要复读，要再努力一年。父亲点头笑了，开始为我东奔西跑，最终联系到了学校。

我没有辜负父亲的期望，起早贪黑，非常努力。父亲也随时鼓励我，告诉我只要尽心就好。努力学习之时也要注意身体，需要钱就跟他讲。

在这一年补习当中，我看到了父亲的慈祥。以前在我心里，一直觉得爸爸是严厉的、不能亲近的。那是我的误解。他只是不善言辞，不善于把自己的情感表露；只是一直默默保护我，爱护我，做我的保护伞。

小小个子有着超人力量的爸爸，是一个有理想有奋斗目标的人。不管遇到什么困难，从不低头从不气馁，勇往直前。

记得我在上初中的时候，家里刚刚从事种植行业。爸爸告诉我他的目标，就是在家乡创业。想做一个自己熟悉而热爱的事业，想带着父老乡亲一起脱贫致富。他也不管家人的质疑和反对，全身心投入其中。

也许是上天在考验他吧，辛辛苦苦种植的草果眼看就要到收获的时候，一场大雪铺天盖地而来。荒野茫茫，颗粒无收。

在这巨大的打击面前，我只有安慰和陪伴，甚至以为爸爸要放弃了。结果他告诉我，他不会打退堂鼓的。不可能做什么事情都会一帆风顺，遇到困难是正常的。重要的是你在困难面前的态度，怎么看待问题怎么解决问题。爸爸又给我上了重要的一课。让我这么一个不谙世事的小姑娘，受益匪浅。

之后，爸爸改种了重楼。总结经验教训，多方努力探索。天南海北，不断外出学习考察。那种坚强，那种韧劲，那种困苦，想起来都我都会流泪。

虽然种植重楼过程中，还是遇到了很多困难，但爸爸一直坚持着。经过长时间的摸索和反复试种，爸爸将重楼种植研究得非常通透。甚至可以说，是一名精准的专家也不为过。

爸爸所做的一切，我都看在眼里。能有今天，真的是一步一步努力，跌倒了再爬起来的不断奋斗所得到的。

爸爸在发展自己事业的同时，不忘带动周边贫困的农户发展。在重楼种植发展的几年里，带动了很多农户和建档立卡户。爸爸说一个人的发展不是发展，一户的进步也不是进步，只有大家共同致富，才是进步和发展。

爸爸的言传身教，给我的影响非常大。让我懂得人一生，要有奋斗目标。然后朝着目标不断努力，不断积极进取。更不能因为一点失败就放弃，放弃不属于生活的勇士。在困难和挫折面前，我们是攻坚者。再坚持一下，结局就会大不一样。人的一生一定要付出，你付出了不一定有回报，但是你不付出就一定不会有回报。爸爸的精神，影响着我感动着我。爸爸心里掖着的小口号是：自己有钱不算富，带动乡亲都有钱，一起走上康庄路。慢慢我才知道，这叫大爱、叫博爱。

爸爸是我的标杆我的榜样，我要向他学习。从今往后，不管在生活还是在工作中，我都要向爸爸看齐。把我们的事业做大做强，为自己、为家乡、为爸爸增光添彩。爸爸说他是脱贫攻坚战场上的一个兵，我愿意跟着他，绝不掉队。

脱贫攻坚，重在奉献。

我的爸爸叫肖志军。

原本想就如此结束了这篇文章，没成想肖志军发来微信。

那是2018年8月26日下午6点59分，肖志军给我连续发了六段微信。连接起来，原文如下：

我2010年当选银坡村主任，到2012年12月18号州县扶贫办领导到我基地考察指导。看到我的基地很多困难，给了我基地上的基础设施建设资金十五万元。我感动，但我没有要。他们问我为什么？我说我一村支（之）长，比我困难的老百姓很多很多。他们住房都很不好，特别是十一组十三户傈僳族。他们是从大山上搬迁过来的，当时他们搬来是1989年的时候。我们这里已经分了田地。他们很困难，现在有这好条件应该他们来享受。我就把这个项目，为他们（做了）建房资金，把他们的房子全修好！但领导也很关心，后面整合资金政府来修。现在老百姓也很满意很高兴！我比他们都高兴！因为我从小穷怕了，看见别人困难，我很难过。前几十年条件有限，近这五六年来发展很快，党的政策也很好！特别是党的十八大以后到十九大太好了！我还有很多的（话）但是说多了（像）很不好。我还在古登乡优雅村帮扶十户贫困户种了一亩八的重楼。他们是带头致富的领头羊。算钱的话，还七八万元的苗钱，都五六年的大苗了。阿南付，原来我也很不认识他，当时接着他的电话，我问他，你是谁？他说以前他卖过重楼给我，我说我买（卖）重楼的人太多，不知道是那一个。他说在2017年的时候卖给（我重楼）记了我的电话，才打电话给我，叫我教他种重楼。因为他指（只）是去山上挖回来卖，不会家种就叫我去指导。我去了，他到乡镇来接我。我们相见时才知道是他。从乡镇到他家，过江开往山路二十多公里。他们很勤劳但没有技术，种不活。我跟他们讲解和实地种植指导，他们很高兴，我也很满意。我跟他们讲一个人要勤劳，要学习要努力，付出了一定会有收获的。现在共产党那么好，特别是十八大以后党委政府那么关心，我们要找好路子加油干！美好的生活在向我们招手。他们笑了，很有信心！我去四家只知道一个人的名字，他叫阿南付。他们家五口人，大人两个，小人三个，二男一女。

曾老师：您好！麻烦你写的时候，泸水市地震局局长平叶鹤（要）体现在里面。因为他多次找我，去帮扶他们的扶贫挂钩点。我和他们单位多次考察片马镇片四河村，才决定去帮扶的。他们单位很穷，但他很干实事，为百姓办事。单位职工，还买给贫困户遮阳网。我们共同帮扶农户，共同发展共同致富的！有钱的单位不一定做，有钱的老板也不一定做。我们没有多少钱，但我们深深地知道贫穷的苦处。日子，会慢慢地好起来的！在他们之中我是普通人，也没做过什么大事，顶多在脱贫攻坚战中，是一个士兵。

我为肖志军添上了这段话：君自故乡来，应知故乡事。当归熟地时，香附重楼日。

2018年10月17日于北京会议中心

附　一

《经纬滇书》因为篇幅所限，大部分被采访的业绩故事无法记述。再就是一路上陪同帮助我，为我的作品增光添彩的诸位，书中没能呈现大名的，在此一并，抱拳鞠躬感谢致意。

这部书稿全部完成时，恰逢第五个全国扶贫日。谨以此书，向那些工作在脱贫攻坚第一线的人们致敬！

附　二

2018年10月18日，我收到了云南省扶贫办宣传处发来的信息。如下：

云南省扶贫领域2013年以来因公殉职人员名单（总73人）。

全国共592个贫困县，云南省73个居首位。

遭遇车祸殉职（24人）

1. 王鲁九，男，中共党员，红河哈尼族彝族自治州绿春县牛孔乡人民政府人武部部长，1976年5月1日出生。2015年5月17日，陪同检查组下乡检查所挂钩村委会（者俄村委会）篮球场建设工作，途中遭遇车祸事故当场殉职，享年39岁。

2. 杞向明，男，中共党员，楚雄彝族自治州大姚县三台乡博厚村委会小组长，1986年3月24日出生。2015年9月23日，在下村途中因坡陡路滑，发生交通事故殉职，年仅29岁。

3. 苏金有，男，群众，昆明市富民县东村镇中民村村委会主任，

1971年11年1日生。2015年11月21日遭遇车祸殉职，享年44岁。

4. 邓鑫荣，男，群众，昭通市大关县移动大关分公司职工，1977年8月26日出生。2016年5月5日，在寿山镇中坪村进行移动新建基站勘察选址返程途中，遇交通事故殉职，享年39岁。

5. 李昊，男，群众，昭通市大关县云南国豪通信集团有限公司驾驶员，1988年6月22日出生。2016年5月5日，在大关县寿山镇中坪村进行移动新建基站勘察选址返程途中，遇交通事故殉职，年仅28岁。

6. 李春丽，女，群众，曲靖市会泽县建筑设计院工作人员，1979年2月9日出生。2016年5月30日，在马路乡开展扶贫入户过程中发生车祸殉职，享年37岁。

7. 黄金文，男，群众，红河哈尼族彝族自治州绿春县机关事务管理局高级工，驻村工作队成员，1974年8月1日出生。2016年9月12日，被派出单位汇报戈奎村委会精准扶贫工作开展情况，途中遇车祸殉职，享年42岁。

8. 尹彰健，男，中共党员，临沧市耿马傣族佤族自治县南滚河国家级自然保护区耿马管理局科员，1982年11月12日出生。2017年2月14日在前往孟定镇尖坪村开展工作返回途中不幸发生车祸殉职，享年35岁。

9. 刀华萍，女，中共党员，临沧市招商局科员，双江自治县勐勐镇细些村工作队队长，1974年2月1日出生。2017年4月10日，参加市级扶贫工作队员培训时遭遇车祸殉职，享年43岁。

10. 曲金丞，男，群众，楚雄彝族自治州南华县马街镇平掌孜村委会村干部，1991年11月23日出生。2017年4月13日，村委会安排他外出南华采购扶贫档案盒及复印纸等办公用品，途中发生车祸殉职，年仅26岁。

11. 余正贵，男，中共党员，楚雄彝族自治州南华县马街镇平掌孜村委会村干部，1970年7月2日出生。2017年4月13日，外出南华参加扶贫工作培训会途中发生车祸殉职，享年47岁。

12. 陈鹏，男，中共党员，楚雄彝族自治州南华县马街镇纪委工作人员，1989年11月9日出生。2017年4月13日，被安排外出南华办理党风廉政责任书签订、汇报脱贫攻坚监督执纪问责相关工作，遇车祸殉职，年仅28岁。

13. 杨义飞，男，中共党员，怒江州国家密码管理局技术科科长，1979年10月10日出生。2017年5月31日，前往挂钩村兰坪县河西乡永兴村扶贫途中发生车祸殉职，享年38岁。

14. 黄志德，男，中共党员，红河哈尼族彝族自治州屏边苗族自治县湾塘乡交通管理所所长，1983年7月14日出生。2017年8年29日，在清理塌方时发生交通事故殉职，享年34岁。

15. 熊开兵，男，群众，红河哈尼族彝族自治州屏边苗族自治县湾塘乡水利站站长，1990年11月17日出生。2017年9月20日，进村进行防汛及安全工作检查，发生交通事故殉职，年仅27岁。

16. 饶云，男，群众，玉溪市新平彝族傣族自治县副县长，1973年8月19日出生。2017年10月19日，调研脱贫攻坚工作时遭遇车祸殉职，享年44岁。

17. 杨所庭，男，中共党员，临沧市沧源佤族自治县岩帅镇人民政府农业综合服务中心干部，1980年12月6日出生。2016年10月25日，在前往双江县城置办建档立卡贫困户技能培训会议途中，发生交通事故殉职，享年36岁。

18. 普建华，男，中共党员，怒江傈僳族自治州福贡县派驻县检察院纪检组组长，1974年10月出生。2018年7月5日，在返回福贡县途中遭遇车祸殉职，享年44岁。

19. 罗宇鹏，男，中共党员，临沧市耿马傣族佤族自治县大兴乡乡长，1977年12月25日出生。2017年7月6日，在执行公务途中发生车祸殉职，享年40岁。

20. 武建明，男，群众，西双版纳傣族自治州勐海县交通运输局驾驶员、驻村扶贫工作队员，1970年5月24日出生。2017年11月7日，在回村开会途中遭遇车祸殉职，享年47岁。

21.李吉璐，女，群众，曲靖市师宗县人民医院护士，1993年9月5日出生。2017年12月5日开展健康扶贫工作，下乡返回途中不幸遭遇车祸殉职，年仅24岁。

22.王文贵，男，中共党员，昭通市大关县玉碗镇人大主席，1980年4月15日出生。2018年6月29日，王文贵到玉碗镇老街村下乡走访贫困户，在返回途中遭遇车祸殉职，享年38岁。

23.罗旭明，男，中共党员，怒江傈僳族自治州泸水市公安局国保大队教导员、驻村工作队员，1968年3月出生。2018年10月8日，到驻村工作路途中发生车祸殉职，享年50岁。

24.王秋婷，女，2018年8月27日成为预备中共党员，大关县纪检干部，昭通大关县纪委派驻天星镇打瓦村扶贫工作队队员。2018年11月19在工作途中遭遇车祸。享年26岁。

因病殉职（42人）

1.李学强，男，中共党员，普洱市电信分公司党群部副主任、上允镇党委副书记，第一书记、驻村工作队成员、驻村工作队队长。1954年12月1日出生。2013年12月12日，李学强同志因积劳成疾，在驻村工作点翁板村准备于村干部一起到翁板村下翁板组与群众开会时突然倒地不起，经抢救无效去世，享年59岁。

2.张元富，男，中共党员，红河哈尼族彝族自治州金平苗族瑶族傣族自治县教育局副局长，1979年9月12日出生。2014年1月19日在金平县者米乡检查拉祜族安居工程建设情况时，突发心肌梗死死亡，享年35岁。

3.林华昌，男，群众，临沧市临翔区圈内乡人民政府村镇规划建设服务中心主任，1963年6月19日出生。2014年底由胆结石引起急性胰腺炎住院一个月，出院后继续带病坚持工作，经常熬夜加班。后于2015年4月19日凌晨突发脑溢血，经医院抢救无效，死亡，享年52岁。

4. 蔡义彬，男，中共党员，大理白族自治州宾川县金牛镇大银甸水库管理所水利工程工程师，1971年1月3日出生。2015年9月21日，在宾川县拉乌乡新田入户调查过程中突发疾病，抢救无效去世，享年44岁。

5. 冯新文，男，群众，楚雄彝族自治州环境卫生管理处工人，1966年8月4日出生。2015年9月23日在八角镇扶贫工作中突发晕厥，抢救无效去世，享年49岁。

6. 起发平，男，中共党员，楚雄彝族自治州南华县一街乡政府扶贫办工作人员，1981年11月9日出生。2015年9月30日，心肌梗死死亡，享年34岁。

7. 冯盛雷，男，群众，曲靖市会泽县宝云街道办事处赵家村社区村委会宣传员、调解员，1963年9月24日出生。2016年2月24日，到村内贫困户家中进行入户调查工作后劳累过度，突然死亡，享年53岁。

8. 石宏，男，中共党员，文山壮族苗族自治州森林公安局党委委员、纪委书记，驻村工作队成员，1958年2月14日出生。2016年3月18日，突发性心肌梗塞去世，享年58岁。

9. 王绍义，男，中共党员，昭通市彝良县树林乡人民政府计生办主任，1982年9月27日出生。因树林乡扶贫工作的开展及计生办人员少任务重，白天忙于下乡统计扶贫数据，晚上加班整理计生办工作业务。后因病情过重，于2016年4月25日离世，享年34岁。

10. 韩万友，男，中共党员，昭通市彝良县树林乡人民政府财政所所长，1979年4月6日出生。因树林乡扶贫工作的开展及财政所人员少任务重，一直未能及时就医，因病情过重于2016年4月29日离世，享年37岁。

11. 善从安，男，中共党员，楚雄州中级人民法院民事审判第一庭副庭长，1966年7月19日出生。在双柏县鄂嘉镇麻旺村委会担任第一书记、驻村工作队长期间，因突发疾病，加之路途遥远，无法及时抢救，于2016年12月8日去世，享年50岁。

12.刘睿，男，中共党员，云南省委党校进修部组织员，楚雄彝族自治州大姚县石羊镇杨家箐村第一书记、驻村工作队成员、驻村工作队队长，1983年6月2日出生。因劳累过度，于2017年1月1日因病殉职（肺癌），享年34岁。

13.袁跃平，男，群众，丽江民族专业学校保卫科科长、总务科科长，驻村工作队成员，1960年12月1日出生。2017年1月9日，到三川镇清泉村委会驻村进行扶贫工作，因白天进村入户工作过度劳累，导致凌晨突发疾病在村委会去世，享年57岁。

14.李权富，男,中共党员，昆明市禄劝彝族苗族自治县撒营盘镇芝兰村委会护林员，1975年5月29日出生。长期从事农村工作，在芝兰下村摔伤后于2017年2月1日去世，享年42岁。

15.钱伟，男，中共党员，昆明市禄劝彝族苗族自治县乌东德镇党委书记，1978年9月4日出生。2017年4月19日，因长期从事扶贫工作，急性心肌梗死，心源性猝死，享年39岁。

16.王风高，男，中共党员，保山市隆阳区辛街乡小田坝村村党总支书记、主任，1954年2月25日出生。在扶贫攻坚期间疾病缠身，但仍长期带病坚持工作，于2017年5月2日死亡，享年63岁。

17.吴超，男，中共党员，昭通市镇雄县五德镇比旧村村委会副书记，1970年11月9日出生。2017年6月6日，因病长期坚守岗位，因劳累过度突发心脑溢血去世，享年47岁。

18.李建国，男，中共党员，大理白族自治州宾川县大营镇排营村排上小组村干部村小组支部书记，1949年5月11日出生。2017年6月28日，在排上村小组入户调查扶贫情况，因劳累过度傍晚回家后突发脑梗脑出血，抢救无效去世，享年68岁。

19.李培龙，男,中共党员，楚雄彝族自治州永仁县人大常委会副主任兼永定镇党委书记，1977年3月27日出生。在永仁县主抓脱贫攻坚工作，因长期劳累而患癌症，于2017年7月2日去世，享年40岁。

20.李仁甫，男，中共党员，红河哈尼族彝族自治州绿春县三猛乡爬别村党总支委员会总支书记，1968年3月1日出生。因扶贫工作繁忙而未能及时就医检查疾病，后病情加重，就医时已为癌症晚期，于2017年7月11日病逝，享年48岁。

21.杞文兴，男，中共党员，保山市昌宁县温泉镇大九甲村村监督委主任，1962年9月4日出生。2017年8月3日晚7点30分，在准备贫困对象动态管理工作会议材料过程中突发脑溢血，抢救不无效，殉职，享年55岁。

22.周银，男，中共党员，昭通市鲁甸县梭山镇妥乐村党总支书记，1969年6月16日出生。2017年8月3日到梭山镇妥乐村妥乐村参与农业人口基本信息精准摸底调查及贫困对象动态管理工作时，突发疾病不幸去世，享年48岁。

23.杨自应，男，群众，大理白族自治州宾川县平川镇朱苦拉村小组组长，1971年8月11日出生。2017年8月11日，在朱苦拉村委会填写脱贫攻坚动态管理报表过程中，因劳累过度突发心肌梗死去世，享年46岁。

24.杨华维，男，中共党员，文山壮族苗族自治州马关县篾厂乡大吉厂村党总支副书记，1970年9月9日出生。2017年8月15日，在村委会开展建档立卡动态管理工作期间因突发脑溢血牺牲在工作岗位上，享年47岁。

25.王统田，男，中共党员，文山壮族苗族自治州马关县夹寒箐镇坝甲村委会支部书记，1963年10月8日出生。在建档立卡工作中加班加点熬夜工作时突发脑溢血，于2017年8月18日去世，享年54岁。

26.叶盛芳，男，群众，西双版纳傣族自治州勐海县西定乡人口和计划生育服务中心工作人员、驻村扶贫工作队员，1986年10月7日出生。2017年8月19日在勐海县脱贫攻坚工作过程中，突然猝死，享年31岁。

27.浦绍坤，男，中共党员，曲靖市宣威乐丰乡店子村村总支副书记，1971年12月13日出生。2017年9月14日，因病积劳成疾去世，享年46岁。

28.廖国平，男，中共党员，临沧市永德县大雪山乡大平掌村党支部书记，1971年6月9日出生。2017年9月14日，劳累过度，突发心脏病去世，享年46岁。

29.李世红，男，中共党员，临沧市凤庆县腰街彝族乡民安村村委会副主任，1968年11月10日出生。2017年9月20日，劳累过度引发急性肾脏炎去世，享年49岁。

30.王天志，男，中共党员，临沧市凤庆县雪山镇安和村村委会副主任兼文书，1979年12月10日出生。2017年10月7日在安和村委会为民服务办公室给村民开据证明时突发疾病去世，享年38岁。

31.黄自卓，男，中共党员，保山市腾冲县五合乡腾朗社区村委会支书、主任，1961年11月12日出生。2017年10月10日召开本村易地扶贫搬迁工作会议时，因劳累过度，突发脑溢血，送医院重症监护室昏迷两个月，于12月10日去世，享年56岁。

32.张世新，男，群众，丽江市永胜县三川镇兴文村委会新华村村小组组长，1950年6月1日出生。2017年10月17日，到本村小组调解扶贫工作中的矛盾，白天过度劳累，晚上在家中突发疾病去世，享年67岁。

33.杨凤宵，男，中共党员，楚雄彝族自治州武定县农信社主任科员，1962年12月5日出生。在武定县村委会驻村扶贫中，于2017年10月17日突发心肌梗死去世，享年55岁。

34.祁进德，男，中共党员，丽江市永胜县鲁地拉东乐村委会书记，1964年7月1日出生。在村委会召开班子会议研究帮扶计划时，突然吐血，后到医院确诊为肺癌晚期，于2017年10月18日病逝，享年

53岁。

35.张陵，男，群众，西双版纳傣族自治州景洪市供销社工作人员、驻村工作队员，1969年6月3日出生。在2017年11月14日驻村期间，因劳累过度猝死，享年48岁。

36.陈忠云，男，中共党员，普洱市澜沧拉祜族自治县发展河乡人民政府工作人员，1969年4月22日出生。2017年11月15日，在连续工作9天后过度劳累猝死，享年48岁。

37.杨大林，男，中共党员，丽江市宁蒗县西川乡沙力村委会党总支书记，1978年9月24日出生。2017年12月9日，因劳累过度，在村委会值班室去世，享年39岁。

38.陈绍厚，男，中共党员，丽江市永胜县三川镇兴文村委会村干部郭湾村小组组长，1956年11月1日出生。2017年12月10日到本村小组开展扶贫工作，因过度劳累，在家中突发疾病去世，享年61岁。

39.王庆伦，男，群众，昭通市彝良县地方志编纂委员会办公室工作人员、驻村工作队员，1965年12月17日出生。驻村期间患有长期慢性病，因工作繁忙，没有时间住院治疗，引起并发症；于2017年12月26日死亡，享年52岁。

40.牟秀才，男，中共党员，文山壮族苗族自治州西畴县莲花塘乡大锡板村村委会副主任，1960年4月16日出生。2018年1月14日因病殉职，享年58岁。

41.韩兴福，男，中共党员，昆明市寻甸县柯渡镇猴街村委会党总支书记，1964年8月7日出生。2018年1月16日上午，韩兴福到猴街村委会三岔角村查看通村道路硬化及农房建设工作时突发疾病去世，享年54岁。

42.何祖成，男，中共党员，文山壮族苗族自治州广南县坝美镇（镇党委委员）宣传委员，1986年10月23日出生。2018年6月21日在广南县坝美镇董幕村卫生室开展健康扶贫工作中突发脑干出血，经抢救无效去世，享年32岁。

遭遇意外殉职（6人）

1. 陈光华，男，中共党员，红河哈尼族彝族自治州绿春县党校副主任科员，第一书记、驻村工作队成员、驻村工作队队长。1972年11月1日出生。2014年11月2日前往大黑山乡宣传橡胶拍卖优惠政策，随车辆坠入江中身亡，享年42岁。

2. 和先念，男，中共党员，迪庆藏族自治州维西傈僳族自治县财政局局长，1971年8月15日出生。2017年10月24日，在走访贫困户途中，遇到滚石，为保护同志，被落石砸中身亡，享年46岁。

3. 王光洪，男，中共党员，昭通市彝良县树林乡人民政府林业站站长，1968年9月27日出生。因过度疲劳，从树林乡农业站三楼职工宿舍高坠身亡，享年50岁。

4. 吴国良，男，中共党员，昆明市东川区汤丹镇人民政府汤丹镇扶贫办副主任、中河村党支部书记，1986年11月8日出生。2018年4月26日，上级单位对农村危房改造补助资金兑付情况进行检查，乘坐的车辆意外坠下深沟，不幸身亡，享年32岁。

5. 刘平，男，中共党员，大理白族自治州祥云县普淜镇杨家屋村党总支书记，1968年8月27日出生。2017年3月11日，在去往杨家屋村易地搬迁点途中，骑摩托车摔倒，医治无效死亡，享年49岁。

6. 何龙海，男，中共党员，怒江傈僳族自治州农业局驾驶员，1970年8月25日出生。2017年2月21日，到福贡开展脱贫攻坚工作，返回途中遭到滚石自然灾害，砸中其胸部身亡。在生命最后一刻有效保护了同乘三位同志的生命，避免了车辆驶入怒江的重大交通事故，享年47岁。

其他原因殉职（1人）

李茂才，男，中共党员，大理白族自治州剑川县剑川县文广局职工，第一书记、驻村工作队成员、驻村工作队队长，1962年5月18日出生。2016年6月21日，因工伤死亡，享年54岁。

芝焚蕙叹，触目崩心，司马青衫。“伤离怀抱，天若有情天亦老。”我确定，他们每一个人离去以后：经是信念，纬是忠爱，其坐标永存，亘古不变。